口述北理

北京理工大学口述史料

（第二辑）

北京理工大学党委宣传部
北 京 理 工 大 学 图 书 馆 组织编写

蔺　伟　姚文莉　和霄雯　主　编

王　征　张　钧　李振江　郭晓明
马　丽　辛嘉洋　李　芬　臧　浩　副主编
姜　曼　张　敏

北京理工大学出版社
BEIJING INSTITUTE OF TECHNOLOGY PRESS

图书在版编目（CIP）数据

口述北理：北京理工大学口述史料．第二辑/北京理工大学党委宣传部，北京理工大学图书馆组织编写；蔺伟，姚文莉，和霄雯主编．—北京：北京理工大学出版社，2020.8

ISBN 978-7-5682-8938-2

Ⅰ．①口…　Ⅱ．①北…②北…③蔺…④姚…⑤和…　Ⅲ．①北京理工大学-校史　Ⅳ．①G649.281

中国版本图书馆 CIP 数据核字（2020）第 155528 号

出版发行／北京理工大学出版社有限责任公司
社　　址／北京市海淀区中关村南大街 5 号
邮　　编／100081
电　　话／（010）68914775（总编室）
（010）82562903（教材售后服务热线）
（010）68948351（其他图书服务热线）
网　　址／http://www.bitpress.com.cn
经　　销／全国各地新华书店
印　　刷／三河市华骏印务包装有限公司
开　　本／710 毫米×1000 毫米　1/16
印　　张／17
字　　数／268 千字
版　　次／2020 年 8 月第 1 版　2020 年 8 月第 1 次印刷
定　　价／66.00 元

出 版 人／丛　磊
责任编辑／李慧智
文案编辑／李慧智
责任校对／周瑞红
责任印制／李志强

前　言

PREFACE

北京理工大学的前身是1940年创办于延安的自然科学院，是中国共产党创办的第一所理工科大学。在80载的发展历程中，全校师生为新中国的国防建设和国家安全矢志不渝、辛勤耕耘，培养了一批批优秀人才，做出了巨大的贡献。然而，随着时间的推移，曾经的辉煌岁月正逐渐被淡忘，前辈们那些在建校初期筚路蓝缕、无私奉献的创业过程，在学校发展关键时期殚精竭虑、众志成城的奋斗经历，特别是那些发生在时代大背景下可歌可泣、激荡人心的精彩瞬间和感人故事，正随着亲历者们的不断离开而消逝在时间的长河中，那些散落在他们手中的历史资料也随之逐渐遗失。前事不忘，后事之师。作为继承者，我们有责任将历史以适当形式记录下来，传承下去。

统计数据显示，我校75岁以上的老教师（包括职称为教授和研究员、认定老专家）共计386人，其中80岁以上的有211人。这些老教师是学校各个发展阶段的直接参与者和重要建设者，他们对学校怀有深厚的感情，内心有继续为学校发展发挥余热的强烈愿望。他们当年或追随学校一路从革命老区走来，或响应新中国召唤归国参加建设，或因向往红色学校作为新生入学，都曾亲身经历了学校进入北平后合并中法大学、华北大学工学院正式本科招生、在苏联专家帮助下创建新中国第一批兵工专业等我校建设初期各个重要历史阶段。而新中国科学事业发展的黄金十年时期（1956—1966）则正是他们施展才华、奉献青春、燃烧激情的岁月。

因此，请当年的建设者们讲述那段峥嵘岁月，同时征集与口述内容相关的实物资料，包括手稿、书信、老照片等，让那些留存在记忆中的珍贵历史印记，按照口述历史的方式有计划地保留下来，可以实现校史史料持续性积累；在此基础上，长期、有序地开展对口述史料的采集和深入研究，有助于形成多种形式的研究成果，服务学校“双一流”大学建设。长此以往，既能完整保留学校发展重要历史阶段的真实情况，完善重大历史事件的专题史或事件史的史料收集，形成可永久保存的档案资料和文献资料，又能在校史研究的基础上凝练独具特色的大学精神，达到传承学术传统和大学文化的目的，为树立我校崭新的时代形象奠定基础，更对我们进一步研究国防科技史具有重要意义。

口述历史（Oral History）也被称为“有声音的历史”，是以笔录、录音或录影的方式，收集、整理口头历史资料，以研究历史的一种科学方法。这种方法通过访问曾经亲身经历历史现场的见证人，以文字笔录、有声录音、影像录影等手段进行原始记录，作为日后分析、研究的重要资料，具有“原汁原味”的特点。相对报刊、档案等文字记载类史料而言，口述史料不仅为文字类史料增加佐证，纠正其讹误，而且还可以展示当年文字所不能记述或难以记述的内容，有助于还原历史的全景。早在20世纪40年代，美国哥伦比亚大学就成立了口述史研究室。如今，口述史作为保存鲜活历史的记录手段已被广泛采用，清华大学等国内知名高校已开展了针对自身校史资料的“口述史”采集探索。

2018年3月，“讲述京工人物 口述北理历史”口述史料采集第一期工程正式启动，学校成立口述史料采集工作组，由党委宣传部牵头，成员包括图书馆、离退休教职工党委/离退休工作处、校友会办公室和档案馆等单位。口述史料采集工作组经过充分调研，立足专业化实施，制定详细实施方案和工作流程，选择专业化团队担纲我校项目。结合校图书馆在中国科协老科学家采集工作方面多年积累的经验和优势，在图书馆建立了我校口述史采集基地，保证了采集工程的顺利实施。

对于“口述史”采集来说，精心选择采集对象是关键。2018年4月，党委宣传部面向全校各单位发布“口述史”采集对象推荐通知，在离退休工作处与校友会办公室的协助下，初步拟定了“口述史”采集对象范围，其中有中华人民共和国成立前经历学校创建发展的老教师、老校友，有中华人民共和国成立后学校自己培养起来的干部、教师，有亲历学校办学关键时期的老领导，也有学校重点学科的开拓者。采集对象在校工作学习时间和经历涵盖办学的各个时期、各条战线，共计150余人，计划分3年进行采集。为确保采集工作质量，工作组特聘校党委原书记焦文俊教授担任顾问，多次召开专题会议进行研究讨论，在充分了解采集对象背景的基础上，立足校史，聚焦学校发展建设的关键事件，逐步确定各期采访人员名单。

一期访谈40位老教师，采集视频7 350分钟，速记稿整理约160万字。根据受访者意愿，选取部分受访者的访谈整理稿编辑形成口述史料稿。第二辑史料稿共收录了18位老教师的访谈整理稿，各篇文章按受访者姓氏拼音排序。需要说明的是，史料稿件为基础文献，以忠实记录访谈内容为宗旨，但入编内容并非是每位受访者所有口述内容的简单汇编，而是聚焦于受访者在我校的学习工作经历，重点选取了其在大学的求学经历，留校或调入我校工作后参加学校建设、院系建设、学科建设等有关学校建设发展历史的工作经历，对个人其他阶段经历进行了相应删减。为保证访谈记录的真实性，访谈史料稿没有与其他正式出版或发表的文献进行对照修订，也没有人为进行篡改，或改变受访者的讲述原意。仅对所涉及的历史事件和人物尽可能进行了注释，对访谈中出现的明显记忆错误进行了修正，对内容和文字进行了必要的编辑，使得讲述按照时间顺序，同一事件的内容集中在一起，以保证事件的完整性。

感谢所有参与和支持“讲述京工人物 口述北理历史”口述史料采集的老师们！感谢各位不辞辛劳接受访谈的老教师们！回望80载初心来路，强国使命牢记心间；源自延安的红色基因，北理工人代代相传；“延安根 军工魂”的精神雨露，永远浸润着我们的心田。口述史采集工程将始终坚持围绕学校立德树人根本任务，追寻根脉，蓄力前行。

目　　录

CONTENTS

我与战斗部

马晓青

人物简介：

马晓青，1938年2月出生，江苏省镇江人。1959年加入中国共产党，同年考入北京工业学院1系炮弹专业，1962年转到新成立的8系导弹战斗部专业。1964年毕业留校，任政治辅导员2年，后到8系81教研室任教。1981年经教育部公派赴奥地利工业大学做访问学者1年，后转到英国剑桥大学工程系做访问学者2年。1983年底回国，在8系81教研室任教，开设冲击动力学新课。1985年起，带领科研组成员在实验室建立了两台材料动态力学性测试装置，可为冲击动力学课做试验。

长期从事破甲与杀伤两方面的理论与试验研究及型号研制，先后获得部级科技进步奖四项，在核心刊物发表学术论文30余篇。主要科研成果包括：在国内首次设计了空空导弹离散杆战斗部暨空军第四代中远距空空导弹；100毫米突击炮新型炮弹研制；122毫米大口径榴弹改进设计等。1985年在北京理工大学出版社出版《冲击动力学》，1998年在国防工业出版社出版《高速碰撞动力学》。

访谈时间：2018 年 12 月 25 日
访谈地点：北京理工大学图书馆
访谈人：郭晓明
摄像：吴哲

访谈提要

马晓青老师 1959 年考入北京工业学院，3 年后从火炮专业转导弹战斗部专业。文中回忆了他就读期间的生活、学习、实习情况。1964 年毕业后留校，“文革”期间到工厂参与反导战斗部研制。改革开放后，马晓青到英国剑桥大学工程系学习。回校后开设冲击动力学和高速碰撞动力学两门课，并作为主要负责人承担了一个空空导弹战斗部设计项目。

一

1959 年，我考北京工业学院的时候，对它的情况并不了解，就是看到介绍说所有专业都是保密专业。我喜欢保密专业，喜欢部队，小时候有这么一个信念。

我们来的时候，教学就已经正规了，我们看到墙上写的一些“大跃进”的标语还存在，听说那时候他们高年级的同学搞科研到处跑，我们没有经历过。我们一进来课程就很重，天没亮就开始上课了，上午上 6 节课，下午又上 3 节自习，晚上 2 节自习，一直到 11 点钟才回宿舍睡觉。课程相当多，作业也很忙，整天忙得不可开交。

我们这一届是 30 个人，后来有离校的，有因为学习跟不上或者身体不好退学的，再加上留级的，最后毕业的时候只有 20 多个。

到大学后全靠自己独立生活，没有班主任了，全靠自己安排时间，不像中学有班主任老跟着。大学有年级主任，一个年级一个主任。吃饭是随便吃的，不用粮票，当时就觉得和老家不一样。我高中的时候比较困难了，吃饭开始用粮票。第一学期没有用饭票，后来也用饭票了。

到了 1960 年、1961 年困难时期，学校把课程变了，上午 6 节课改成 4 节课——后来吃不饱，上午上 6 节课身体受不了，上午就改 4 节课了，中午有个午睡，然后下午上 3 节自习，还是很紧张。

我入校时在 1 系炮弹专业，前 3 年都是基础课，像高等数学、力学、物理，然后到技术基础课。1962年成立新8系的时候，我们从1系拨到8系来了，叫导弹战斗部专业。专业课是四年级、五年级学习，一直到毕业，我们学的都是导弹战斗部方面的内容。

那个时候高年级同学专业课由苏联专家来讲课，然后整理他的笔记。苏联专家一个小组住在友谊宾馆，我们还看到他们经常从主楼北门进来。因为当时苏联专业教材也没有，公开资料比较少。老师讲课是抄黑板的，听课主要靠笔记。老师从定义、定理都一个字一个字在黑板上写下来，公式推导过程也写下来。当时学生有一句话叫作“上课记笔记，下课背笔记，考试考笔记”。你只要把老师黑板上写的都抄下来，都搞懂了，考试就能考好成绩。

等到专业课学习的时候，有油印的讲义，不是公开发行，不是铅印的，是油印讲义，专业课都有讲义，讲义可以放在书包背回宿舍。

为了保密起见，当时一门课都有一个代号，比如说3051、4681。

因为上课以后你见不到老师了，有不明白的主要是同学们自己讨论。少数老师到教室去看看，你可以问问他，一般情况下老师都不到自习室。老师跟学生接触不多。后来“文化大革命”时期开门办学，老师跟学生就住在一起了，劳动也跟着一起劳动，老师跟学生就接触多了。

二

最早的认识实习在学校里面，那就是通常的机械加工，“车铣刨钳磨”。民用的产品也是这些技能，军用的也要这些技能。

战斗部都是国家正在装备的产品，都是保密的，产品不可能拿到学校来。学校只有用木头做的一个美国的响尾蛇导弹，一部分一部分组装在一起。那是木头的，不是真的。在陈列室里面就是一个模型，别的模型没有。

除了认识实习以外，还有生产实习、毕业实习，就到专业厂，我们是到齐齐哈尔去。齐齐哈尔一二三厂有3个导弹战斗部产品，一个是地空导弹，一个是空空导弹，一个是地地导弹。要看产品得到它那个厂看去。记得带我们实习的是工艺教师王秀兰，是个女老师。

那个地方生活比较困难，吃饭不习惯，都吃玉米糁子、高粱米饭。气候也冷，所以生活不习惯，但是没有办法，因为导弹战斗部工厂只能去它那个厂，别的地方有没有也不知道，就是有你也去不了。

我们两次实习都是到那个工厂。生产实习就跟着它的生产过程走，毕业实习跟生产实习又不一样，就不是跟着工人师傅一起劳动、看生产，而是收集数据，包括图纸资料上面有的，还有一些计算公式。

实习最主要的收获是什么呢？了解了导弹战斗部是个什么东西，导弹战斗部是怎么生产出来的，对战斗部有一个完整的了解了，它的生产过程，它的炸药要怎么装填，爆炸以后它威力到底多大——爆炸以后靶板上面打的一些窟窿，我们也去看了。比如离开靶板是 10 米还是 20 米，都能打很大的窟窿，打好多窟窿。觉得这个东西威力挺大的，如果打飞机，飞机受不了。因为在学校里面只是画个图，所以实习收获还是很大的。

当时这些导弹战斗部都是从苏联引进的，我们国家没有。图纸也是买苏联的图纸，按照它的图纸生产。我们的武器发展开始都是引进，基本上是先照抄，然后改进，最后创新，都分几步走。那个时候还是在引进、照搬照抄阶段。

三

1964 年毕业留校。我当时留下来是从政治、业务这两个角度考察，当时留校的学生很少。我留校的时候，年级负责人找我说，你留校有两个任务：一个任务，你要能够做学生的政治思想工作；另一个任务，要从事教学工作。要挑两副担子，首先你要是个党员——我中学就入党了，是个老党员；再一个学习还可以，所以我是作为挑两副担子这样的人留下来的。

当年的学生大多数是农村来的，城市来的比较少。我们这个专业多数是农村的，因为学生过去生活比较苦、家庭也比较苦，到了城市工作就觉得不错了，所以专业思想也有，但不严重，相对比较好做工作。我做过一年多的政治辅导员，一方面跟他们听课，像数学、外语都跟着听一听；一方面协助班上团支部，做做学生的思想工作，主要是看看有什么问题需要解决的。一年多一点，“文化大革命”开始了，大家就比较散了，也不上班了。解放军、工宣队①进校来了以后，我就回到 81 教研室

① 工宣队：“文化大革命”期间工人毛泽东思想宣传队的简称。1968 年 7 月最早进驻清华大学、北京大学等北京地区的大专院校。此后 9 年间，工宣队与解放军毛泽东思想宣传队（军宣队）一起，被派往大中小学担任领导工作。1977 年 11 月 6 日，中共中央转发教育部党组的请示报告，工宣队、军宣队随即全部撤出学校。

去了。那时候就跟老师们一起到工厂去劳动。我记得是到北京一个生产40火箭弹的工厂劳动去。

后来到西安204所搞一个国防科委下达的任务，叫作反导弹导弹战斗部，由我们学校跟西安204所两个单位联合搞。当时我在工厂劳动，工宣队打电话抽几个人回来搞科研，有我一个，还有一个老教师，还有两个跟我年纪差不多的，4个人就去西安204所去了。在那画图设计，到华阴靶场去做试验。我们几个人到那一住就是半年，然后需要换人，半年甚至10个月，就和研究生、西安204所技术人员一起搞战斗部。我们主要是战斗部总体设计，几乎包括战斗部全部。“文化大革命”以后我们搞的产品都生产了，都装备部队了。

四

1980年，由教育部公费派出，我有几年出国学习。

出去以前学外语、考试，很复杂的。考试就是选拔，在学校考试3门课，数学、物理、外语。考试以前先培训，上完课再考试，学校考试以后，教育部又组织考试，专考外语。我们那一批全国性的，教育部准备公派出去的，都到北师大去考外语，先笔试后口试。选拔上以后再去培训外语，我们到四川外国语学院出国留学生预备部去学外语，学完又到北京外国语学院听课。这段时期我们的心一直想着为出国做准备，不可能考虑别的问题。我就考虑怎么样把外语学好，将来出去多学点东西，主要花在外语上面。等教育部通知还等了半年多，到底谁去哪个国家，教育部再分。因为分配要和大使馆联系，由各个大使馆到外国各个学校去联系，这样就好几年过去了。

我出国是1980年。因为以前我们是完全学苏联，西方的东西我们没有太多接触，出国学习的确是收获很大。我开始到奥地利工业大学，待了差不多快一年，我发现在它那不行，学不了多少东西。因为什么呢？我们要学的是动力学，我们专业上面用到的都是爆炸，都是强冲击，动力学，而不是普通的技术知识。动力学奥地利这方面并不是很强。所以我自己联系了英国剑桥大学，有一个教授就搞碰撞动力学。后来通过教育部批准了以后，我就转到英国剑桥大学工程系。这个教授叫W. Johnson，是英国皇家学会的委员。W. Johnson教授很好，为什么呢？因为在我前面有两个中国学者在那做访问学者，一个是中科院力学研究所后来的院士，另一个是北京大学的余同希。余同希后来读博士就跟的我这个导师。因为他们两个给他非常好的印象，所以我一给他写信，他就收我了。

去了以后，除了跟着听听课以外，他像带研究生一样让你做一个课题。给你个题目，你自己去看资料，到系图书馆、大学图书馆看资料，然后你自己做实验。它那套制度都不一样，比如图书馆都是无人管理，白天晚上没有人。你要借书，写个卡片在那个地方书就拿走，白天晚上都一样的。还书的时候，把书朝桌子里一扔，图书保管员摆到书架上面整理好。我要做实验，加工车间跟实验室是一体的，车间主任就是实验室主任，所以实验加工很方便。另外，那里还有一个小库房，你要什么原材料，写个条子给他，他就给你买回来了，不要你自己到外面采购，买回来你去领就行了。它那里体系很完善。再有，那里有很多先进的仪器、设备。它有一个地下室，那里可以打枪，也有很好的照相机，你自己来摄影。因为打枪的时候，子弹打在管子上的情况要把它照下来，研究穿孔机理。摄影使用的那个 Imacon 照相机当时我们国家有没有进口都不知道，那个实验室我用的就是这个高速摄影照相机。当然困难也是很多的，设备你不会用。外国的技术人员来给你讲一下怎么安装，他用英语讲，听得似是而非的，他讲完了就走了，你一到实际装不起来，或者装起来以后同步不了，一打枪不是早着靶，就是晚着靶。这个困难也是非常多的。你又不好意思老找他，所以他来讲的时候你既要做笔记，又要听他讲。

在那边收获很大。我回来写了两本书，就是在那里学习研究的。

我是 1983 年年底回国，又回到 8 系的 81 教研室，战斗部专业。大概是 1986、1987 年 8 系改为机电系，后来按照学校的要求成立了学院，方向没有变化，就把系改成学院了。后来把教研室都叫作系了，内容还是那些内容。只有安全系原来是火工品，后来叫安全工程系，这个是改了以后是他们新设的。另外，机器人这都是后来加的，原来没有。原来引信，有机械引信，马宝华他们搞机械引信，施聚生他们搞无线电引信，劳允亮等搞火工品，我们是弹药。

1985 年我写了一本书叫《冲击动力学》。1985 年写这本书以前，我给我们系本科生、研究生开了冲击动力学这门课。因为以前没人开过，我开始用油印的教材，后来北京理工大学出版社公开出版了这本书。

1998 年我又写了一本书叫《高速碰撞动力学》。高速碰撞动力学课是本专业给博士生开的，国防工业出版社出版我自己去给他们上课，第一次讲课都是我讲的，后来是别人讲的。现在已经推广开了。

后来我陪着英国一位教授去南京理工大学讲学，他们一个系的副主任听说我去了，跟我们一起吃饭，他说马老师你的大作《冲击动力学》我拜读过。军械学院学生来到我们这读研究生，听他们讲，冲击动力学他们那个室（组）人手一册。

五

我这一辈子从事战斗部的研究与设计工作。主要成果一个是前面讲的 PL－XX 空空导弹战斗部，另外两个是大中口径炮弹。

PL－XX 空空导弹战斗部，是不连续杆条战斗部即离散杆聚焦战斗部。它不同于美国的一种空空导弹离散杆战斗部，它是从战斗部两端起爆，杆条向中间聚焦，杆条采用镁合金重量轻，因而打击距离近。PL－XX 战斗部也不同于俄罗斯的一种空空导弹离散杆战斗部，它是一层离散的杆条，从一端起爆，杆条数量少、密度低。PL－XX 导弹战斗部是按照导弹总体设计要求从战斗部中间起爆两层杆条又要向中间聚焦，解决这个难点是从战斗部中部设计一个波形控制器控制，由爆轰波产生的冲击波的波形，从而实现向战斗部中间聚焦的目的。PL－XX 空空导弹战斗部是一种新型的离散杆战斗部，是和重庆五〇一三厂合作完成的。

ϕ100 毫米突击炮弹，是一种新型的炮弹，与一般的炮弹不同，采用预制破片，装填高能炸药，带有击穿轻型装甲车前装甲的破甲弹结构，落地近炸等优点。与山东七三二厂合作完成。

ϕ122 毫米榴弹改进设计，要求改进后的榴弹与原弹通用射表。改进之处在于装填高能炸药，采用预制破片，以及落地近炸引信等。与沈阳七二四厂合作完成。

学校和工厂合作，学校负责理论设计与计算等，工厂负责生产工艺靶场试验设施等。学校将设计图纸交给工厂，工厂加工成产品后双方一起到靶场打靶试验，经过反复的过程，总体单位认为符合战技指标要求方可进行设计定型。

总体单位验收通过以后，工厂就开始生产。开始还有一个试生产，小批量的。到国家靶场做试验看行不行，如果行了就批量生产，一批一批生产，这才算完成任务。

马晓青近照

令人难忘的毕业设计

毛二可

人物简介：

毛二可，国家级有突出贡献专家，我国雷达领域著名学者，教授，博士生导师。1934 年 1 月 26 日生于北京，内蒙古赤峰县（今赤峰市）人。1951 年考入华北大学工学院（今北京理工大学）电机制造专业，1953 年转读雷达专业，1956 年毕业后留校任教至今。

长期从事雷达系统及其信号处理方面的教学和科研工作，是中国雷达信号处理领域的奠基人和先行者，国防科技自主创新的实践者和引领者，高素质创新人才培养的践行者。曾承担国家重大基础预研“973 计划”项目、“863 计划”课题等多项科研任务，在雷达体制和杂波抑制方面取得重大科研成果，对我国雷达动目标显示及其检测技术做出了重大贡献。曾获全国科学大会奖、国家技术发明奖和国防科工委重大技术革新奖等多个奖项，全国优秀共产党员、全国先进工作者、北京市劳动模范等多项荣誉称号。

1995 年当选为中国工程院院士。

访谈时间：2018 年 12 月 25 日

访谈地点：北京理工大学图书馆

访谈人：张钧

摄像：吴哲

访谈提要

主要讲述了毛二可考入华北大学工学院后的学习经历，毕业设计——电视系统的完成过程和苏联专家的指导。

一

我是在重庆南开中学高中毕业的，是 1951 年。那年我们学校①派遣两个人到重庆去招生，原来想统一考试招生，到了重庆大学，因为重庆刚解放不久，组织不起来这个统考。我们班上 4 个同学就找到去招生的两个人跟他们谈，后来他们就说，因为南开比较有名，你们成绩单拿来我们看一看，看完成绩单后就说你们到北京去，到我们学校去报到，报到如果考得好，就进本科，考不好就进专科。后来考试以口试为主，也有笔试，这样，我们几个都通过考试在本科了。据说我们班上还有好几个湖南来的也是这种情况。

当时要从重庆坐船到武汉，然后从武汉再坐火车到北京。坐船到武汉就两天，从武汉到北京当时也是一天多到两天，这样就到了北京。到了北京就在中法大学那儿暂时住下，后来就考试，考试完了就和 51 级的新同学一起报到。报到我们就在车道沟。当时就是一些平房，就是临时的工棚那种东西，砖墙上面有些瓦，进去就是一条通道，两边都是床铺，木头板子钉的连着的，相互挨着睡，通铺中间一个通道，就这样一个宿舍。水是压水井，那时候就用那个水洗脸洗衣服。所以当时生活虽然看起来比较艰苦，但还是挺高兴的。因为待遇还是不错的。我们学校当时是供给制，意思就是你在这儿吃饭不要钱，还会给你点零花钱，衣服全发灰色的制服——干部服，衬衫内衣号称老区来的人工纺织的布做的，以前也没穿过纱比较粗的衣服。反正你所穿的衣物全部是国家包了，花

① 指当时的华北大学工学院。

的钱很少一点，日子过得挺好，伙食也挺好。

我们是从社会上招收来的学生第一个班，比我们高年级的都是老区保送的学生，是过去那种训练班的性质。当时这个专业就叫电机制造专业，比我们高一级的也是电机制造，他们到1953年以后就以电机制造专业毕业了。我们到1953年就改雷达专业了，就是苏联专家来了以后我们学校定成为国防工业培养人才，这样的话就定成雷达专业。就按照苏联的体制，按照产品来分专业。

我们到学校以后最大一个感觉，就觉得老同学对我们比较好，大家都很热情，带着我们在北京玩，各方面照顾得都比较好。当然还听了很多报告，各方面的思想教育。当时到了这个新环境，感觉过去在中学自由自在没人管，到这里就是严格的管理，吃饭、睡觉、上什么课、业余时间干什么，管理都比较严格。但是对我个人来说，感觉过去都是老百姓，现在好像参加革命队伍了。好像是国家的人了，国家养你，你要给国家干事，就好像当了国家干部似的。因为学校是干部待遇，所以我觉得思想感情各个方面、政治上的要求各个方面就比以前强烈了。以前也有思想教育，但都是很一般的。心情也比较好，各个方面就是不断学习、不断努力，跟大家关系也不错。所以到了这个环境，就自己慢慢地想法和感情都有一些变化，虽然学校里面党团组织安排这些都是比较严格的，但是也能接受，也不觉得不自由，没有这种感觉。所以我在我们班上是第一个入团的，好像是1952年6月份。那么入团以后团里的活动也抓得比较紧，班上团支部活动那是非常多的。每个团小组没有多少人，六七个人，一个礼拜你写一次团小组日记，记录你干了什么、怎么想的、有什么事，反正这些思想汇报、组织学习党的知识等，这些活动都比较多，当时也是自愿参加，我也愿意多学点。

业务上老师也讲得不错，又从头学俄文了，学俄文对我来说也不擅长，但是也跟着学，俄文考得不是特别好。反正到最后和苏联专家在没有翻译的情况下，简单的交流是可以的。

总的来说到学校以后，整个环境，党团、组织、工作、教育各个方面确实是都比较好的，自己觉得也比较好，学习抓得比较紧，就是说能做的尽量都做。一年级都是基础课，俄语、力学、工程画图等，学习成绩一般，算中等。到后来学电的课多了，一开始三年级的时候还是学电机制造，我学习成绩都比较好了，就是因为学电我自己感兴趣，所以不断思考，理解就稍微透一点。我们当时有电机实验，那个时候实验比较大，电动发电机还要测量发电机的能量，还有功率的吸收的东西测量它能量的，整个系统要好几个人同时操作，老师叫我来组织这个实验。班上的一些活动我也都比较支持，所以领导对我的印象比较好。班上同学关系也很好，但是组织能力不行，所以也没当干部，最多当了个团小组长，没有再高的职位。

业余时间也有活动，就是在广播社管理扩音器。我们那时候学校也放电影，就在大礼堂，中法大学上面是图书馆，下面是大礼堂，就在大礼堂后面。它原来没有放电影的地方，就在大礼堂的座位后面支起两个三脚架，轮流播放那个电影。我们这个机务组担负这样一个责任，放过一段时间的电影。学校没有什么太大的会，但是有的时候在院里开个联欢会，安装个喇叭这些也管一管。

整个大学期间生活，给我个人的影响比较深刻，对我这一生走向以及思想的影响起了比较正面的作用，就是现在所说的正能量。所以，最后毕业的时候就留校了。

大学我们出去实习，那时候我们和领导关系都比较密切，比如说李宜今，他是系主任又是党总支书记，戚叔纬系主任这些带我们实习，李宜今当时就批准我们在上海实习。在上海七一〇厂，是做长波归航机的，管理也比较严格，后来搬到武汉去了。实习给我们的印象很深刻，也学到东西了。那时候实习就是干粗活，什么喷漆前要打磨铁锈这些，大家都努力地干，因为实习大家干得不错，所以工厂也很满意。当时我们实习伙食费是一天 6 毛，实际上我们吃饭也就吃两三毛，所以最后都剩下一些钱。大家都说我们是不是去玩一下，到杭州去，杭州大家都没去过。我们班上有一个同学过去是在浙江大学学过又到我们这里，叫王文革，年纪比较大的，他认识浙江大学那些人，所以就跟浙江大学借了一些教室，我们那个实习都带着被子行李这些，就借住在教室，然后用那些伙食费、交通费大家玩啊、坐船啊，在西湖也转了一大圈，当时特别高兴。

还到了南京七一四厂实习。南京实习时间两个月，在生产线上每个地方都待，每个地方大家轮流待一次，轮换的，每个生产环节、每条生产线上、每个点都要过，那时候七一四厂生产 2 瓦报话机，就是抗美援朝用的那个顶着伞状天线背着通信的。

二

1953年教学改革以后按照苏联体制，它就是按照发射是一门课，接收是一门课，显示是一门课，天线是一门课，按照雷达由几块组成来分的。成立雷达专业以后，苏联专家就来了，专业建设就走上正轨。苏联专家安排我们整个教学计划，教学大纲布置下来，课程都分工了。当时我们成立系以后，各个教研室也是按照课程分的，所以这样的话各个方面的建设都逐步展开了。我们按照苏联专家提的教学计划逐步执行，课程安排比较多，也比较满。过去教研室比较简单，成立雷达专业以后，教研室就按照课程来分教研室。我们上课的时候上课前才发讲义，讲完了这几章节最后摞起来才变成一份讲义，都是老师备课的时候临时把讲义写出来，再让油印室印出来，那时候都是写的、油印的。

但对于我们同学来说，没有什么太大影响，因为什么课都要上。但是我们在那个时候苏联专家特别强调业余活动，鼓励我们搞业余活动。因我们这个苏联专家——库里柯夫斯基，原来是苏联大学里面的老师，“二战”以前他是教电视方面的，“二战”中他参加了部队就搞雷达，所以对雷达也很熟悉，以后他也专攻雷达这方面。“二战”完了以后回苏联继续搞雷达，在这方面的大学里教书，所以他对教学都有一套成熟的看法，资料很全的。雷达总体实验室、接收、发射、显示这几个实验室，相当于不同教研室，还有自动装置，就是控制方面的这几个教研室都分别成立了。那么这样一来整个实验室的建设也开始做了。当时我们主要有一个好条件，就是美国和国民党撤退以后留下了一些美军雷达的剩余物资，那么这些东西对我们实验室的建设提供了很大的好处，就有很多美国的小雷达都在里面，我们运到学校来做些恢复维修就可以工作的。但这项工作我没有直接参与，我在学生时期主要是搞电视。

因为当时苏联专家对搞电视特别积极，他就鼓励我们参加这一方面的工作，同时他还给我们演示了一下。因为我们知道电视在当时国内都没有，大家也没看过，当时他用最简单的两个示波器就演示了电视的原理。我们当时看着挺有意思。原理上如果你在这个光栅上有一个模板，相当于相片底片，那么另一个上面也应看到这么一个相片底片，虽然这个分辨率低、质量很差，但是能看到个影子。这边是什么样的东西，用手这么一挡，另一边也是一个手。所以这个东西我们看着很有意思，它就吸引了大家报名参加。我当时也很愿意做这方面的工作，因为过去我对动手这些还都感兴趣，愿意做这些工作。

所以电视这个开始是一个兴趣小组。当时苏联专家对我们要求也很严，那时他每次上班到办公室都要经过我们教室门口。一次他说，你们忙，但是我每次经过你们的教室，看见你们又是拉胡琴又是吹口琴的，你们忙什么呀？这个时间不能去做工作（电视小组）吗？批评得比较多，他要求比较高。我们一开始做也没想到做个大系统收发什么的，就是给示波器做得再提高一层，实际上就是做一个稍微大一点的示波管，就是用雷达的示波管、显示器的屏幕，那会儿没有电视机的显像管，就用雷达的显示管，美国留下来的器材里面都有。我们开始按照示波器原理做成稍微正规一点、显示屏幕大一点、亮度也高一点的这样一个系统，然后经过放大以后，给光电管的信号放大到另外一个接收的屏上，也是用雷达的显示器的管子做成一个光栅，这两个光栅清晰度就比示波器好多了。那时候示波器很小，口径分辨率很差，这个分辨率就很高了，这个算我们第一阶段实验做的这么一个东西。那么第二阶段我们就是把飞点扫描做好了。那这个图像要动怎么办？我们真在中法大学里面找到一个旧的电影放映机，用这个图像就动起来了，这个阶段的工作就又进了一步。在我印象里头这都是在兴趣小组那个时候做的。

后来搞毕业设计有一个比较全面规划了。要搞发射，要搞天线，接收机也要做，摄像管当时没有，也还是用飞点扫描这个方法做。1955 年年底或 1956 年年初的时候，我们课程都完了，进入毕业设计。毕业设计就是要我们专门做这一套电视机，就是邓次平搞天线，黄辉宁做接收机，王浩搞发射机，我就搞定时器，四个人就给这个毕业设计题目做出来。当时条件比以前要好一点，能买到摄像管了，到后来还真买到黑白的东欧进口的电视机。到 1957 年时候，不知道是在捷克还是波兰订了这个摄像管。我们做了将近一年的时间，按照电视收发、定时这一大套系统，另外那些波形、纵同步横同步就跟当时黑白电视一样一个体制，最后我们几个都做出实物。

当时学校支持很大，因为苏联专家在那儿，学校经费也都支持，这样的话天线、发射、接收都做出来，我做的定时器系统，相当于一个大立柜。很高的冰箱那样的一个东西，上面是一个负责检查的示波器一样的，底下就都是电子管的。脉冲电压器都是自己绕的，买磁芯自己绕。整个稳压电源都是自己做的组装。这一套东西用了一年多时间做完了，效果还不错，最后毕业设计答辩我们几个人都不错。我印象中当时请的是清华的教授来给我们审，那时候我们专业是第一批毕业设计，比现在博士答辩还要隆重，大家在合班教室里面，有好多知名的教授都请来了。答辩完了我们搞电视的几个都还觉得做得不错，确实做到完全无线传输，但质量谈不上多好，但是能看到人。

我记得 1958 年有一次演示这个系统，是在劳动人民文化宫，在我们这里发射，在劳动人民文化宫展览会现场弄个天线收我们的信号。那么最后这边因为当时没有录像的东西，也就是广播员在那广播或是几个人在那里唱歌、弹琴，就是拍发射信号，当时能做到也就是这样。从整个系统来说，你要说质量多好谈不上，都是我们自己动手焊接，装配、调试都是，从头至尾都是自己弄的。这个系统就是做出来了能看到了就完了，所以这个系统我觉得也就是一个原理性的样机，能做做实验看看现象。那么这些东西我个人感觉还是收获蛮大的，我基本上在毕业以前都是做这个。

当时苏联专家每天上班以前就到我们毕业设计的地方，毕竟都不上课了，都要到这几个人的点上看每个人做得怎么样，每天上班看一遍，然后再去上班，所以对我们压力也挺大的，谁要是进展慢了他很不高兴的。当时我们从一年级就开始学习俄语，简单的会话还懂，这样他来了也不带翻译，反正他说的我们大体意思是知道的，知道他是否满意或让我们做什么、怎么安排，你要是做得好了他很高兴，你要是没做好他就很不满意。有一次他因为我接线乱得很，每个线拉来拉去的这样很不正规，就要求我们整理。我就找到一个接线盒，所有的线都是一把一把地到一个接线盒上，再分出去。这就跟一个设备有点相似了，不像过去这一根那一根线交错得乱七八糟。我就加个班夜里头都没回去，就给接线盒整理完了。第二天他看了特别高兴，他说不错不错，都整齐了。我觉得苏联专家看到你做的事，尤其有进展是很高兴的，你要是慢他确实批评得很厉害。所以我们感觉在他的工作指导下收获很大，真正对这套系统原理性的东西和基本电路设计都有所掌握和提高。

我毕业以后留校工作那就变了，电视我就不搞了，王浩还有其他一些人成立了电视教研组，当然后来又撤销了，好像是搞军用电视，当时是这样。我电视做完后就不搞了，我就在雷达实验室，就是在雷达场里管雷达实验室。

三

当时我们系的雷达建设是个大问题，很需要人。因为国家很支持，以前我也说过，彭德怀已经批了三套雷达给学校，就是从苏联进口来的、在我们阵地还工作的雷达，拉了三套比较大型的雷达，另外还一套国产的 406 雷达，就是当时国产的第一套，第一种米波雷达。这套雷达来了以后，我就开始装这套雷达。当时因为我们学校在东皇城根，中法大学那儿都是小雷达，那里没有场地。那么这一片 1956 年的时候就批给我们学校（指现在学校的位置），所以 1 号楼就是南门进来那个楼最先修，然后再 1、2、3 号楼几个教学楼才修起来。我们当时就在现在的 3 号教学楼。西边那个地方现在叫求是楼，那时候是平地，我们就在那架雷达。国产 406 雷达来的时候就有几个大卡车，一拉往那一放，系里要求由我来负责安装，架起来。说实话当时我 22 岁，没有太多搞雷达的经验，但是学了一点儿之后就开始看说明书，看完说明书就知道安装的关键是天线的架设问题。天线很高，大概 10 米或 8 米的高度，所以要架起来是挺困难的。天线原来是拆开后折叠起来放在车上的，现在要一块一块组装起来，最后要升起来。那么这些工作我一个人是弄不动的，因为它这个天线好像是这有个架子，现在给它在地上架起来斜着支起来，然后给它拉过去再翻起来，几个折叠就支起来了。那么这几个折叠也有绳子，东西是全的。当时我一个人肯定不行，有些体力活的事，学校就请了七八个临时工由我指挥，我来指挥他们怎么架，绳子捆在哪、怎么拉、怎么弄，最后给这个雷达架起来了。那时候周思永就修一个美国的雷达。其实现在从雷达的发展来看，我们还有一个美国“二战”时期最早的炮瞄雷达 268，SCR－268。当时我和周思永我们两个，因为我们还住在钱粮胡同，学校新建校区这里没有宿舍，那时候又没有公共汽车，只有私人的小汽车跑清华跑颐和园，那是私人的，我们也坐不了，所以就在雷达车上睡。雷达车厢总有一块地方，铺一铺就在那儿睡。学校后来新建的楼有食堂后就在学校吃了，那一段我自己觉得还挺有意思。我们两个互相帮助，大家一起讨论，一起做事情。那个雷达 SCR－268 确实太老太旧了，所以没能恢复。

1958 年以后，正式设计雷达场，后来我也参加了雷达场的设计，那时候俞宝传先生年纪大了，有大的问题请示他以外，其他具体的就我们设计了。跟基建部门讨论，就是这几个雷达怎么摆设，电缆怎么走，电缆沟等这些布局是怎么样的，我当时还画图，最后基本上按照我们的思路给雷达场布置起来了。包括哪儿盖房子，哪儿是车库，那么这些基本上都按照这个格局给建设起来了。

雷达实验室——雷达场那边，后来对教学也做了很多工作。我们当时有雷达实验课，就像操作实习，就是每个人都要在一个雷达上待上半天，学习如何开机、如何工作、怎么操作等，当然有老师辅导，怎么来做这些工作。

4 号教学楼顶上圆屋顶和雷达场是一起的。当时我们这有六七个实验员，技校毕业的，还有两三个司机，管柴油机发电、管汽车。我们那儿汽车也不少，光 π20 一个雷达就 7 辆车，其他雷达都有车，所以总的车的数量也是挺多的。这样的话就要有专人保管、给蓄电池充电，等等。

1958 年，学校完成新中国第一个电视发射系统，注册中国电视第一频道，图为耸立在主楼上的电视发射天线

四

我参加工作以后，虽然以实验室工作为主，但是教学工作也做了一些，是雷达站的课。因为那时候 53 专业和 51 专业的雷达站不一样，还有干部培训的课在我们学校，所以讲义也得不一样。这样一来，除了教本科生编雷达站的讲义，还编了其他一些。那时候不像现在成熟的书很多，基本参考书你们看就行，那时候有关雷达方面的书很少，包括雷达原理的教材都很少。当时教学量不小，但年纪轻，一个星期讲两次三次还加上搞实验也都可以，年轻，精力旺盛。

后来，在 20 世纪 50 年代那时候，空军第二研究所来我们学校寻求解决强地杂波对飞机探测动目标的影响问题。解决的方法是给雷达加装动目标显示系统。动目标显示系统的关键技术之一是要研制雷达回波延时线。我们系孙遇恭老师学过物理专业，对磁致伸缩延时线原理有一定了解。在他指导下，就用含镍电阻丝加个磁场，加个线圈，加电流后产生磁场，信号变成机械运动，沿着线传播，接收端也是这一套反过来，这个对米波段的 406 雷达效果还可以。在 406 雷达上，发射机高压调制脉冲是由旋转火花间隙打火开关产生的，其重复周期不稳定，需要改为闸流管开关，这样雷达发射机改动比较大。到上世纪 50 年代末，国民经济困难，科研就下马了。

从航空材料到阻燃材料

欧育湘

人物简介：

欧育湘，1935年12月28日出生于湖南新化。1954年考入北京工业学院（现北京理工大学）化学工程系炸药专业。1959年4月留校任教，从事含能材料及阻燃材料研究及教学。1969—1974年参与建设北京化工七厂。1979—1982年，在英国、美国从事有机合成化学及物理有机化学研究。从20世纪90年代起培养博士生50多名。

出版著作21部、译作8部，主编国际会议论文集5部，参与百科全书及辞书编写7部，获国家发明专利13项，发表论文300多篇。获国家发明奖二等奖1项，国防科工委科技进步奖一等奖1项，国家级、部级优秀图书奖一等奖多项，北京市优秀精品教材1部。曾任中国阻燃学会主席及多家期刊副主编、特约顾问等职务。

访谈时间：2018年8月30日

访谈地点：北京理工大学图书馆

采访人：张钧

摄像：聂明明

访谈提要

讲述了欧育湘1954年入读北京工业学院化学工程系炸药专业之后的学习及工作情况。1959年提前毕业留校任教，组建新的专业教研室，以及其后从事炸药、阻燃材料的科研以及教学50年的工作经历。

一

1952年，高中我就读于湖南省重点的省立第六中学，1952年春季入学，应当1955年考大学，因为当时高中生缺乏，尤其是重点中学的高中生不能满足大学招生人数的要求，所以我们提前半年，在1954年的夏天就参加高考了。

高考前，北京工业学院派人到各个重点中学物色生源，在我们学校向应届毕业生介绍了北京工业学院，说它是特种工业，保密性很强，因此吸引我报考了这所学校。我的成绩在班上一直名列前茅，很顺利地就考入了北京工业学院。

当时组织上把湖南省当年考上大学的，不仅包括北京工业学院的，还有南开大学等几个学校的学生都召集到省会长沙，组织在一起集体北上。京汉铁路因为发大水，铁路不通车，我们只能绕道江西、浙江，到上海，然后往北经江苏、山东、河北、天津，才到了北京。因为保密的要求，北京工业学院不像清华大学那样报考的时候就告诉你什么系什么专业，而是到校之后由组织分配，当时化学工程系有火药、炸药、火工品三个专业，我被分到炸药专业。我刚入学时炸药专业正在建设阶段，几位苏联专家和我们系的老师一块讨论，主要还是按照苏联模式：买什么书本，编什么教材，学生该上什么课，什么时候实习，什么时候做毕业论文或毕业设计。

那时北京工业学院所在地还是一片不毛之地，这块地方都是树林，南边1号楼还没建好，我们分在2号楼。上课在车道沟，就是现在的兵工大院。每天早晨起来，走到车道沟上课，下课后再走回来，条件比较艰苦。但是那阵儿有个信念，就是这个学校里面的专业，都是国防需要，虽然条件艰苦，但心里还是很自豪的。

我们的学制是 5 年，1954 年到 1959 年。课程比较多：画法几何、机械制图、理论力学、材料力学、电工学、化工原理、四大化学等，一共十几门。头 3 年是基础课，四年级以后是专业课，第四年开始毕业实习。当年考试是学苏联那套，所有学科都是口试，面对面，挺难的。考试前一两周的时间，大概所有课都停止了，几天考一门，一个一个学生考。老师坐在教室里，有个筒里边搁着很多试题，学生进来抽题，抽到什么答什么，答完有问题再问你，问完给你打分。5 分优秀，4 分良好，3 分及格，2 分就不及格了。我的成绩基本上门门 5 分，除了个别的，像物理、俄文、政治是 4 分，考了 4 分，我心里都会非常难过。

四年级的实习有两次，毕业实习是在辽宁辽阳的三七五厂，对外叫庆阳化工厂，我在 TNT 车间，车间主任叫袁士秀，当时他 50 多岁，很厉害。我前后在 TNT 车间有几个月，跟工人一样倒班，我在那儿学到很多。还有一次毕业参观实习，到做火工品的四七四厂。我们同学都认为，实习对掌握炸药生产的实际经验，很有帮助。我当时的毕业论文是“黑索金①的新工艺方法”，黑索金是一种性能比较优异的军用炸药，当时中国还没有生产。做这个炸药有好几种方法，我们想研究新的方法，希望质量更好，价格更低，爆炸能力更强。我做毕业论文是在东皇城根那儿中法大学②的原校址，干了一年多。虽然做出来了一点成果，但是没有达到预期的要求。

第一个指导我搞科研的导师是周发岐，他给我留下的印象最深。新中国成立前他在北平化学研究所，新中国成立后调到北京工业学院做教务长，后来做到学院的副院长，现在校园里还有他的铜像。周发岐老师富有爱国心，新中国成立前他在有机化学研究领域的地位就已经很高了，组织上叫他主管炸药时，他已经 60 多了，但他义无反顾，“祖国需要我干这个，我就干这个”。我搞科研最早就是他指导的，这是第一个印象。

① 黑索金：环三亚甲基三硝胺，也称 RDX，无色结晶，化学性质比较稳定，是爆炸力极强的烈性炸药，约为 TNT 的 1.5 倍。

② 中法大学拆分并入当时的华北大学工学院之后，其中法大楼、各系实验室、大礼堂、图书馆及数理化系的图书设备均归华北大学工学院使用。

第二个印象，他很注意了解外面的情况，1958 年我们炸药专业五十几个人分成两拨儿，有的做毕业论文，有的做毕业设计。我分在做毕业论文的一组，正好有幸得到周老先生的指导，有一回他拿了一些英文资料的目录，让我抄下来，先了解一下别人的情况，然后自己再看书。第三个印象，就是他特别注重实验，虽然已经不经常做实验了，但他还是常常到实验室去看一看、问一问。

二

我本来应当 1959 年 9 月份毕业，那时候大学生相当稀缺，要人的单位又很多，到了 1959 年 4 月份，组织要求我们班几个人提前毕业。我们班毕业分配时没有人讲价钱，都是服从组织分配，有留校的，有到政府机关的，有到炸药厂的，还有到炸药研究所的。

组织安排我留校参加组建新的教研室，因为当时 6 系成立新专业——飞行器非金属材料，搞能够用在飞机、导弹上的性能优异的高分子材料。当时这个专业是新的，人员是新的，设备也是新的，跟火药炸药比较起来有很大差别。那阵儿年轻，“初生牛犊不怕虎”，国家说要干什么，就干什么。看了点资料，就想弄点新东西，搞包括玻璃钢等各种各样的高分子材料，主要目标就是耐高温、高强度。开始搞的时候，价格是次要的，搞出来再改进，再降低成本。其中有些材料，性能、制造工艺在改进后，今天还在使用。

当时我们就七八个人，施益善是主任，有和我同宿舍的许又文，余润已经离世了，李友享后来调走了，还有任昌明、李维志这几个人，北航还来了一个参与编教材的。新的专业、新的人员、新采购的设备，还要编教材、做科研。我们和北京航空学院一起，以我们为主，编了教材《飞行器用非金属材料》。也招过一两届学生，我还辅导过他们。

从 1959 年 4 月到 1964 年，我干了四五年，后来因为调整，1964 年飞行器非金属材料专业撤销，我就回去继续搞炸药。

三

上世纪 60 年代有段时间学校好像没招生，老师有下乡的，有搞“四清”的，科研工作只是断断续续地做一点。1968 年，上面指示“备战、备荒、为人民”①，要求每个地方都要具备抵御外来侵略的能力，鼓励有条件的地方建军工厂。

北京市要建一个炸药厂，具体任务下达到当时的北京化工局。他们没搞过炸药，知道北京工业学院有炸药专业，就找到我们，希望在技术方面给予支持。学校派了陈博仁、孙荣康，还有我，3个人去帮他们建厂，我们是整个建厂过程全走过。

建厂先要选址，这很关键，因为不能离市区太近，我们在北京郊区跑了好几个月，到处去看地形，看是否符合炸药厂对地势的要求。后来选在房山的一个山沟里，先是土木工程，又从别的炸药厂调来五六个工人，其他人都从本地找，然后安装、调试设备，最后定型投产。

从1969年到1974年，这5年我整天都在工厂，就是礼拜天能回家一趟。在这期间我得到了很大的锻炼，上大学时几个月的实际锻炼，很多经验都在这儿里用上了，这些经验对我以后干化工也有很大的帮助。建厂全过程我一直都参与，直到参加了上级验收的会议，还得到了上级的表扬。

工厂建成后也正式生产过，后来因为形势变化，工厂转产，一度改叫北京化工七厂。

四

我1959年4月提前毕业留校工作，先是搞航空材料、搞炸药，后来主要的科研和教学方向是搞阻燃材料。

在炸药方面我获得过一项国家发明二等奖，这是改革开放之后做出来的，主要用于军事的高能炸药，叫CL-20，现在似乎还没实际应用，但一直在广泛地研究。

1989年，听说美国搞出一种高能炸药，比现在最好的王牌炸药奥克托金还好，就知道这么一点信息。我们好些教师都去猜测它的化学结构，

---

① 1965年6月16日，毛泽东在听取国家计委关于“三五”计划初步设想的汇报后指示说：计划要考虑三个因素，第一是老百姓，不要丧失民心；第二是打仗；第三是灾荒。根据毛泽东指示，国家计委对“三五”计划进行调整，8月23日，周恩来在国务院第158次全体会议上说：“主席要我们注意三句话，注意战争，注意灾荒，注意一切为人民。这三句话，我把它合在一起顺嘴点，就是备战、备荒、为人民。”这是“备战、备荒、为人民”口号的最早提出。

因为做化学合成先要把结构式画出来，这是第一步，完了之后计算性能，然后才能合成、实测。结构不知道，就没法设计合成路线。有一次出差，我和董院士住在一个房间，我们整晚地画，猜测它的化学结构。陈博仁、于永忠、赵信祺这些老师也都参与了这件事，其中有的教师，还真是挺有本领的，猜得八九不离十，快接近要猜出来了。

1991 年我们一个研究生看到了公布的一个和 CL－20 有关的结构式，他马上回来告诉大家。我们看到这个结构式，大家商量后认为这可能就是美国做的 CL－20 的原料。从它衍生炸药的性能，估计可能会超过奥克托金。有关的结构式虽然公布了，但对美国 CL－20 是什么、怎么制造，都是严格保密的。

因为可以有好几条路线应该能做出来，我们这些老师和好多研究生一起，从不同的路线开始摸索，那阵儿我已经带博士生了。

过了好几年，到 1994 年我们终于把 CL－20 弄出来了。当时我选择了一条路线，带着几个研究生，还有其他一些教师，在西山建了一条能自动控制的小规模生产线。做 CL－20 的难点在于合成工艺有好几步，挺复杂，而且纯度要达到 99.8%，得率还得做得比较高，才能达到公斤级。制作过程还要确保安全，因为做炸药很危险，得非常仔细，比如说少量生产时，我们用不锈钢盆盛炸药，这个盆子是搁在铁轨上，铁轨要接上非常可靠的地线，确保没有静电，否则冬天人身上带静电，一摸到盆子有火花，就可能爆炸。人进去也一定得先摸地线，诸如此类的事情，都要特别小心。有的同事遇到过事故，我有幸没遇到。

利用这条生产线，规模是一次做 1 千克，我们一共做了十几千克。

CL－20 做出来后，航天部等好多单位都争着要，用来做实验，研究它的性能。我们做出来的这些 CL－20 供应到了 42 所、903 所、204 所等好多单位，性能测试的结果比较乐观。

这段时间真是战严寒斗酷暑，我们吃住都在西山，不住的时候，清早去，晚上 10 点才回来。西山那地儿也没有公交车，要走一站地才能出来。有时候赶不上末班车，就通过我们一个实验员认识的附近一个做货运的人，租他的面包车才能回来。

学校后来把这个技术转让给了三七五厂，转让费我还得了一部分。因为需要的量急剧增加，工厂做得规模大，开始一次能做 10 千克，现在已经达到 20 千克、30 千克。

到现在这个炸药似乎还没有实际应用，因为对炸药性能的要求有很多。一个感度就包括热感度、摩擦感度、机械感度、烤燃感度、枪击感度等很多项，另外还要满足使用要求，有一项关键性能不合格，就不能用。在世界范围内几代人几十年弄不出一个合格的炸药来，都是比较常见的。而且据我所知，美国可能现在也没用上。美国已经实现了它的工业化，据报道他们做过工业市场，但是没见报道过实际应用。我想原因一是价格太贵，开始我们做是 10 000 万块钱 1 千克，现在可能大约是 4 500 块，因为规模大了，但还是用不起。毕竟炸药的用量会很大，战争中炸药的消耗动辄就是上百万吨。再一个就是对安全性能要求特别严，CL－20 的爆炸性能、威力、猛度、爆速，都比奥克托金高 8%～10%，如果这个炸药用上了，这个领域就能上一个台阶了。

除了 CL－20，我还搞过几十种炸药，有的是做出来了，有的没做出来，有的是这一两个性能可以，但是其他性能不行，所以做出来的东西实际应用的几乎没有。但是有几个，国外已经做出来了，可是人家没公布它的路线，我们通过研究，改进路线，让得率高一点、价格低一点、规模大一点。

其中一个叫 NTO 的很有前途的炸药，我们改进了方法，做到 20 千克，产品已经卖到了以色列。

五

除了炸药，我的另一个领域是阻燃。阻燃要想做出新东西来也是很难的，我搞阻燃跟有的人路子不一样，当时我就考虑不能像搞炸药那样广泛地去摸。

1987 年我们利用世界银行的无息贷款开始搞阻燃，北京有 5 个国家专业实验室，我们是其中之一。开始两届主任都是我，我负责从筹建到基建、设备采购、安装、调试，包括带研究生。

当时规定，世界银行贷款里 5%～10% 的钱要用于人员交流，而且每年都必须有。那时愿意出国的人还不太多，大家也都很慎重，还要准备很多很多东西，特别是语言方面。因为我在国外待过几年，在美国又有一些朋友，正好借这个机会出国访问，后来我也多次受邀参加在国外召开的阻燃会议。

中国当时阻燃剂研究还在初期，利用出访的机会，我从国外弄进来好几种阻燃剂。回来后我就按照自己的路子，剖析它的结构式、分析成分，然后进行试制。

阻燃剂不像炸药要求那么严格，我分析出结构、成分，工厂就可以组织生产。我的四五个产品，有两三家工厂去生产。当时阻燃剂的市场很大，不仅国内的工厂要用，在中国的外资工厂也要用，毕竟它们在国外订货的周期长，还没有中国的东西便宜，这样一下销路就打开了，他们很快就发展成上市公司。

六

1992 年我获得了国务院特殊津贴，还当过院学位委员会主席。我是国务院聘的博导，按规定，我到了 2006 年 70 岁时可以退休，但是带博士生，我一直带到 2009 年，从 20 世纪 90 年代初开始一共带了 50 多个博士生。

现在我是桃李满天下，他们分布在全国各地，甚至国外。有的是“三八红旗手”，有的是千人计划特聘专家，起码是教授、研究员，都取得了很大成绩。

现在国家太平盛世，国泰民安，人民幸福。学校领导也对我非常好，有什么困难只要提出来，都帮助解决。我的研究生，他们经常来看我，过年过节都有人来。

这辈子我挺满足。

国家的需要就是我的选择

祁载康

人物简介：

祁载康，1936年出生，山西省灵石县人，1955年考入北京工业学院弹药工程系，1960年本科毕业后留校就读研究生，1964年研究生毕业于北京工业学院飞行器工程系飞行力学专业，1979—1981年以访问学者身份在美国威斯康星大学从事最优控制理论应用研究，1986—1990年任比利时空间研究公司高级研究员及三级运载火箭“Big Bird”控制系统主任设计师。曾被评为国务院特殊津贴专家，第九届、十届全国政协委员，部级优秀教师，曾任国务院学位委员会航空宇航科学与技术学科评议组成员，北京理工大学航空宇航科学与技术学科首席科学家。

一直从事飞行器总体设计及制导控制等领域的教学与科研工作，曾参与国内多型制导武器的研发工作，为空空、空地、地空、反坦克导弹，制导炮弹和制导炸弹等发展做出了卓越贡献，曾获国家科技进步奖二等奖1项，部级及军队科技进步奖5项，著有《制导弹药技术》《战术导弹制导控制系统设计》等著作。

访谈时间：2018年9月21日（一访）
　　　　　2018年11月2日（二访）
访谈地点：北京理工大学图书馆
采访人：张钧
摄像：聂明明

访谈提要

讲述了祁载康在北京工业学院本科阶段的学习情况；1960年毕业后，组织安排读研究生的经历，研究生阶段的学习情况；发现钱学森论文中的错误并写信与钱学森沟通交流的经过；1979—1981年以访问学者身份赴美从事研究，1986年到比利时空间公司从事研究工作，1993年回国后获批为博士生导师，学校航空航天专业的发展等情况；以及引进俄罗斯武器后开展反设计取得成果，编写的教材获得好评，退休后的工作和对年轻人的期望。

一

高考的时候，我第一志愿报的是清华汽车系。可是当时军工专业很特殊，军工专业有权到各中学挑学生，当时叫指导志愿。挑了你以后跟你谈，组织上希望你报考北京工业学院，希望你把志愿改一改，当然你要是坚持不改，也不会强迫。但是当时这是一种荣誉，国防愿意要，是挑的你，别人想报还不能报。我的思想状态就是我虽然想学汽车，但是一看组织上信任，又是一种荣誉，所以就把志愿改到咱们学校了。

进了学校以后，你是不可以挑专业的，由组织分配，每个专业都要有好学生。当时是按学号，这个班的01号肯定是当支部书记，02号当班长。高考的时候，我的成绩是相当好的，我是03号。好的学生要往每个专业里分。我的专业是一个不好的专业，是弹丸专业，但是当初就是组织分配，这种不好的专业也得有成绩好的学生进去，不能差分就进差专业。所以这个分配方法也是有道理的。

大家都是服从分配的，分到哪算哪，不过也有一些学生不愿意学。当时弹药专业、引信专业都是差专业，所以“反右”的时候，这两个专业出的“右派”多，因为有的人对专业不满意，发一些牢骚。但是我后来一直也就学下来了，一辈子。

当时学校对学生的政审挺严的，我父亲是职员，我家庭出身不是特别好，但也不是特别差。出身很好的就挑去留苏了，按我那个成绩肯定够留苏条件，但是按照政审还不够，所以我就在学校里学习了。

学校的整个军工专业都是苏联专家给定的，定得非常细。弹丸分成3个专业，那个铁疙瘩，我们叫弹丸专业，上面有引信，叫引信专业，还有一个专业叫药筒专业，因为弹丸装在药筒上。你看就那么简单一个东西就分了3个专业，这就是苏联的体制定的。咱们学校分多少专业，每个专业的教材应该怎么样，都是苏联专家定，教材也是用的苏联专家的教材，所以这方面苏联还是功不可没的。

当时是五年制，要学5年，前2年是基础课，大三开始学专业课。但是有好多运动，我1955年入学，一入学就是肃反①。学生来了以后，开肃反大会，在大操场，所有学生在主席台上，审什么呢？说有一个学生是反革命。为什么是反革命？因为他知道咱们学校的每个专业是学什么的。我们班好像肃反了一个人，但是肃反的影响还不大，1957年的“反右”影响就大了。

我们专业好像有两个“右派”，当时是分配的，就是每个班要分几个。本来同样很好的同学，一旦被定成“右派”，马上班上同学谁也不理他了。被打成“右派”的同学，最轻的是留校到院工厂，个别严重的就送去劳改。但是确实都是因为一点小事，不吭声的人就好一点，可能随便说点东西，也不是真正反党的，就被打成“右派”了。反正当时是有名额要求，每个班怎么也得挑几个。所以真挑上，那确实一生很惨的。当时的学习环境就是这些运动。

---

① 1955年7月1日，中共中央发出《关于展开斗争肃清暗藏的反革命分子的指示》，肃反运动随即在全国展开。

二

1960年，我毕业了。我的第一志愿是沈阳七二四厂，因为我们认识实习、生产实习都是在这个专业大厂，所以就认准了七二四是搞炮弹的大厂。第二志愿是生产实习去过的，在西安，后来叫秦川厂，也是个大炮弹厂。当时国家开始招第一届研究生，整个班有一个研究生的名额，我就报了一个第三志愿，读研究生。当时我们班就俩学生报研究生，另一个学生报的是第一志愿。但是最后组织还是考虑谁的成绩好，谁去读研究生，结果把我录取了。别人的第一志愿没取，取了我这个第三志愿的。

当时我成绩好，5年全优。“反右”的时候，我被评为粉红色。红色就是真正根深蒂固好的那些党员，差的就是白色。我当时就是成绩好，好好念书，但是政治上也不是党员，也不是特别积极，也没申请入党，所以分颜色就是粉红色。本科打了一个很好的基础，核心的原因是当时的教师就是一门心思讲好课，所以教学质量比较好。另外学生也没多少分心，现在看都是死读书。我记得当时魏思文校长在大会上批评学生，说咱们的学生到魏公村的餐馆吃饭，不知道怎么点菜。他批评的意思就是说学生太死了，整天就是念书，到饭馆菜都不会点。这某种意义上是真的，学生社会经验太少，一门心思就是学习。

到研究生期间赶上困难时期了，但是那个时候学生一猛子还是学习。我就记得党委书记给研究生讲话，要求我们按热量办事，就是说学生太努力了，整天在念书，现在咱们吃不饱怎么办？希望大家按热量办事，别加班，少干点。当时确实是很困难的，但是学生还是很努力，虽然在整个学习中间经过几个运动，都有动荡，但学习的基本功还是比较扎实的。

研究生期间从弹丸专业里出来一个导弹专业，我就转了专业，转成导弹了。转专业也是组织安排的，从弹丸专业里挑人。当时导弹专业是新专业。当时咱们引进了1059，那是弹道导弹，3969是地空的，还有7089是空空。苏联给了几个型号的导弹，按型号来了专家，专家当时在北航讲课，年轻教师就去北航听课，听完课再给我们讲。所以那些新专业也等于说都是苏联帮着建的。

我研究生的导师是周伦岐①，但他也不是真干导弹的，他是搞炮弹的，是系主任、一级教授，所以当时研究生就挂在他底下了。当时学的主要就是苏联引进的那几个型号，苏联给了整套的讲义。所以中国导弹的起步也是从那3个型号，一个地空（3969），一个空空（7089），一个地地（1059）。当时引进还是很深的，专家来是讲设计的，来的每个专家都是设计专家，所以中国整个国防确实是苏联帮着弄起来的。你当初一点底子没有，人家基础理论如果不给你讲，你想从头弄是挺难的。

我们的老师到北航跟苏联专家学，学完了教我们。我们那个专业是万春熙老师领头的，万老师还搞反坦克导弹。那时候咱们学校专业还比较窄，到我们这代人就宽了，我们这代人应该是面最宽的，真正接触型号最多的。

三

读研究生期间，有这么一件事。钱老那本《工程控制论》②，是他好多论文汇集成的，其中有一章讲的是弹道导弹的摄动怎么控制，这个论文早就发表过了，我看的就是他早期的论文。我看了觉得好像结论不是特别对，弹道导弹，按正理说，制导律不应该有时间，但是钱老推出来制导律有时间，所以我觉得理解不了。有一个人，好像是一个数学家，推过一个类似的东西。钱老在论文后说这个数学家推得有错，所以我当时又翻到这个数学家的推导，没看出错来。钱老推的路子比较复杂，他用的变分，简单看他推的结果也对，但是他推的结果有个时间项，数学家推的没有时间项。

后来我就仔细慢慢地推钱老那个，最后推出来钱老漏了一个变分项，一个推力的变分，他漏了。把那个推力的变分加上去以后，结果就跟那个数学家推的结果一样了，我就发现了这个事。当时我是研究生，钱老

① 周伦岐：山东单县人。1935年毕业于美国纽约州立大学研究院力学系，同年回国。曾任华东兵工局研究室主任、第二机械工业部第四研究所总工程师等职。北京工业学院（北京理工大学前身）教授，中国航空学会第一、二届理事，中国空气动力学研究会委员。著有《兵器原理》《膛外弹道学》。

② 1954年，钱学森的《工程控制论》英文版在美国出版，后翻译为多国语言。1956年，简体中文版出版。钱学森在《工程控制论》中首创把控制论推广到工程技术领域，是控制论的一部经典著作。1956年本书荣获中国科学院一等科学奖。

很有名望的，我也不敢随便跟钱老联系，我就去找周伦岐。我跟他说了，说你能不能看一看。周老不看，周老跟我说：“钱学森不会错，你再仔细检查检查。”我估计他也有顾虑，就是怕看了以后很难表态。我胆子也大，当时钱学森在五院①，我直接就给钱学森写了一封信。

结果没几天，钱老就派他秘书过来了，承认这个地方是有一个错。当时《工程控制论》已经翻译成八国语言在国外出版了，还得了国家特等奖。钱老告诉我，第一，这个地方是错了；第二，下一版的时候一定改过来。他说你能不能把这个信再整理一下，当时五院有一个内部刊物，叫《研究与学习》。他说我想把你的信放到这个杂志上，教育下一代的人，要“三严”，就是搞科研应该“三严”。

这是任何人都想不到的。这么大的科学家，能认错就很不容易了，他还要暴露这个错，他还想用这个错来教育下一代。然后他把我的信发表到五院的内部杂志上，自己还写了一个前言，说科研要“三研”。我觉得这真正体现了一个老科学家的风度。但是现在，这已经不便讲了，本来你想宣扬他的那个风度，但是就涉及他有一个错，所以这事到此为止就拉倒了，但是我真正理解的钱老这种风格是任何人做不到的。我很遗憾钱老这么高尚的一个伟人的风度，最后没有得到真正的宣扬。

后来学校要找这封信，但研究生院也找不着了，最后到航天一院的图书馆找，这个杂志也没了。后来我一个学生分到航天一院，他从航天一院档案馆找出这个杂志了。后来我到航天一院讲课，档案馆的馆长非要见见我，专门跟我聊了聊。因为他知道当初有这么一个事，但是没见过祁老师是个什么样的人。

四

本科毕业，如果没有读研究生，我应该就去炮弹厂了，估计后来可能弄个总工，也就走那条路了，所以有时候是组织决定了人的一生。我入学时的专业是最差的，那也是组织定的，因为你成绩好反倒给你分到个最差的专业。等后来你没有想读研究生，组织需要，就读研究生了。那个时候就是定什么专业就学什么专业，都是组织定，我就一直干下来

---

① 五院：即中华人民共和国国防部第五研究院，成立于1956年10月8日，是我国第一个导弹研究机构，钱学森任院长。

了。定了你就干，可能有的干得好点，有的干得坏点。我们这代人，我觉得特别万幸，正好赶上咱们国家大发展，另外有幸进入航空航天空军陆军，各个军兵种的弹种都接触到了。

五

我 1979 年到美国威斯康星大学机械工程系以访问学者身份从事最优控制应用研究，应该是比较早的一批访问学者，1981 年回国。

20 世纪 80 年代，祁载康在为时任以色列总理佩雷斯进行翻译

1986 年我国引进了一系列国外兵器的先进技术，其中就有从比利时空间研究公司引进的火炮、弹药，是挺大的一个合作项目。这个公司是一个很大的军火商，在全球承揽了各种军火研发。当时它有一个大的合同是跟伊拉克搞弹道导弹，但公司缺这方面的技术人才。我参加了我国技术引进的翻译工作，这个公司发现我懂导弹，而且技术上很全面，就跟学校签了合同，希望我到他们公司去工作。大概是 1986 年到 1991 年，我去了比利时空间研究公司工作，主持了多项飞行器的制导与控制系统设计工作。在国外工作期间接触了好多国外的工程师，空间研究公司聘请了各个专业的人才。有一次公司的客户来参观，还专门介绍了我擅长的方面，说明咱们的导弹知识比较全面，得到了他们的认可。咱们学校导弹专业当时都没被国内的主流认可，导弹方面都被北航、西工大控制了，所以这方面还没能设立博士点。

1993 年回国以后，我在国外的工作成果得到国家认可，国务院批准我作为导弹设计的博士生导师。通过申请，咱们学校获得了导弹设计博士授予权，这对咱们学校来说是一件大事。在此之前万老师他们申请过，可惜没通过，因此我们学校在整个领域都落后一截。博士授予权通过后，我是学科评议组成员，就跟北航、西工大平等了，以后再做工作也就好做了。1997 年咱们学校拿到了一级学科的航空宇航的博士授予权，这样整个学科里的动力、发射什么的都同时获批了博士点，这是咱们学校很大的突破。

2003 年我们获得一级学科的授予权，2007 年开始许可招博士后，同年咱们学校的飞行器设计成为国家重点培育学科。在航空航天领域，从过去不被认可，到有了博士点、博士后工作站，这个阶段是咱们学校很大的突破，航空航天领域在国内都认可了北京理工大学。

六

这个时期正好是学科上的大发展时期，学科上该做的工作咱们都做了。苏联解体后大量出口武器，利用这个机会，引进了他们大量的武器。当时俄罗斯给你图纸，保证教你生产出来，但是有关设计的内容一律保密。咱们只知道是什么东西凑到一起的，工厂引进后因为没有设计基础，看不懂里头怎么回事。这正好是咱们学校的一个契机，当时国家几乎所有引进的大项目，咱们学校都参加或者组织了反设计。

D01 炮射导弹，苗瑞生老师和刘藻珍老师参加了整个反设计过程，掌握了那部分技术。D02 制导炮弹，我和林德福老师组织了反设计，也取得了很大成果，真正掌握了它的技术。D05 空地炸弹，我和夏群力老师组织的反设计。D07 旋风火箭，是杨树兴老师主持的反设计。兵器工业部引进的这些主要武器，咱们学校几乎全部参加了反设计。这样国家除了能生产这些武器，还能懂得它的设计原理，这样就能改进，出了问题也好分析。

这个贡献我觉得对学校来说，学术水平提升很大，因为接触的都是实际项目。另外对工厂来说，掌握了它的设计原理。因为咱们知道了这些武器的设计思想以后就能改进了，所以紧跟着学校就组织了改进。像 D01 原来是 100 口径，后来通过改进，出了 105、125 等一系列的新产品；D02 过去在高原打不行，改进后加了阻尼回路，在高原的问题也解决了；D05 做了后舱改进；D07 旋风整个都是咱们学校帮着设计和生产的。学校设计出了新产品，就找工厂安排生产，效益非常高。学校掌握了这些核心技术，给学校创造了能产生很大经济效益的机会，能把学术成果转化为很高的经济效益。我们这一代人为此打下了很好的基础。

七

我们这一代人一直在干学术，我最近把我整个的技术经验、教学经验总结成了一本挺好的教材。因为年纪大的人后来没人写教材了，各高校现在出的教材是一些研究生，你写一章我写一章，他们年轻人很难像我们那样集中精力。所以这本教材一出来，得到各高校的高度认可，起码我觉得这本教材比北航、西工大的教材要强，这也为学校争了面子。我也想为学校在国际上争点面子，所以就把这本书翻成了英文，美国的出版社组织专家审阅后，专家也都认可，认为这是一本水平挺高的好教材，所以他们就要出版，学校马上跟它签了合同。出版这本书的价值，我觉得于我个人倒是没什么，但书上面印着北京理工大学、中国，我希望将来各个国家高校在用这本书做参考书的时候，能看出中国在这方面的水平，能达到这个目的就够了。

我退休比较晚，因为是两届政协委员，所以到 70 多岁才退休。退休以后我的教学就停了，而且身体也不太好，现在每天上午干半天，帮他们年轻老师带带博士生，还有年轻人的项目，帮他们出主意。上周我刚给下边的博士生选了 11 个题，能帮的帮一点，但是肯定不能全力以赴了。

去年（2017 年）12 月，我的学生们搞了一个祁老师教学 60 周年纪念，来了 160 多位学生，几乎各个军兵种都有我的学生。我的学生学术上有了成绩，事业上取得了成功，对咱们学校也有好处。

我们教师经常会考虑两个问题：第一个问题，培养了这么多学生，人家问你是谁的学生，说祁老师的学生，人家能高看你一眼；第二个问题，找工作的时候，一说是祁老师的学生，人家比较相信他的专业水平。这是我们老师的愿望，就是别给学生丢脸。

我一直钻研理论，是我国各个军兵种几乎所有重要武器型号的专家，了解现在整个导弹领域的最新知识。现在军方开会的名单，我是第一个，然后是北航、西工大，说明我们学校能够得到军方认可，这点很难得。现在的年轻人有断口，这个断口接得最好的是西工大，他们有一批中年人比较全面，咱们学校大部分集中在某一个项目里，搞得挺好，但是学术上还欠缺一点。

所以我期望年轻人能尽快接上来。

一辈子就搞火药了

任玉立

人物简介：

任玉立，1929年生于山东，天津长大，就读浙江女中。1949年考入中法大学数学系，1953年毕业后留校任教，开始任火药教研室秘书。历任教研室副主任（无正主任）、研究所主任等职。1989年退休。1961年被评为北京市先进工作者。1962年5月，被选为北京市第五届党代会代表。

译著《固体和液体炸药的起爆与传爆》；编著《火药化学与工艺学》。研制的天然橡胶复合推进剂分别作为505二级探空火箭、265－1反坦克导弹、265－3地空导弹推进剂，发射成功。发表火药研究论文7篇，曾获优秀论文一等奖。棉布阻燃技术通过部级鉴定。

研制的橡胶火药用于“505”（1958年），发射成功；用于我校265－1反坦克导弹、265－3地空导弹，发射成功。

访谈时间：2018年11月9日

访谈地点：北京理工大学图书馆

访谈人：郭晓明

摄像：吴哲

访谈提要

讲述了学校和专业的调整变化、火药专业的建设过程、苏联专家的作用，从个人教学第一线工作、研究橡胶火药、编写《火药工艺学》教材等几个方面介绍了一生从事与火药相关工作的一些经历。

一

我1949年中学毕业，考到了北京中法大学数学系，当时学校校长是李麟玉，教数学的是吴文潞教授。很快，中法大学就跟老区来的华北大学工学院合并了，后来改成了北京工业学院，又改成了现在的理工大学，我没动过，一直在这儿。

当时把中法大学分了，中法大学的老师、学生可以上北大，可以上天津的南开，也还可以上师范。我也曾经想上北京大学的药学系，后来想了半天留下来了。为什么呢？觉得这个学校进步，也受同学的影响，他们说："咱们都留在华北大学工学院，它是供给制，一个月还给我们18块钱。"一听还给钱，所以说就都到这儿来了。

合并后数学系就没了，当时就有化工系、机械系、航空系几个系，我选的化工系。化工系还是中法大学的老师给我们讲课，讲有机化学的是周发岐，还有个老教师叫何九龄，好多老师都是中法大学的。东北兵专转过来后，我们化工系就有老师给我们讲火药。从那时起，就跟火药打交道了。他们的老师有一个叫牛秉彝，讲火药制造、火药性能。但是资料很少，讲得很简单，也就知道大概。有机化学、无机化学可以做实验，别的都没有。

我1952年加入共产党，1953年毕业，分配到化学工程系，给仲颖魁教授、周发岐教授他们做助教。到了1954年，成立火药教研室，我就调到火药教研室做秘书。秘书做什么呢？协助教研室主任陈赞文教授，他是火药组的组长，我帮助他处理教学一切事务。他安排谁讲课，我就去执行。教学大纲我管了，他不管。有些会议他也参加，基本上是我跟大家研究、讨论，我也承担火药学的讲课。陈赞文以前是国民党的一个大官，好像也是兵工专过来的，他还是6系的系主任。1957年，陈赞文因为是国民党的大官，调离了，他调走之后王凡代理系主任，后来是孙志管当主任①。孙志管就是搞“505”的总领导，后来调到了国防部搞科研。这个人挺好，挺正派的。

我做教研室副主任，没有正主任，我就负责教学各方面的工作。从1957年到1986年还是1987年，我当教研室副主任，没正主任。我当时听说，魏思文认为得有一个合适的教授当主任，我不是教授，所以不让我当正主任，他要找一个很好的，所以就一直这么拖下来了，30年就我一个人在那儿支撑着。

化工系有炸药、火药、火工品三个专业。我们火药专业当时叫第5专业，这5专业谁给命名的呢？是国防部给命名的。火工品原来在我们系，后来单独成立一个系，丁敬带着一帮人马到8系了，分出去了。6系就剩下炸药和火药了。火药后来到材料系了，现在是高分子材料系，就是4系，现在是4院。

1961年我被评为北京市先进工作者，工资涨了200块钱。1962年5月，我被选为北京市第五届党代会代表。

二

我谈的第一件事是建设火药专业。

原来不知道火药有这么多工序，当时的火药专业基本上就稀里糊涂，谁想讲点什么就讲点什么，简简单单一讲就完了，挺乱的。没有实习，也没做过什么实验。

从1954年开始，苏联来了两个专家，一个拉扎列夫，一个米舒金。苏联专家来了之后，确实有很大的帮助。苏联专家帮助我们把火药都详细了解了，都学明白了。拉扎列夫讲的单基药，米舒金讲的是双基药。单基药、双基药制造挺复杂的，两个人都留了简单的教材，教材是他们自己写的稿子，没有出版过。当时专业就有两门课，一门火药制造学，第二门火药性能。苏联专家的翻译叫梁嘉玉，苏联专家通过翻译给我们讲课，我还给苏联专家当翻译讲了两次课。他给资料，我们就看，就学习。他让实验，有好多实验，我们就按照他说的做。实验我们都事先自

---

① 王凡1954年8月至1956年9月代理系主任；陈赞文1956年9月至1958年9月担任系主任；孙志管1958年9月至1960年2月担任系主任。

己做一遍，再指导50级学生来做。当时的火药分析实验，在有机化学和无机化学实验室做。火药制造实验没有室内用的设备，是马庆云老师向工厂募捐了好多小设备。因为学校不能弄大型的，他把小型的压延机、压伸机、烘箱，还有些其他的小型设备都给弄回来了，然后由田济民老师建小型实验室，我们教师科研就用此设备。实践有课程实习和课程设计、毕业实习和毕业设计或者毕业论文。实习累极了。火药都得要有安全距离的，这个车间跟那个车间挺远的，来回跑啊，累得要命。但是能得到知识，就很好！毕业设计、论文答辩后，获得工程师学位。这是整个教学过程。我参加了每一个环节的实践，在专家指导下我最后在全系大会上通过了答辩，给了我工程师学位。

所以那个时候大家干得都挺带劲，我整天没有闲着。因为顾不了家，我就找了保姆，当时工资都没时间去领，都由保姆去领的。

我们火药教研室有十几个人，都是年轻人，都比我小。当时没有正主任，就是我一个人领着大家干。那时候的教学和现在不一样，每一个讲课的老师都得写教学大纲。教学大纲是什么呢？就是你要讲的什么内容，怎么分的小时，哪一个小时讲什么，都得写清楚。那时候是很严格的，你讲课就得把教学大纲写清楚，然后在教学会议上讨论，大家觉得行了，就通过。不通过提意见，哪点不对，提出来就改，很严厉的，不是愿意讲什么就讲什么，讲的内容必须写出教学大纲来，讲什么内容都得说清楚。

苏联的教学计划很重要的就是实习，有课程实习、毕业实习两个实习。课程实习就是火药制造课，到一个工厂的一道工序去实习，知道这个工序是怎么回事，然后回来做设计改进。毕业实习是全厂都走一遍，看全厂是怎么搞的，各个工序都得包括。有什么问题，怎么改进，回来提出意见。所以苏联计划很注重实习，讲课反而少，实习设计多，这是他们的教学计划特点。火药教研室毕业设计，是在工厂生产单基药车间。单基药是什么呢？是硝化棉，用溶剂溶解了，然后做成小药粒。然后针对性地提出问题，比如溶剂怎么回收。所以去联系时，工人都非常欢迎，就是因为可以看出点儿问题，给他们出点儿主意。

这里有一个问题就是，苏联专家来了之后，魏思文也想依靠年轻人，所以我们毕业以后留校六七个人，都是各个专业的头。好多老教授，不管是在党的领导上，还是在学习新知识上都不行。当时高分子是很稀罕的东西，我们做硝化棉就是高分子加工，这些老教师都不懂高分子，所以好几个老教授，把他们分配到教研室，不给任务。但是无机化学、有机化学这些基础课的老师都在，有的也讲课，也指导实习，主要的事情都是年轻的老师来承担。苏联的教学注重实践，不仅是两次实习，还让你做设计，让你写论文。按着苏联这一套，火药专业就这么建成了。1959 年，1960 年，他们陆续回去了，我们就按照他们留下的东西进行教学。

从 1950 年火药专业招生，我一直没离开过教学第一线。我讲的火药制造学是主课，另外一个老师讲火药化学性能。一个学期 80 个学时，还要指导学生做实验。他们做实验，我在旁边看着，哪个做得不对、哪个做得对。火药危险，不断地出事，但都是小事，比如烘箱烘硝化棉过了时间，火药着了，发生大量的气体，一崩，烘箱掉地上了。发生过这个事，大的事故没有。

火药专业一般的情况下，一个班 20 多个学生。这 20 多个学生可比现在带研究生下的功夫还要大呀。所以跟他们感情都挺深。我估计大致算一下，我一共大约有 640 个学生。这些人都分到哪儿了呢？分到了火药工厂、火药研究所……好多留校了，现在好多老师当年都是我的学生。后来建的新厂，三七五厂做单基药，是枪药，二四五厂做双基药，是炮药，都有苏联专家指导，也是按照苏联生产火药那一套进行的。从工厂、研究所反映的情况看，学校讲的知识还是挺好的。

三

下面我谈橡胶火药。

1958 年，工厂、研究所里面就知道有单基药、双基药。单基药是硝化棉，用溶剂做的。它是小粒药，因为溶剂没办法让它全挥发，只能都存留一点儿，单基药只能用在手枪、冲锋枪、步枪里面，是枪药。

双基药是硝化甘油和硝化棉，硝化甘油把硝化棉溶解了，成为浸溶的一体，做成各种形状。再大大不了，因为太危险了。双基药用在迫击炮、加农炮、小的火箭炮上面。想用在探空火箭上也可以，但是太危险。所以我们就想办法，要找一种可以用在探空火箭上的新药。找的什么呢？找的是橡胶火药。

橡胶火药是什么呢？橡胶一加热就变成流体了，这个流体加有近

70%的高氯酸铵，这么多的高氯酸铵让橡胶把它都混合均匀了，没有化学反应。橡胶火药在能够有温度控制的压延机下，升温到70～80℃，就变成流体了。除了高氯酸铵，橡胶火药还得有安定剂、硫化剂等附加成分，都混合好了，在压延过程中就安全多了，然后搁在成型设备里，再去硫化。因为橡胶是流体，高氯酸铵分解温度也很高，比较安全，所以就选定了橡胶火药做火箭发射药。

当时是1958年，“大跃进”，我们和学生一起成立小组搞科研。晚上也不睡觉，大家说不解决发射药问题不行，我困了就找个地儿随便躺着睡一会儿，醒了赶快回去再做，所以那阵子是很累的。实验就是在东皇城根我们筹建的小型实验室做的，很繁杂，我们经过多次配方设计，多次测它的性能、燃烧速度、比冲、热量，都合格了，再把它加工，放到火药需要的形状模子，最后做出来的。做出来之后，我们经过多次实验，确定了配方。许又文拿我们的药，用4厘米的不锈钢管，做了20枚小火箭，发射成功。所以我们的配方是没有问题的，是成功的。我们很高兴。1958年9月9日，到宣化靶场试验，也是成功了。

此外，我们学校的“265”① 科研组，要做265－1、265－3，一个是反坦克导弹，一个是地空导弹。他们做不出来，当时院长用汽车把我们拉到他们的实验室，就是现在的2号楼。他们提出来形状和尺寸要求，我们按他们的要求做出来了，去发射，成功了，我们也挺高兴的，全校听说了也挺高兴的，希望我们再接再厉。当时要搞导弹，都没有听说过。导弹是什么？后来明白了，导弹是远程的，听说飞得挺远，然后打敌人。所以我们就感觉，我们得为导弹做进一步的工作。

后来“505”设计总组，让我们做大型的火药了，大到什么程度呢？大概是114毫米直径的，宣化的是114毫米，白城子是做的210毫米，更大了②。我们在学校里做不了，我们在东皇城根，谁敢在那儿做？要上

---

① “265”：1958年到1960年，学校大搞科研，曾先后搞过3个主要型号：“505”探空火箭，265－1反坦克导弹，265－3地空导弹。当时学校领导坚决搞大型号，一是为了在尖端武器上为国家做出贡献，二是想以“任务带学科”，带动尖端专业发展。

② 1958年9月在宣化靶场发射的2枚二级火箭，第一级口径132毫米，第二级口径114毫米。1958年10月在白城子发射两枚，第二级口径265毫米。1958年12月到1959年1月在昌黎试射五发，第二级口径分为215毫米和240毫米两种。

工厂去了。让谁去呢？我当时家里孩子病了，抽风，发高烧，我得在那儿盯着，所以系领导孙志管让万纯才老师，带着学生去太原二四五厂做。结果出事了①。

出事之后，我们领导马上派我赶快去二四五厂。出事的那些都是我的好学生，我万分难过的。后事由尚英副院长和万纯才处理，我就负责赶快制药，白城子靶场需要，我是含着眼泪做的这个药。不敢在屋里做了，在二四五厂的草地上建了一个生产线，把“505”项目组要求我们做的 210 毫米的药做成了，按时送到了白城子靶场。事故原因不好说，听说是违反操作规程。做火药很危险，稍微一违章就容易出事故。比如说，硫化好了以后，退模子是最危险的了，早一点退不行，晚一点退也不行，一敲打更不行。（事故）可能是这个问题，我想是这个问题，他们怎么处理的我不知道。白城子的发射我没有参加，听说是膛裂了。当时分析有几种说法，一种说法是外壳问题。锅炉厂给加工的，可能没有焊固。另一种说法可能是药有问题，有气孔。当时咱们准备建立但还没有建立探伤，就是探里头的气孔，所以后来他们就不用我这个复合火药了，就用二四五厂做的双基药了。

后来召开了好几次会议，我都参加了。有一次钱学森在主持的会上说，现在工厂都生产双基药，双基药压太难了，太危险了。可以想办法让它浇铸，浇铸不就不压了吗？我一听觉得有道理。回来以后，我说咱们就搞“改性双基药”，把双基药所有的硝化棉，还有其他一些成分加工成球，放到发动机里面，不要模了了，然后把硝化甘油放进去，经过一定的时间它就溶解了。改性就是在双基药基础上加上铝粉，加上大量的高氯酸铵，它能量提高，这叫改性双基药。我们的教学是双基药、单基药，后来一九六几年，我们才加了一门复合火药，教材是马庆云老师从苏联回来以后写的，国防工业出版社出版的。

四

1957 年，我翻译了苏联的《固体和液体炸药的起爆与传爆》，国防

① 1958 年 10 月白城子靶场 505 火箭第二次发射前，太原火箭火药加工小组在加工火药过程中发生爆炸，余家荣、方修文、杨运昌、丁玉峰、王世荣等 5 名青年学生牺牲。

工业出版社出版的。为什么翻译呢？因为这是我们搞火药的基本知识，里面好多炸药知识，我们都得接触，翻译完了可以让学生、老师看，免得出意外，我是出于这个目的翻译了这本书。翻译完，火工品专业都拿它当宝贝，书里有好多火工品的药。

我写的教材叫《火药工艺学》，就是双基药、单基药的工艺学，是1981 年国防工业出版社出版的，到现在这本《火药工艺学》还是北京理工大学本科学生用的教材。为什么没有改呢？我写这本书的时候，是综合、收集了工厂的生产实践经验、我们自己教学科研的经验、专家留的资料的经验、各研究所的研究成果，还有高分子理论，汇集在一起，所以这本书是比较完善的。这本书我是用了很大的精力写成的，是我这一生搞火药的总结。那阵儿说没教材，我们就写教材。我是五机部聘的教材编委会委员，所以我得好好地写。1980 年开始着手写作，整天写写写，挺累的，脑子都在这儿了，别的事情基本不干，家里就找阿姨帮忙，教研室有事到家里找我。大概写了半年多，就写成了。

国内外发表的论文，主要有：外文论文《反相色谱对固体推进剂的应用》在荷兰《色谱杂志》上发表；1990 年 9 月，在《北京理工大学学报》发表了《反相色谱在固体推进剂的应用》，获得优秀论文奖，就是一等奖。

再一个，我做了阻燃研究获得二等奖。这个阻燃使用很简单，磷、酸和尿素合成的阻燃剂，保定染色厂拿去生产了。搞民用的东西，跟朱鹤孙院长有关系，朱鹤孙把武器都取消了，凡是搞国防的都不要，让大家搞民用。我一辈子就是搞火药了，别的没搞。后来不让搞，那就搞点儿理论吧。后来就不下厂了，我们搞火药的，应该过一段时期去一趟工厂，去看看有什么变化，我们需要研究什么？我们现在也有老师在搞兵工研究了。

漫漫求学路，拳拳坦克情

秦有方

人物简介：

秦有方，1931 年 1 月出生于黑龙江省巴彦县，祖籍山东历城县（现济南市历城区）。1949 年 8 月考入沈阳工学院（后定名为东北工学院，现东北大学）机械系，后转入大连工学院机械系，1953 年 8 月毕业，同年 9 月分配到北京工业学院第三机械系（坦克系），曾任第三机械系发动机教研室主任、车辆工程系主任、车辆工程学院院长兼车辆工程研究所所长。兵器工业部高校教材编委会委员，国家机械委高校内燃机教学指导委员会委员。编写及翻译专著 13 部，曾获全国科学大会奖等奖项，1992 年获国务院特殊津贴。

访谈时间：2018 年 8 月 10 日（一访）

2018 年 8 月 17 日（二访）

访谈地点：北京理工大学图书馆

采访人：郭晓明

摄像：吴哲

访谈提要

讲述了秦有方在哈尔滨、长春、沈阳、大连四地辗转求学，毕业后到北京工业学院任教，参与第三机械系（坦克系）的建设，担任苏联专家专业翻译、教学、科研的经历，“反右”及以后历次政治运动中学校的情况和对教学的影响。从干校回来后，1972 年招收工农兵学员，搞开门办学，同时带学生搞科研，以及发动机教研室的人员、发展、编写教材和科研情况，并对学校图书馆发展提出建议。

一

1931 年的 1 月 31 日，我出生在黑龙江巴彦县。我从小在哈尔滨长大，中学是在哈尔滨第一国民高等学校，属于工科，我分在电气科。该校相当于初中，学校里也都是中国学生。课程有日语、数学、物理、历史类。学校是“伪满洲国”政府办的，我上到三年级。1945 年 8 月 15 日日本战败，哈尔滨被苏军占领，后来八路军进城，基本就不上课了。后来我家从哈尔滨搬到长春，因为长春离前线比较近，家里把我送到沈阳，在沈阳的私立公益中学上的高中。高三还没毕业，沈阳和长春之间被林彪的部队隔断了。当时我 16 岁，在沈阳没有了经济支持，就考虑是到共产党这边还是到国民党那边。后来决定回到解放区投奔共产党干革命。

于是就想办法到哈尔滨，9 月份看到吉林工业专门学校，又叫吉林工专的招生广告，我就和几个哈尔滨同学一块去了吉林省的吉林市，考上了吉林工专。当时上学是供给制，吃饭什么都不要钱。吉林工专是原来吉林化工厂的地方，房子基本都被破坏了。我们首先建设学校，东北人民政府拨款。当时很艰苦，我们 9 月份到校，10 月份就冻冰了。那时候河沟里冻了小薄冰，我们就那么洗脸。住的房子基本上没有门窗，晚上很冷。我们一边建校，一边搞政治学习。差不多有三个多月，过了春节，政治学习结束，开始学业务课了。

这时是 1949 年年初，整个东北差不多都解放了，北平也解放了。原来东北大学在沈阳，国民党把东北大学迁到北平，北平解放以后又把学校迁回来，先到吉林工专学习政治。学校的计划是沈阳解放后，成立沈阳工学院，把我们这批人送到那儿去上学。当时吉林工专学生基础差别很大，有初中一、二年级的，有高中的，沈阳工学院是大学，好些人基础不行。我是上到了高三，高中课也没有学完，就让我们补习了半年数理化这三门课。补习完考试，我就考上了沈阳工学院。快到暑假的时候，把我们都送到了沈阳。

在沈阳工学院是二年级分的专业，我是机械系汽车专业，念了3年，学校改成东北工学院。东北工学院的老师好多是原来东北大学的，也从南方招了一些老师，相当于东北大学的工科划归了东北工学院。东北工学院机械系汽车专业只有我们一个班21个人。

1952年大学院系调整，东北工学院的汽车专业分到了大连工学院，后来大连工学院也没再招汽车专业，就只有我们这一届。当时汽车专业，只有清华大学、吉林工大和后来的大连工学院这3个学校有。大连工学院主要是机械系、化工系，轮机系1952年调整到了上海交大。我1953年8月份毕业，大学4年，在沈阳东北工学院3年，在大连工学院1年，毕业后分到了北京工业学院。

二

1953年9月份，我和班上的7个同学一起分配到北京工业学院。当时长春一汽已经开始动工，其实我们都想到长春一汽去。7个同学里面，我是助教兼系秘书，那6个人都是助教。3系里有我和李竹林，我们两个搞坦克发动机。

刚来的时候学校在东皇城根中法大学的校址。我们系1952年叫汽车专业组，大概是1953年叫第三机械系，这时学校开始转向国防专业，要搞坦克，我从搞汽车改成了搞坦克。当时代理系主任是留德回来的蒋潮，还有彭兆元是留美的，还有孙确基、胡竞、吴大昌、耿耀张①几位教授。

这些老先生里只有耿耀张懂坦克，他原是冯玉祥的部下，属于机械化部队。他去国外考察过，也订购过坦克。80岁寿辰的时候，蒋纬国还

① 耿耀张：中国第一个装甲团的筹建者，骑兵名将，中国装甲部队的开拓者，我国最早从事汽车、装甲车辆教学工作的教育家。1901年出生于山西省右玉县十里铺村。1923年考入天津北洋大学预科机械专业。1925年耿耀张结束北洋大学预科学业考入西北军干部学校。

从台湾给他送了一个“寿”字。蒋潮是学内燃机的，对坦克不太了解，他是北京工业学院民盟的主任委员，后来划成“右派”给转走了。20 世纪 50 年代建系初期，起主要作用的是青壮年教师，还有 1950 年到 1953 年入学毕业后分到我们系的学生。老教师因为年纪比较大了，以前又没学过这个专业，转的过程中，不如年轻人转得快。当时的几个讲师，坦克方面的有刘修骥，还有丁珂，丁珂是交大的，后来到西南联大，他基础好，英语也特别棒，当过飞虎队的翻译。壮年一代教师有吴兆汉、刘修骥、丁珂、王焕澈，还有后来培养出来的学生，这些人对专业建设的贡献是比较大的。

那时候苏联专家给我们打下了底子，1955 年到 1957 年这 3 年，基本上整个专业就比较完善了。当时也编了一些教材，都是油印的，还有器材、实验室的建设，这“三材”建设基本上有眉目了。

1953 年 12 月苏联专家来帮助建系，我们是边学边教，坦克系才真正建立。来我们系的第一个苏联专家叫诺维科夫，他是第二批，大概是 1954 年 2 月份来的。诺维科夫是苏联哈尔科夫工学院①搞坦克的副博士、副教授，他给坦克车体专业制订了教学计划：上什么课，学生有哪些设计、作业，做哪些实习，都有详细的培养计划，也给教师们讲坦克理论课，当时他的翻译是清华来的魏宸官。

1954 年 3 月，我们系来了第二位苏联专家尼格马图林，他是坦克发动机专家，是从莫斯科鲍曼高等技术学院来的博士，负责坦克发动机专业教学计划、培养计划的制订。当时 3 系有两个专业，一个坦克设计与制造专业，一个坦克发动机设计与制造专业。苏联专家最初是配两个翻译，一个专业翻译，一个日常生活的翻译。我给尼格马图林当专业翻译，讲课，给教师、研究生答疑。上课用的好多教材是翻译过来的苏联教材，有些技术方面不懂，所以需要专家给教师答疑。吴大昌老师教发动机原理，他有问题需要答疑的，我事先翻译好，把单子交给苏联专家，然后请他们来面对面地答疑。发动机设计是留美的系副主任彭兆元教，那时

① 哈尔科夫工学院：现为乌克兰哈尔科夫国立理工大学，是苏联规模最大、历史最悠久的理工大学，建立于 1885 年，是乌克兰教育部重点大学。从 1950 年起，该校就与中国有着密切的交流与合作，我国政府长期选派留学生到该校学习。世界著名化学家门捷列夫、著名诗人普希金都曾是该校的终身教授。

候他正在编发动机设计的教材，他写出来，苏联专家给他改，这是第二门课。第三门课燃料供给与调节，是1952年上海交大毕业的程昌圻①讲，这里面有什么内容，怎么讲法，他写出提纲，尼格马图林给他答疑。

我翻译的过程中，学校里的教授都满意，我也有收获。尼格马图林说欧美的技术是先进的，你们不能光学苏联的技术，美国、德国的技术都要学。虽然社会制度不一样，但它们的技术先进，就必须学习。他的思想是比较开放的。

苏联专家讲课的教材是他们带过来的，坦克的教材有《坦克设计》，发动机方面的教材没带，因为发动机属于内燃机、柴油机，当时有一些翻译的教材。尼格马图林在中国只待了1年，其他苏联专家都是2年，因为他是博士，还得回去做研究。他给我们讲的课叫复合式发动机，属于活塞式发动机和燃气轮机结合。这些东西，我们都没听过，当时在世界上也都是新的技术。尼格马图林按照我们的说法，属于又红又专，他“二战”时参军，随坦克部队打到柏林，有实战经验。他在德国待了很长时间，对德国坦克也很了解。他很负责任，对我们专业的发展提出了很好的建议，提出发动机专业不应该只是坦克发动机一个范畴，还应该发展燃气轮机专业，另外建议建立火箭发动机专业、深度冷冻专业，还给教育部写了书面报告。他回国前，给学校行政干部还专门做过一次讲座，高等学校的行政干部应该怎么做，才能为教学服务。尼格马图林人很好，也很风趣。听说他回苏联以后，当过莫斯科市中苏友好协会的会长。

我们学制是学苏联的五年制，按照工程师的标准培养学生。毕业后他们的基础课扎实，专业课比较系统。另外注重对学生动手能力的培养，实习方面有认识实习，工艺实习，坦克发动机的拆装实习，拖拉机、汽车、坦克的驾驶实习。还有机械零件设计、课程设计、毕业设计，这都是培养学生的动手能力。学生毕业后分到部队、工厂和一些研究所，后来我们去调查过，反映北京工学院3系的学生，对本专业特别熟悉。缺点是知识面比较窄，跟清华、上海交大的毕业生相比，基础理论不如

① 程昌圻：江苏无锡人，中国发动机专家，博士生导师。1951年毕业于交通大学机械系，历任北京工业学院讲师、副教授、教授，中国内燃机学会第一、二届理事。在发动机附壁卷流型燃烧系统的研究中取得了突出成果。

人家。

后来还来了两个苏联专家，一个叫柯西金，他是副博士、副教授，苏联斯大林军事学院搞工艺制造的老师，也待了 2 年。1958 年来的叫普洛科菲也夫，是搞液力传动的专家，他来的时间很短，讲完课以后就回去了。

除了制订教学计划，苏联专家还帮助我们进行了实验室建设。发动机实验室的简图都是尼格马图林给画的，他说如果按照这个建好了，比我们鲍曼的实验室都好。后来按照他的图纸，也结合中国的情况，把实验室建设了起来。再有坦克陈列室是学生三年级以后专业学习需要的，按照苏联专家的意见，由装甲兵司令部提供了一些器材，也买了一些，像苏联的 IS－2 重坦克、T－34 坦克等。水陆坦克是从国民党手里缴获来的，另外抗美援朝缴获的好像是 M46 坦克，AV1790 的发动机在陈列室都有。

我感觉苏联专家都很好，没什么保留，特别像尼格马图林，他是苏共的老党员，曾任苏联专家的党组织书记。临走前，到国内几个发动机厂，像长春六三六厂、无锡柴油机厂、重庆柴油机厂都去过。对中国发动机技术的发展，在工艺、实验方法、实验设备、提高测试精度等方面，都提出了建议，还给当时的一机部写了建议报告。

咱们国家的发动机制造是从无到有。抗美援朝用的坦克是苏联的 T34，大修期 350 小时。1952 年在吉林长春，建了坦克大修厂六三六厂，也叫吉林柴油机厂。坦克部件都是从苏联进口，在那儿修和换。后来学生的工艺实习，就是去六三六厂。1956 年在大同建了六一六厂，制造坦克发动机——12150 发动机。毕业实习有去这个厂的，也有去上海柴油机厂的，再后来有了车体厂，包头的六一七厂。

当时苏联坦克的设计思路、工艺水平是不错的，苏联专家基本上毫无保留地告诉了我们国家，包括工厂生产、设计和技术资料，所以我们国家的坦克设计和制造起步很快、起点很高。1958 年天安门阅兵的时候，我们就有了自己生产的坦克。

除了给苏联专家做翻译，我自己还有教学任务、组织工作。我给本科学生讲过坦克动力装置，讲过车辆发动机涡轮增压、发动机原理，再有就是翻译一些苏联的资料、英文的资料，编写一些教材。

三

除了教学，我们还有一些科研任务。1957 年学校成立坦克研究室，叫 30 研究室。因为学校的条件不太合适，1958 年在包头建立了 60 研究所，搞坦克总体设计。在大同建立了 70 研究所，搞坦克发动机。我国的主战坦克都是以这两个研究所为主搞出来的。后来在我校 30 研究室撤销，北京理工大学的主要任务就是教学了。

当时中国有个十二年自然科学规划，关于军工里的坦克部分，有一项是搞轻型坦克。1953 年入学的学生，到 1958 年正好是做毕业设计，就要搞轻型坦克设计，作为八一献礼。坦克有三大功能，火力、装甲、机动性。火力和装甲，我们不用管，只管机动性。机动性首先是发动机，另外坦克车体是“传、行、操”三部分，“传”就是传动，从发动机把动力传到履带，还有行动和操纵。“传、行、操”也是我们学校来搞。轻型坦克的机动性和车体这两部分，由老师带着 53 级和 54 级的学生来搞。车体主要是刘修骥带，发动机设计是我们发动机教研室的吴兆汉、汪长民主导。

1958 年“大跃进”的时候，突击搞设计，一个月的时间，完成了图纸的设计，八一献礼时，做了模型给领导展示。

当时的轻型坦克发动机除了我们的方案，哈尔滨军事工程学院的坦克系也有个方案。两个方案，在长春六三六厂经过专家鉴定，认为北工的方案更好一些。当时有个口号，要革 B2 发动机的命，B2 发动机就是苏联 T34 坦克的发动机，当时 B2 发动机不适合在中国制造，它的材料有很多是贵重金属，像曲轴是镍硌钢的，而且是整体的大曲轴，要用好几十吨的锻压机，才能打出来，中国没有。所以我们建议，材料要用国产材料，制造工艺要考虑到中国特点，把整体曲轴改成组合曲轴。

我们学校的设计方案叫 101，后来经过我们学校、哈军工，还有工厂设计科三方讨论，最终的方案叫 102 发动机，这个发动机由长春的六三六厂生产。当时我们去六三六厂的人比较多，发动机方面我是小分队队长，还有汪长民、蔡坪、蔡正卿。车体方面带队的是胡竞岩，老师有刘修骥、魏宸官，我们带着 53 级的部分学生。

1959 年的时候，发动机做出来了，但是整个性能达不到要求，马力不够，强度各方面问题也比较多，这个发动机就给“枪毙”了。后来 70

所和六一六厂，差不多搞了10年，搞出来我们现在主战坦克发动机。当时学校发动机教研室，以程昌圻为首，有几个人专门搞科研，和六一六厂、70研究所合作，专门有一个项目是燃烧室的改进，以学校为主，设计出来C5燃烧室。这个C5燃烧室的性能比原来苏联的性能好一些。苏联的发动机，12缸520匹马力，用C5燃烧室，变成580马力，后来我们的坦克用了这种燃烧室。

四

1957年“反右”，我个人没受到影响，因为我那时从3系调到了专家办公室。1956年苏联专家走了以后，我又回到系里。当时我是一般的教师，属于专家办公室和系里的过渡期间。那一阵子正常教学秩序都没有了，八一献礼时，还鼓励学生24小时连轴转，要大兵团作战，大家一起来搞设计。一个三四年级的学生搞设计，不外乎就是抄一些苏联的图纸。几乎整个晚上也不睡觉，搞设计得要动脑子，整天连轴转，那怎么行啊。到1959年，供应各方面不行了，整个就困难了。1961年，“高教60条”下来之后，学校才慢慢恢复正常教学。那时候学校招生，坦克专业招了两个班，发动机专业一个班，每个班40~50人，每个年级差不多150个人。

到1966年又搞“四清”，第一期魏思文领队去山东半年，去了一千三四百人，有部分教师和一些三四年级的学生。第二次“四清”七八个月后才回来，1969年年底我去了北京工业学院的五七干校，在河南驻马店，学校一共去了近百人，我们3系去了七八个。3系有一部“斯大林80”拖拉机，也运到了河南干校，后来又买了一部“东方红”拖拉机，还有一部手扶拖拉机、播种机，等等。3系的几个人都占了便宜，因为拖拉机没人会开，专门成立了机耕班，我是班长。“斯大林80”我们在学校里实习都开过，“东方红”拖拉机虽然没开过，但我们有基础，动手没问题，所以整个机耕班我们包了，不用下大田就没那么累，我们就是操作机器。但是那会儿忙起来也是连轴转，特别是春耕和秋收的时候，白天晚上都得干，在干校有一个好处是把身体锻炼好了。我在干校待了1年零8个月，1971年算提前调回来，准备招收工农兵学员。

1972年开始招工农兵学员，工农兵学员的文化参差不齐，有工厂来的，有农村来的，所以他们来了先补习中学课程，数学、物理、化学，还有政治。补习完了搞开门办学，领着学生到工厂去参加劳动，或者搞一些技术工作。我们发动机专业是我领着72级的工农兵学生到北京内燃机总厂算是搞实习，没什么劳动，因为工厂里的机床不让学生动。按照教学计划，我和老师们在那讲了一些课程。

我们跟北京内燃机总厂也搞合作，厂设计科想把意大利菲亚特汽车发动机解剖，进行分析。我们就把菲亚特轿车发动机拆开，做了分析、计算，然后画了图纸，做了这个工作后，北京内燃机总厂挺赞赏，因为他们设计科没有那么多人能搞这些事。当时北京内燃机总厂准备造一个给北京吉普用的新的750发动机。内燃机总厂的设计科带着我们这18个学生，也有教师参加了750的设计。设计成功后内燃机总厂还因此获得了北京市的科技奖。设计完了我们回到学校，我又领着他们搞汽车驾驶，等等。

开门办学，我觉得我们的做法还可以，我们在工厂讲课，厂里设计科的人领着学生实际动手搞设计，对学生的培养很有帮助。在我们开门办学的班里有个72级的学生叫杨作成，毕业后去了部队的坦克技术研究所，后来曾当了所长，他就感觉开门办学好。还有一个学生叫卢建钢，他分到70所，从70所到美国去留学，后来去了通用汽车公司。进通用汽车公司当技术员要考核，公司就让他讲一个发动机图纸的设计，结果讲得头头是道。通用的老总很欣赏他："没想到这么年轻的小伙子，讲发动机总体设计，能讲得挺有根据，挺有理论。"最后给他八级工程师的待遇。后来我到美国开会的时候碰见他，他说："秦老师，你领着我们在北京内燃机总厂开门办学，我们搞了两次设计，一个是菲亚特发动机的分析，另一个是搞750发动机。我参加的总体组，搞画图，我就是根据那个一讲，人家都很佩服。所以开门办学，跟工厂结合起来，感觉还不错"。但也不能总这样搞，在当时的历史条件下可以。理论基础对学生来说还是很重要，在学校4年，学生还是应该把基础打好，具体的制图、工艺，到工厂很快就能学到。在学校要打好基础，特别是数学、物理、化学、力学这些理论基础，工作以后再学就难了。

五

1986年之前我是教研室副主任，1986年到1991年，当了5年系主任，1989年改成学院，我是学院的院长。我以前基本上就在教研室工作，1958 年回到发动机教研室，组长是吴大昌，吴兆汉和我是副组长。1977 年恢复高考，教学逐渐走上了正轨，按照新的四年制的教学计划，参考原来的教学计划减了一些课程，因为原来是五年制，现在没有那么长的时间了。

1986 年春，北京内燃机学会在我校召开学术研讨会，秦有方在会上致辞

学校原来是以军工为主，改革开放以后，我们坦克专业、发动机专业开始军民结合，汽车发动机、坦克发动机都讲。另外成立了汽车教研室，跟外面的接触扩大，和民用单位的联系也有了。这一段时间搞科研的分量比较重，除了教研室还有一个研究室，研究室专门搞研究，我们教研室除了搞教学之外，也搞些研究工作。比较大的科研项目是部里立项，我们编写了一本 B2 发动机分析的书。学生到六三六厂实习，拆装苏联的坦克发动机，我们看了好多苏联的图纸和技术文件，反复验算，对强度、所受的应力等方面做了一些分析，经过总结，当时以我们学校为主，请了原来六三六厂设计科的科长朱永孜，还有六一七厂和研究所的几个技术员，一块编写 12150 发动机的书，实际上按照苏联的型号就是 V 型 B2 发动机，这本书挺厚，得了全国科技大会奖。

课程设置也有些新的内容，比如发动机设计中有些有限元的分析等。另外欧美发动机的情况，咱们也有些资料，后来我们就编了一套发动机专业的书，一本是《坦克发动机构造》，国防工业出版社出版；还有一本是我主编的《车辆内燃机原理》，也是国防工业出版社出版，这本书在中国改革开放后，高等学校教材编写委员会给我们评了二等奖，当时内燃机专业里的最高奖就是二等奖；还有一本《发动机设计》，也由国防工业出版社出版，2 年后这本书得了一等奖。教研室的教师搞教学、编书，研究室专门搞研究，搞了 C5 燃烧室，后来又搞了附壁卷流燃烧室，还取得了专利。还有我国引进了德国的可以用在装甲运输车上的多伊茨风冷发动机，我们和工厂合作对这个发动机做了分析，做了性能试验。

改革开放以后，实验室进行大改造，增添了好多新的设备，房子里也都新装修，整个投资比较多。另外我们在西山有个车场，是苏联专家来的时候建议修的，可以搞汽车性能、坦克性能的试验。西山车场整个新修，现在都变样了。我们好多实验室的设备也搬到那边去，规模很大，投资很多。改革开放之后一切都逐渐规范起来，外国的一些教授也过来讲学，跟国际上的交流也多了。

学校的发展离不开稳定的教学秩序，学生的培养首先要打下牢固的理论基础，轰轰烈烈地搞大兵团作战不是办法。从我们的专业建设来讲，从建系开始，当时起主要作用的是一些青壮年教师，特别是坦克方面的几个讲师。刘修骥是搞坦克设计的，王焕澈是搞工艺的，丁珂原来是交大的，后来到了西南联大，他的基础好，英语也特别棒，抗战时从军当过飞虎队翻译，他后来因为不符合搞保密专业的要求，调到了中科院情报所。刘修骥、丁珂、吴兆汉等几位中年教师，再加上 1950 年到 1953 年入学的这批学生毕业以后分到我们系，这些人对专业建设的贡献比较大。当时老教师因为年纪比较大，以前又没学过这个专业，所以转专业的过程中不如年轻人转得快，再加上不断的运动，思想上也有点顾虑。

开头是苏联专家给我们打下了底子，1955 年、1956 年、1957 年这 3 年基本上整个专业的架子比较完善了，一些教师对专业的东西也清楚了，也编了一些教材，当时的教材基本都是油印的，另外实验室的建设、实验器材，这“三材”建设基本上有了眉目。完成了这些工作后就开始和工厂、研究所结合起来搞了一些科研。

魏思文对学校的建设功不可没，但是在当时的历史条件下他比较强调政治，对技术方面也希望大家多努力，但重视不太够。他强调自力更生、艰苦奋斗，但像我们学校很长时间没有图书馆，现在的图书馆是改革开放以后才建起来的。这个图书馆现在问题比较多，比如我要到图书馆去查资料，基本上没地方坐，都被学生占满了，成了学生自习室，这样图书馆的作用就差了。我们有一个过期的期刊图书库，这些期刊都打着捆没弄好。近几年我想再编些书，想借一本日本的战车杂志，前些年还能找到，后来找不到了。我到北京图书馆目录里一查有这本期刊，这本期刊就在北京理工大学。我又回到北京理工大学来找，找不到。还有好多原来的俄文书，俄文期刊也都找不到了。现在我们图书馆一些国际上比较有名的外文期刊都不订了，因为看的人少，利用率低而且很贵。现在图书馆里多是一般的中文杂志、画报，跟文化馆水平差不多。中国高校图书馆有个排行机构，前几位的图书馆是清华、北大、同济、复旦等。它们图书馆的人员比我校多很多。人手不够，所以有很多工作管不过来。

我们图书馆是张爱萍给题的字，图书馆原来不小，现在图书馆里分出一部分当了学校档案馆，另外艺术学院的艺术馆也分出去一块。本来图书馆的资料、书刊就不够地方放，现在都拆散了，图书馆越来越小。我觉得一个好的学校没有好的图书馆不行，最近北京大学校长给学生十条建议，其中一条就是要多到图书馆去，可以开阔眼界。

我觉得办学得多动动脑子，领导要多下来看看，魏思文有时候都下来听课，20 世纪 50 年代初有个副校长曾毅，就常到课堂听课，那时候系主任也都下来听课，看有什么问题。现在就是表报特别多，教务处、科研处到时候就让你填表。这让这些年轻的教师很伤脑筋，每两个月报一次表，每个学期、每一年要这个总结、那个总结一大堆。这些年轻教师都很有能力，结果精力被这些方面占去了。要真正培养教师，得给他们时间用于钻研。

我就干国防这件事

谭惠民

人物简介：

谭惠民，北京理工大学材料学院首席教授，博士生导师。长期从事固体火箭推进剂及高分子材料研究，我国固体推进剂和高分子科学领域著名专家。

1936年生于广西桂平。1955年考入北京工业学院化工系炸药合成专业，1960年留校攻读研究生，1965年研究生毕业后留校任教，在化工系62研究室任助教、讲师等职。1979年赴美国克利夫兰大学凯斯理工学院做访问学者，1982年回国，成功研制了新型硝酸酯增塑聚醚高能推进剂（NEPE），1996年NEPE推进剂获得部级一等奖。1984年开始，担任原总装备部固体火箭推进剂专业组副组长、兵器火炸药专家委员会推进剂专业组组长。在国内外发表论文170余篇，编著书3部，获发明专利9项。

访谈时间：2018年9月1日—10月9日（三访）

访谈地点：北京理工大学图书馆

访谈人：郭晓明

摄像：吴哲

整理：郭晓明

访谈提要

讲述了谭惠民考入北京工业学院后，入校初期对学校的印象，实习、考试和毕业论文答辩的情况；1960 年毕业读研，当时研究生的培养情况和留校后所承担的科研工作；从 1984 到现在，作为总装的专家参与的几十个武器型号的研究工作。

一

1955 年高考，我们几个县集中到一起叫一个考区，在梧州市。从桂平县①到梧州市得坐船，一个晚上才能到。我们到了梧州，距离考试还有三四天，学校领队找到我，说学校来电话，你不要在这考了，去另外一个专区叫容县专区。我说去那干吗？他说："你去考留苏预备生，要是通过了，就到北京去学俄文，就去留学。"我说我没钱。他说："给你买船票，再给你车票钱。"当时国家要挑选一部分人去苏联留学。留苏很光荣的，一个学校只挑一个人，我们学校挑上我了。

折腾了快两天又到容县，我就去参加留苏预备班的考试。内容其实跟高考是一样的，但是把这帮人集中起来，好挑选。考完后四五天，北京工业学院有个老师去找我了。北工那时候有特殊招生的权利，它是国防工业的学校，可以叫人提前把成绩给招生老师，清华、北大也没权提前去挑。北工这权利很大，招生老师把我的成绩看了，还看了家境。当时很注重出身成分，我爸是工人，我妈是农民，这都没问题。

北京工业学院老师告诉我，你别去留苏了，国防发展需要你去北京工业学院。听着北京就心动，我就要到北京去，到首都。去的时候很简单，我就带一床棉被、席子，也没有箱子，整了一个行李袋扛上。从老家到北京工业学院，走了一个礼拜，但是很兴奋的，年轻，也不管累了。

北京火车站有接站的，就把我们拉到学校，报到在车道沟。报到的时候很激动人心的是，一进车道沟，有个大红宣传标语，写着："欢迎

① 桂平县：今广西省桂平市。

你，未来的红色国防工程师”。十八九岁的小孩，看见那条标语，大家怦然心动，说这就是咱们的目标。所以后来专业没有挑的，宣布你是什么专业就去什么专业。我是6系61专业，叫6551班——6专业，1955年，1班。这个专业就一个班，有50多人，绝大部分都服从专业需求。后来我想怎么把我整到化学系了，而且是炸药合成专业？后来我查了查我的高考成绩，就是留苏预备生考试成绩，我化学成绩最好，还有英语成绩最好，但是英语只是参考，不算数。后来他们说，谁叫你化学成绩最好。就这么进来了。那时候思想比较单纯，上大学都不是自己挑的，读哪个专业还想什么？当时大家的认识是，国家的需要就是我的志愿，我就干国防这件事！

但当时也有专业教育，有思想教育。爱专业的教育从战争说起，决定战争胜负的是武器的能力，武器靠啥？火药、炸药，宣传这些重要性，大家还是接受的。爱专业教育还进行得比较好。

那个时候车道沟只有教室，没有实验室，实验室在巴沟。做实验要从车道沟，走路过后面那小河，走外语学院旁边那条路到南门，从南门进来，才到大楼，进一号平台。那里当时不是宿舍，是化工系的实验室。后来学生多了，到了二年级搬过来，就把实验区搬走了，都住在一号宿舍楼。我们一年级上课是在车道沟，实验来巴沟。那时风沙很大，温度比现在低。我们住在红楼，车道沟除了红楼都是平房，教室也在平房。10月份以后到第二年春天，风沙很大。写笔记，写一写就要抖沙子。那个时候学生有一个特色，必要的装备：第一个雷锋帽，因为冷；第二个蛤蟆镜，把眼睛也捂住的。还有，上下都得穿大棉袄。北京风沙最大是在20世纪50年代，很厉害的。

二

北京工业学院化工系有四大化学：无机化学、有机化学、分析化学、物理化学。这四大化学的师资是很好的，上课就把我们这帮小孩给镇住了。

比如无机化学林鸿植教授，是在无机化学界比较有名的老头。上课一进来就把我们吓一跳。教授拿一个皮包，后面跟着四个随从，有副教授，还有俩讲师。讲师负责翻大字报——有些图画好了，写成一个大字报的稿纸，一张张掀起来。讲演示实验的时候，又是助教拿这些试管演示有什么反应。在高中没见过这样上课的。60 年代，教育部为了提高教育质量，各个基础课都成立了全国统一的教学指导小组。无机化学课，教育部指定指导小组单位就是北京工业学院化工系，一直延续到“文革”后期。

有机化学教授叫荣子兴，后来“文革”期间当过化工系的主任。他搞过研究，有科研的底子。他讲课的时候，会举他在研究当中应用有机化学的概念去合成新的化合物。所以大家觉得这不是搬书本，是有启发性的东西，拓宽你的应用，学和用是结合的。荣教授是在“文革”期间带实习的时候，在西安染上出血热去世的。

分析化学、物理化学也有名教授。这几大教授不买北大、清华的账。有学生问：“咱用北大的教材吧。”他们说：“不行。”教材是他们自己挑选、自己编的。所以学这些课的时候，就觉得北京工业学院化工系，化学的底子很厚。

还有比较深刻印象的是分析化学。分析化学的老师是北京市一个搞试剂的研究所的老工程师，基本上有分析化学的内容，他都搞过。我们觉得学习比较好就是因为分析化学要求很严格。举个例子，除了讲课内容，四五个人一个组要去做实验，实验课和讲课的课时数是 1∶1 的，很注重实际能力的培养。

最苦的是，都学完了，分析化学老师到上百个试剂里头，这个攉两勺，那个攉两勺，配上十几个样品。他编号，记下来了，一个信封里边有十个样品。学生们抽签，抽着什么号，给你一个信封。你不知道这里面十样东西是什么。3 个月时间，让你用分析化学学过的知识，把这十个你不知道的东西分清楚。分析出 6 个及格、8 个良好、8 个以上优。

那时下午去锻炼完了，赶紧跑到实验室里，一个人一个小实验台。搞了 3 个月去交差，我才搞了 8 个。他问我：“还要不要继续分析？”我说不要了，太苦了，我得“良”就够了。后来他说：“你知道你为什么分析不出来吗？”“不知道。”“你这里边第一组阳离子，水溶性很厉害，你分离的时候它跟谁跑了你就不知道。”他就问我：“再给你样品，你干不干？”我不要了，我就要良。所以同学就觉得不怕了，将来把我扔到哪个工厂去，你随便到矿山抓一把东西来，我都能给你分析出什么成分来。所以大家觉得，北京工业学院化学行。

还有一个事就是考试。考试每个学期得考一个多月。

考试很严格，口试、5分制，有4个老师。5个学生进来抽题，抽完题就去回答，只能带几张稿纸、一个计算尺、铅笔，其他没有了。你把题拿去，比如在一本书中抽了5道文字题，你都回答对了，才给你3分——说你只是会基本的，还不知道你学得精到什么程度。你要想得良和优，他要跟你讨论。4个老师针对这本书，综合起来考你，问半小时到40分钟，都答上了，4分。这时老师说："你还想要5分不？要5分，你再想一会，我们再跟你讨论。"所以基本上考完口试，老师能知道这个班上好的学生就那几个，其他就是良或者及格，也有不及格的。也有同学9点钟进去，12点出不来，为啥出不来？5道文字题就做不出来。老师就说："你要及格不？你要及格，去那重新改、重新想。"他为拿3分，就在那苦思冥想，算来算去，算两个小时也没算出来。课代表就得去请示老师："要给那小子买饭不？"老师说："行，你给他买吧。"

所以考一个多月，考5门课，同学能掉十斤八斤的。但当时考试大家也不埋怨，觉得那是实实在在的。不能出几道题，算出来就是优，那不行。你学这门课，我了解你的底子确实是好的，才是优。考试也作不了弊，你什么也没带进去，要看别人也不行，你的题目跟人家不一样。所以那时候大家觉得，北京工业学院教育可以，还是挺严格的。

我觉得我们这个大学学习有几个特点：第一，你的基础得学好；第二，学校重视实际能力的培养；第三，对你的考核是严格的，你蒙不了人。

三

三年级以后就要下厂，每年都要去专业厂实习。

我们炸药合成专业就去辽阳三七五厂实习。那时候三年到四年级，炸药合成专业课刚学完，就去实习了一个多月。

编成几个组，每个小组都要从原材料准备，分析到三段硝化法制造，完了分离、洗涤、精制，等等。过程都走完以后，要写出每个阶段的报告。报告包括根据什么原理、采用什么技术、要解决的关键质量参数、控制的质量参数，包括影响质量控制的有关因素分析，最后要写你对这个岗位的合理化建议，希望他们怎么改。工厂也有这个要求，可能有人真有点合理化的东西。每个岗位都写，所以走完之后觉得实习不是走马观花的，这个实习是有收获的。

工厂也非常重视，派一个副老总讲讲这玩意儿怎么重要，再讲讲历史，再讲讲关键技术东西在哪儿。讲完了，有一个管技安的工程师，就得盯死你了，这个工序的安全问题有几个？第二个工序安全问题有几个？都是你该注意的事，跟你讲了，还有安全事故教育，从我们厂建厂以来发生过多少事故，原因是什么，你们不注意就会有事。所以这个实习过程走一遍，将来假如要到这样的地方工作，就知道有这么多事。所以实习还是比较认真的。

这是第一次下厂实习，后来搞毕业设计还得去这个厂。

毕业设计，比如有一个老师说，把这条生产线改成连续的，现在是半连续的。61 教研室的老师有这个能力，他们查好资料，哪个工序应该用什么东西，让我们就计算、设计动力系统、加热系统、循环系统……一个人负责一个反应器或者是控制部分。所以这个也得去下厂设计。

我这次闹了个笑话。我反应器设计得还可以，我设计的反应器下面接着下一个反应器，上面还有反应器。我和我同学两个人设计的时候没联系。图画得挺好，有个进料口、一个出料口。因为进料口在高处，出料口的低处，我把这两个方向搞反过来了，前后反应器接不上了，让老师骂了一顿。老师说你单独设计都行，接不上，你这玩意儿拿到哪儿去？谁给你接？后面谁给你收？所以我觉得原来的北京工学院，对基础课程教育和专业教育，还比较注重实际知识的运用。你基础有了，得会用，真正按国防工业工程师的素质去要求。

当时是 5 年，能给设计一个图纸交给工厂，按图纸生产，人家审查是可以的，交出的东西基本合格。原来我们的同学都觉得，现在学 4 年能够吗？就觉得现在这样学不行，太浅。我们就怀念我们那时的系统的办法。

苏联模式按产品要求来设专业，弊端就是，有机合成的面是很宽的，把后 2 年专业就集中在几种典型炸药的工艺过程，就窄了。后 2 年专业偏窄、专业偏重，对全国各个专业的适用性就差一些，但前 3 年的基础是挺好的。当时对于我们来说，要搞化学的人，四大化学要学好了，就有适应性。我们的基础是可以的，当时按工程师的要求培养的，设计和制图要求也很严格，先学画几何，再学机械制图。我们这帮人是能够设计，能够制图的，制的图可以拿出来让人晒蓝图去加工的。所以“理”就靠四大化学，“工”的基础也有了，就是把你扔到工厂去，建个什么东西，这帮人行。

四

1958 年后期，我参加了周发岐老师的科研项目。他早年留学法国，是一个得诺贝尔奖的老师的学生。新中国成立前当过北平研究院化学研究所所长，后来到工业学院的化工系，后来当学院副院长。他的有机化学底子很好。

1958 年，周老师由 53 级的毕业班抽了四五个人，我们 55 级就把我给抽去了，我跟高年级的同学一起，给周发岐老师合成液体推进剂的硼烷化合物。

当时我学的不是合成。周老师跟我说：“你不是学了分析化学？我查过你，你还得的‘良’。”他说你干两件事，这不是要合成吗？合成的产品要化验鉴定的，鉴定合成出来的是不是这个东西。化验鉴定当时要做元素分析，比如说酒精，两个碳、五个氢、一个氧，碳氢氧的比例对吗？你要化验它。这个很难的，所有的文章发表都要做的。现在这很简单，现在有个仪器，样品放进去，计算机一整全出来了。当时周老师说，你把系统建立起来。我说可以，但是我得查，我做的无机分析。我一查，又提一个方案。他说行，你就按燃烧法，把元素分析给我建立起来。燃烧法是把那样品放进去，通过燃烧以后，碳变成二氧化碳，氢变成水，氮单独分析，要非常准确。用一个载体，用氧气给它送进去，让它烧完，你要达到分析误差 1‰这个水平。

周发岐老师对我说：“20 天时间，你给它整出来。”我说有点紧张。“那你做。”我给他做出来了。我做完这个以后，让我测分子量。比如酒精，分子量 62，让我去测是不是 62，正负在误差范围之内。什么办法？我说我查，我说用冰点下降法测，但是要求冰点下降的误差在千分之几，我说我没有温度计。他说我给你找，也就是他肯定了这个方法。所以我 1958 年就配合周发岐老师，搞了他的硼烷化合物的产品分析鉴定。产品是科研合成出来的，我鉴定它的成分，检验是不是这个东西，最后写报告，说你要合成的东西出来了。最后成分都鉴定出来了，几个硼烷，甲硼烷、乙硼烷，等等。因为它能量比较高，当时目标是瞄准液体火箭要用的燃料，就做了硼烷化合物。

五

1960 年快毕业了，等着分配。有人来宣布，念个名单："明天早上 8 点钟，你们把行李什么东西收拾好，到主楼跟前集合。"就有个车把你拉走了。他们去核工业部去了快 10 个人，到青海；航天也去了一批人；剩下兵器的各个厂，去了一批人。

分到最后，我说我是不是没人要了。有那么四五个人没人要。我就找系主任去了，我说我想去航天，搞航天多好。"你去什么去，你老实在这儿待着。"后来才明白。"你，我们挑好了，你就当研究生。"我们是 1960 年开始当研究生，不是考的，当时全国没有研究生统一考试这一说。当时教育部授权哪几个大学可以开始培养研究生，各个学校都是自己选择比较有培养前途的学生，留校各个专业当研究生。我也没想到就留下来了。

我们之前已经有研究生了。我们是 1960 年，1958 年就开始试点，有一批研究生已经开始培养了。1958 年、1959 年那时候也有点乱，因为"大跃进"，实际上正式开始是 1956 年有一批。老校长朱鹤孙，就是第一批研究生，他应该相当于 50 级。1956 年，他就到大连跟一个院士读研究生①。我们前面，原来一个系有一两个研究生。我们那时候学校留下的，各个系都有七八个人，我们 6 系好像有 7 个同学留下来，由系里选取。当时体会，一个是导师都很认真。化工系有个指导小组，小组里有三四个老师。我专业辅导师叫周起槐，他是从苏联回来的博士后。有机化学是荣子兴老师，分析化学是傅若农老师，高分子化学有个熊楚才老师。他们是这几方面的代表，比较资深的老师，这个小组就管了我的学习。后来的招生，一个教授手下的人就是一个研究生的指导小组。当时我们读研究生，是把系里最好的老师、资深的老师、系里的代表人物共同组成指导小组。

我们体会，研究生学习最大的特色，这些老师们有点按以前那些老大学的老办法。每个同学定了研究方向之后，老师们要求你要掌握这个

① 北京工业学院研究生培养始于 1953 年，当年选拔 60 名学员作为研究生培养，学习年限 2 年。1960 年研究生培养计划改为 3 年，并确立学位论文和答辩的培养环节。

方向国内外现代的东西，得读透几本书，老师协助你挑。比如说，我是搞化学热力学，要读高分子化学，又读有机化学，我除了了解国内最好的有机化学专家是谁，还去查美国最有名、最经典的著作是什么，还得读懂读透。这方面我体会，得益还不少。

我把美国最有名的有机化学专家菲舍尔的英文著作读了，有七八百页。它还配套一本四五百页的习题集，习题集有答案，但是没有过程，我还把习题都做了。所以我后来再去从事高分子化学有机合成的时候，基本问题全都懂。讲课只是开头入门，要求是个人认真读书、个人学习，有问题就找这几个资深的老师，可以去跟他们讨论。我觉得这个学习方法比较好，发挥了6系老师集体的各方面的优势。

检查和考试制度是严格的。每个阶段他们都要检查，检查方式就是指导小组指定一两个老师来考查，这本书读得怎么样了？你有什么问题要汇报的？考核也是几个老师一起考。所以感觉，要想学好，不认真不行，不花时间不行。因为那个时候研究生很少，都觉得是很不容易挑来的，希望让他们能够学好，可能就留校当老师了。所以组织上有比较大的期望，同时自己还得努力。

六

后来很快就开始做研究课题。

指导老师是周起槐，他是留学苏联的副博士，苏联的副博士实际上要求比我们现在博士还高。在那3年多，他还申请了几个专利。他就给我确立了研究方向，是固体推进剂中的含能黏合剂的合成与应用。就是要做一些新的高分子，再用去做固体推进剂。

“含能”这个字也有点特殊，一般人不太了解。以为烧个劈柴、烧个煤都含能，那不是。因为按照化学反应来说，它只有能量的一半，就是说它有碳氢元素去烧，空气里边有氧。氧燃比有个讲究，能量才完全。就是说，它含的能只是一半。你只有被烧的东西，没有氧化剂。它把燃烧反应所需要的全部化学元素都含在里头，可以燃烧，可以爆炸，它是自己含能了，不依赖外界了。所以说，含能材料是有讲究的。固体推进剂中含能黏合剂，“黏合剂”等于说把好几样东西加进去……本来黏合剂是液体，像稀粥、水泥一样的，和完以后水泥很硬。高分子推进剂也是一样，先拿高分子和起来，和完以后给一个温度，它就反应固化了，就像水泥一样成型了。高分子从液态变成固态的过程，其中的高分子就叫黏合剂。

我就是建立固体火箭发动机推进剂用的东西。我根据分子结构设计，什么地方可以引进能量，有多种方式，有多种方法。比如说我要把 3 个硝基引到分子上头去，合成出来，就得分析是不是这三基连在一个碳上了。要证明它，这是很苦的。当时要做 3 个硝基的东西，连老师都觉得，谭惠民能做出来吗？

当时我的制作也是很原始。我买电石，自己做了一个反应器，让它稳定地放出乙炔来。我还要做个硝化塔，把乙炔直接硝化，硝化就出来四个硝基的甲烷。以后处理掉 1 个硝基留下 3 个，做完 3 个硝基，做两个硝基的，再做 1 个硝基的。后来还做了一个，引进硝基的方法不一样了，用催化来硝化的办法，而且要把两个硝基引在一个碳上，又是另外一种办法。完了之后又做硝酸酯的。

因为我本科进 61 专业就是搞这种炸药合成的，所以一点也不发怵，你提出来我想想，我查查资料，就有方案。所以我碰到六七种新途径，引进了六七种含能化合物。而且当时 20 世纪 60 年代初期，那时候钱又少，去采购，人家做那个东西的也少，从基本原材料开始，我都要自己做。这个课题是 1962 年年底开始，到 1964 年，也就两年多。所以总的来说，我在研究生学习期间完成的事，指导小组是满意的，认为给的东西也能闯进去，能找到问题。

我毕业的课题是正式答辩的。答辩时，航天来了七八个人，一个研究员带着几个副研究员来听。航天当时已经成立研究所，搞固体推进剂，搞火箭导弹了。因为基本上都是我自己做的，七八个东西怎么做的、怎么完成的、达到什么要求，都说完。领头人叫许定宇，是他们的研究员，他是老周（周起槐）留苏的同学，他动脑筋了："你们把谭惠民给我？"周老师说："没门。"

我这个论文就被兵器工业部科技档案馆拿去收藏了，我们 6 系就选了我这一份。后来他们就查，说那里边有你那篇论文。所以说当时老师还是满意这篇论文的。我的论文两年多基本完成，还有时间老师就叫我干活了。

七

 1964 年，老师从科技部拿了一个题目，叫木糖醇这个物质在国防上有什么应用。木糖醇是从哪来的呢？从玉米里来。把玉米剥下来，就剩玉米棒子，那里头就含很多木糖醇。当时中国外汇很少的，日本人要木糖醇，就大量加工成木糖醇给它。到了1964年以后，它大量采购，要很多，就引起了进出口贸易部门的注意。说这玩意有什么特殊用途？是不是将来是个战略物资？这个问题就跑到周恩来办公室那去了，周恩来办公室有个批示，就要求科技部搞清楚这事。

人家说战略物资，它到底能不能打仗？那就是找五机部，五机部就找我们。老师开会回来，拿来这个题目，就说："谭惠民，你把它搞清楚了。"我说行。

但是我说这木糖醇把它拿出来挺麻烦的，还得找个人给我帮忙。老师问："你找什么人？""原来谁把它拿出来的？"他们听说是轻工业部的一个研究所，就在北京。因为当时有总理逼着，要调个人很简单的。他们研究所就调来一个北大毕业的硕士，跟我年纪差不多，叫鲍世跃。他就跑到我们这5号楼来，我们俩哥们儿就在一起了。他就负责把木糖醇给拿出来。学校写个介绍信，我就跑到四季青公社，拿个自行车一驮，就把玉米棒子给拖回来。他就负责把木糖醇提出来。

但是木糖醇是什么结构？有6个碳连着的，每个碳上的有一个羟基。6个羟基在硝化以后，就能转化成含能量的硝酸酯，那就是炸药。但是后来我一看，6个碳连在一起，我说不行。我说："老包，6个碳能量都带进去，就一个山上有3个老虎，不打架都不行，它不稳定。你得合起来去掉两个，整成一个山就剩一个老虎，这事就行了。"老包就接着做这个事了。做完以后，那是我的事了。符合我的要求了，我就开始做硝酸酯火药了。硝酸酯火药，硝化过程是最危险的。3个月的时间，我就把硝化完成了。产品出来还是个硝酸酯，还不是火药，要变成火药还有两三步，就是要用硝化棉去吸收硝酸酯，再把它压轧研成形状。将近一年的时间，最终完成了。

当时挺有意思，科技部在布置这个题目的时候，它有两手的。给北京工业学院的同时，还布置了中科院在兰州的一个研究所，他们一个老研究员带两个副研究员，还有一个助理研究员，四人小组做同样的事。我都不知道，他也不告诉我们。等到要去汇报的时候，周起槐老师就带着我和老鲍去了。这个事属于兵器工业部主持，科技部来人了，兵科院的头头还得来。最后去汇报的时候，得让人家先汇报。我不动声色，火药的样品我都有了。等于我比他多走了三四步。老鲍做前面的准备工作，我汇报的。周起槐老师可高兴了，告诉我说，人家科技部的人说，就按北工的结果给总理办公室写报告。后来结论是这样的，可以做成国防能用的火药，能做成，但是它的性能比不如传统的硝化甘油和硝化棉。要是没有的情况下，可以用。要是有，就不用费那个事了。就是这个基本结论。

至于说怎么处理那是他们的事，说这个不是关键的国防原材料，因为现在已经有比它好一点的，就不用担心它拿这个东西去变成战略物资，影响我们的安全。

这个也算个成果，但是当时也没有说鉴定的事，也没有给奖，就是完成任务了。这也可以看出来，北京工业学院原来从本科到研究生教育的体制，给我们打下的基础是可以的，基础和能力都培养出来了。

八

当时 6 系 62 专业，也就是火药固体推进剂专业有特殊性。

从 20 世纪 60 年代开始，北工有两个专业是钱学森特别关照的。他留下句比较重要的话，就是北工从事固体推进剂研究的 62 专业，和 1 系从事固体火箭发动机研究的这两个专业，你们要搞好。这是钱学森留下的话。

从 1960 年开始，我们 62 专业从事交联改性双基推进剂的研究，这是一个高能推进剂。当时钱学森很关注火箭推进技术，后来钱学森对 62 专业就有指示了，62 专业就成了 62 研究室和 62 教研室。62 研究室有 30 多个教师和员工的名额。钱学森指示来了以后，把这 30 多个人的工资归老国防科委管，直接管理，让你发展，研究经费直接到国防科委调拨。这个事情一直保留到 1978 年。其他专业我不清楚，但这两个专业，钱学森是有话的。

我研究生当了 5 年，等于我在北工念书 10 年。后来毕业留校，我就跑到这个 62 研究室去了。因为我老师周起槐就在这个研究室。62 研究室当时有个重点项目，是由我导师周起槐牵头、钱学森关注的，交联改性双基推进剂的研究。这个研究是奔着巨浪 2 号水下发射要用的推进剂去做的，需要尽可能提高它的能量。

这个项目其实很早就有，因为 1966 年“文革”开始，等到 1968 年才正式启动，那时候中央有支持，说国家重大科研项目不能停，钱学森关注的东西不能停，我们这个项目就开始做了。这个推进剂做的时候需要很多高能物质，老师就派我去研究，先派到东北辽阳三七五厂待了10个月；再去青海黎明国防化工研究院待了11个月；又去长沙国防科技大学待了有七八个月，都是在做高能化合物。所以“文革”期间我基本上就是在协作和合成这些事情当中度过了。

在我们做高能化合物时，航天部门研究室的五六十个人也在同时对此做研究。在研究中产生疑问时，我就通过图书馆，用英文查阅国际上这个领域里最新的一些动态，明确以后自己就会提出来方案，最后一看，航天部这帮人也是我这个方案，都差不多的。最后结果出来后，我们老师就对他们说，你们航天研究的东西我们都研究出来了。对方问是谁研究的？我们老师就说，谭惠民。这也就证明了62研究室在高能化合物的研究上与航天处于同一个水平，但是他们是一大伙人在做，而我们这边就是我一个在做。

到了1978年的时候，这项工作技术上突破了国内能量最高的水平，能量考核的指标叫发动机比冲量①，比冲量有个数值，超过250秒就是高能推进剂。我们62研究室参与的周老师课题组，测出来最高达到了252秒，这是国内第一个突破高能推进剂的技术成就，关键这是我们北京工业学院突破的！所以在1978年的时候，开了国家第一次科技大会，这个项目在科技大会上获得了奖项，等于是现在的一等奖了，好像获奖名单中只有15个人，我当年30多岁，是其中最年轻的一个。

九

1974—1975年，有一项叫红缨5肩扛式防空导弹的装药项目，这个项目实际上是苏联外售的武器系统中有一种肩扛式武器运到了埃及，埃及当时与咱们北方公司定期出口有挺好的业务关系，就把其中一发弹给了中国了。那时候中国和苏联关系不好了，但埃及对我们工业企业有依赖性，当时就觉得这个武器挺好，我们也要仿制，当时牵头的是陈锡联，原沈阳军区的头。他拿了这个项目，就布置两个厂来干，因为他们也没干过复合推进剂，就找到北工了。当时是1974年“文革”后期，系里就让我去，给我配了一个老师负责组织带队，还带了十二三个工农兵学生，

① 比冲量：或称比冲，比冲的定义为单位推进剂的量所产生的冲量。

作为他们的毕业实习，和我一起去东北干这个活。

去之前我用了10天左右专门来查资料，了解清楚苏联的技术特点，还有相关新的推进剂有什么特点，原来他们基本上就是一个肩扛式打飞机的防空导弹，用的装药是丁腈橡胶黏合剂的推进剂。通过之前这些了解，我就知道了苏联一般习惯用什么，它们有什么局限性、优越性。我就决定不用苏联的这个技术系统，因为他们从技术发展上已经是滞后一步的。当时美国已经开始使用70年代新出的推进剂系统，叫端羟基聚丁二烯，羟基就是OH为端基的，中间是丁二烯。这后来变成了到现在世界范围内都在大量生产的一个组装药。它专门用于推进剂、导弹、火箭武器。我们的东风31也是用这个，东风41的推进剂就是我们的N15了。所以当时我就提出了新的路线，我们搞个弯道超车，这在当时就是一个挑战。

按现在来说，要挑战全新的技术路线，指标有能量性能、内弹道性能、力学性能，还有防热性能等。按现在来说有300人左右的研究所做这件事都算是吃力的了。我们才十来个人，但工厂配套工作很积极，你说下礼拜要用什么东西，工厂加班调出来给你干。所以当时就觉得这是种挑战，也有那个激情，愿意把它做出来。我就把带来的这十几个学生按照配方、工艺、内弹道测试等分成几个组，把任务都各自分给他们，边教、边带、边干。

当时研究这个项目的时候存在很大的难点。难点一：新的推进剂要用新的高分子来做。正好国内的长春应化所，有个研究员叫岳国粹，他思想比较超前，把高分子给做出来了。我就和他说，我这回给你用上。我们本身是朋友关系，要这个材料很好要，所以当时就选择这么一条新的技术路线。

难点二：要在3个方面中，做出里程碑式的节点技术突破。第一个突破，尝试把端羟基聚丁二烯工程化。第二个突破，实现银丝加速燃烧，这就需要去找工厂拉银丝，拉到什么规格，能够受承受多少强度，银丝怎么让它不拐弯，布置好在装药的内部，所以这个有工艺技术。

第三个突破，调推进剂力学性能的时候，需要用到一个功能成分叫键合剂①，键合剂就是在高分子和填料氧化剂之间的表面让它结合能力更

---

① 键合剂：又称偶联剂。固体推进剂中，在黏合剂和固体组分之间，由于化学、物理作用，增强界面结合力的物质。

强，这个就叫化学键的键合。在填料的颗粒表面和包裹的那层胶之间没有良好的结合能力，所以需要使用键合剂通过化学作用使两者紧密结合。这种试剂是像味精一样用，千分之三就行了，还得去现做这个键合剂。

后来等到 1975 年才研究成，这里边还有好多过程。虽然挑战性很强，但最后还是做成了，做成后厂里的书记还专门来到北工感谢一下，说你们派了一支很好的队伍，一共干了快一年就做成功了，我们这个厂里头有了这个能力，按他的原话就是，这等于我们四七五厂抱了一个金娃娃。

研究结束后学生们也觉得十分受益，觉得比在学校强，他们去了十几个人，回来跟我下厂的这些人后来都发展得不错。所以也就是说要调动这帮人的积极性，你得先教他，教他以后再带他，他就愿意学、愿意干了。关键当时我在 40 刚出头的年纪，就能组织把这件事干成，这也算是我的科研生涯中的一件事了。

十

1979 年尼克松访华后，中美关系正常化，马上就需要派人出去留学了，年底就开始在全国选拔到英美的留学生。每个系都选出了一批人，能考的都去考，我们 6 系的老师考上了六七个，我就考去了美国，考上了要去哪所学校？我又到图书馆去查，美国克利夫兰大学凯斯理工学院，属于美国前几十名的大学，他们学院的贝尔博士，是美国创立高分子的第一批人，我就奔那儿去了。

去那将近 3 年，当时在高分子物理里有一个概念叫规整等规高分子、等规聚苯乙烯，就是规整性很好的聚苯乙烯，才能形成热可溶的凝胶，无规高分子，无规就是没有规整性的聚苯乙烯是不行的。而贝尔这个工作小组中有个学生就说，某种条件下可能这个规律不存在，就是这个不绝对。我去了以后，贝尔就对我说，谭先生你能不能把这个问题给研究清楚？我说行。于是我就开始研究无规聚苯乙烯到底存不存在这种可能性。

我当时认为，按常规的概念来说它是不能形成的，但也有可能是条件还没提供够，它才不形成。老师问条件给够没给够，你怎么判断？我说可以做一个相图①，做无规聚苯乙烯溶液的相图，把这个相图做出来，

① 相图是指采用热力学变量不同构成不同的相图。材料学工作者最关心的是凝聚态。相图不能说明平衡过程的动力学，不能判断体系可能出现的亚稳相。

回答就完整了。老师一听很高兴，说你去做吧。这是原来做研究生的时候学会的，相图就能够回答在什么状态下存在。比如水有个三相点，有个相图，就能回答什么是固态、什么是液态、什么是结晶态。当时就是有这个概念。但这个相图其实很难做的，老师说你要什么条件都给你。我就一个人在那苦苦挣扎，花了七八个月终于把相图做出来了，在足够低的温度下，-100℃多一点，我在相图上把可形成凝胶的区域画得很清楚，证明在这个条件下它就能够形成。

老师看后非常高兴，让我把总结文章写出来。我写完了，老师就拿着去汇报了这个相图，回答在什么区域、什么条件下能够形成。最后美国物理学会当年给出的唯一个奖，就给了我们导师的这篇文章。但他最后没有双方署名，当时还有个台湾的研究生为我鸣不平说，谭惠民，贝尔署名得奖的这个东西是你的，你知道吗？我说我不知道。我也没想去争这个，其实系里的很多人都知道的，也不用去争。

以前都是在书本上看到，这次自己去了国外，尤其在化学领域，在高分子这方面我们跟国外的水平还是有差距的，当时国内是设备少，要做结构深入的微观分析、国内没这个条件，做元素分析我还得亲自动手，人家有个仪器一放进去就做了。这是在技术方面，美国老师和中国老师在教学上也有区别，因为那时他们的经济条件和设备也充足，能弄清楚结构和性能之间的关系，所以他们讲的深度比我们深，我们就是基本理论可以，但是微细结构、精细结构和性能的关系，我们说不清、没手段，就是有这个差别和距离。

当时还是主要因为我们经济发展得不够，现在就行了。我看现在我们5号楼，那东西有时候比美国还多，所以你得承认从20世纪80年代开始，这二三十年中国的发展还是非常快的。

十一

在美国留学到1982年年底，我就回国了，回来以后我就继续在研究室里做科研。当时周老师还在继续发展交联改性双基推进剂，就是1978年得奖的那个项目。我就说这个项目还有不足之处，能量虽然突破了，力学性能还不满足。只用在潜艇里代表性不强，因为潜艇是可以控温的，这个温度就是让人舒适的常温，要是放到东北漠河，放到海南岛，它力学的适应性就不行，我就跟周老师说，我可以改。

他问我想怎么改，我说现在最好的就是聚醚，聚醚可以被硝酸酯吸收，是柔顺的，放到那个改性推进剂里后，能量保持，力学性能就可以改善。而且我提出了一个观点，聚醚会结晶的，两个碳一个氧，两个碳一个氧，这样一直链下去，就像解放军排队的时候排得很整齐，对于高分子化合物，一规整就会结晶，我想给它打乱了，不让它排那么整齐，叫无规的聚醚，老师说这可以，我马上就去研究了。

研究出来后，它吸收硝酸酯的能力比周老师硝化纤维素还高，最后它形成的最大几个特点是：第一，把原来252秒这个能量提高一步，变成了255秒，比当时美国的最高水平，又突破了一个界限。第二，美国人用的NEPE推进剂是结晶的，就是说它不适应于复杂战场环境温度的多变要求，还是用在发动机保温的体系里头。我这个可以，把它从东北漠河拿到海南岛都行。

目前总装、航天也承认，同时达到255秒这个台阶的有两条路线，一条是航天仿美的路线，一条是北工独立自主的路线。但北工独立自主的路线如今只应用于战术，因为战略不给我们投资。但是他们也承认北工有特色，由于这些体系问题，所以目前这项技术只是用在战术武器上。

其实当时我的启动金就5万块钱，是兵科院一个科技发展基金给的。1983年，就拿了5万块钱，等到1986年这件事就干成了。最后就得了个兵器工业部的一等奖，因为它没进入战略型号，就没有太大的国家奖了，我就是老等着战略上的东西什么时候能用上去。因为曾有学生不小心在论文发表中提到过，所以这个新型的硝酸酯增塑聚醚高能推进剂（NEPE）最后也没有申请成专利。

1978年改革开放后到1984年成立专业组这期间，预研项目的申请就开始了。1984年以前，没有申请竞争这一说，都是上面根据需求分派任务，选择有能力的单位去完成。当时是原来国防科工委，现在的总装，成立了十几个专业组，规划了每个专业未来的发展方向，拨研究基金，写出指南，由各个单位根据指南申请。那个指南里边有任务有指标，你挑一项去申请，申请批准就会有基金来了。

那时候6系有一段混乱时期，改革开放后要为社会发展服务，老师们就根据自身所学四处调查找题目，有的做保鲜荔枝，有的人做皮革废料回收，化工机械加工那些人就做热管，学校南门还推倒了围墙，成立了改革开放小公司。因为当时北大也带头拆了围墙，所以北理工也跟了，那时候的确乱了一段。

后来到了80年代中期进行了调整，总装成立的时候，提出了管理武器的全过程，要加强规划，从研制、生产到应用，各个专业组都要提出每五年计划的发展目标，国家研究经费、国防经费也明显加强，型号立项也显著增多。

对于我们北工6系的人来说，发挥我们自己专业所长，配合国防事业的发展，去开展研究，这才是我们的专长，才能有持续良好的生命力，之后面向社会乱成一片的事就慢慢收拢了，后来基本上就是按照总装的规划，还有一个“863计划”①。“863计划”我们也是第一批，当时我们北理工在含能材料上有两个大突破，一个是我负责的NEPE推进剂，一个是于永忠牵头实现了CL20，现在庞思平当代表人物，是材料学院的院长，好像得了一个发明二等奖还是一等奖。

80年代改革开放之后，原来的化工系，现在叫材料学院，拓展了三个方向。一个方向是高分子材料，因为高分子材料拓宽以后应用面很广，国防也用、民用也用。第二个方向是邓玉林的生命科学院，后来他们独立出来了。还有一个方向是药物合成，药物合成的路最后没走开，药物要先合成出来再鉴定，要做人体实验，北理工没有这个资质，因此药物合成与应用的拓宽方向，就走不通了。

所以基本上还回到这个局面，适当拓宽范围，拓宽到能有自主研发整个过程的那种范围，基本上是高分子，对于我们这个体系是高分子材料和含能材料同时申请。而且现在材料学院含能材料从事国防申请的经费比其他的多好几倍，所以最后又等于是回归到发挥我们军工特色，为国防服务做贡献的这个特点。以这个特点去申请围绕国家武器各种型号的研发、参与，这也是我们学校的一个重点，也是特色，同时也便于学生就业。

十二

周起槐老师在1984年因胃癌去世了，非常可惜，他是卓有成就的人，我跟着他干也是跟对了人，能干点事。他是50级的，1950年考进北工，也就比我大了四五岁。

① 国家高技术研究发展计划简称“863计划”，是科学家的战略眼光与政治家的高瞻远瞩相结合的产物，凝聚了我国发展高科技的战略需求。

我一直到72岁才退休，现在83岁。1984年总装固体火箭推进剂成立了一个专业组，当时只有5个专家，我就被选上了。到专家组以后，我就做火炸药的专业委员会推进专业组的组长和高级顾问，我从1984年一直顾问到现在，是专业组专家里任职时间最长的。其中我做得最多的是国内兵器航天的各种型号，主要就是参与他们的立项、研究过程出问题、归零、最后总结。归零是这样，我们研究出一个导弹去打飞机，半路掉下来了，这个弹自身价值就有几千万，加上研究费几个亿没了，就必须把事故原因找出来。归零有5句话20个字，第一句是“定位准确”，哪里出毛病，你得定准了。第二句是“机理清楚”，为什么它会掉，有什么因素制约，什么东西超出了范围，机理要说清楚。第三句话是“事故再现”，找到了毛病，得让它在地面上模拟一下。第四句话是“举一反三”，除了你们跟着配套的人有事儿，挨边的不挨边的都得从头到尾在事故中吸取教训，按照这个程序走完得10个月到1年。第五句是“回答完毕”，写报告送达总装去说，“经过了15次会议，经过了20次实验，考核了10个因素，验证了一次事故结果，采取了5条措施，杜绝了所有的隐患”。要写这个报告，所以归零是个很重的事，一个项目部归零了就说明这个事麻烦了，我就参与了总装几十个型号的事件。

这些事我干了将近30年，还是两个部、两个重要项目的专家，可以说是见证了我们国防工业、国家固体导弹火箭的整体发展过程。

谭惠民老师近照

留住青春五十二年，续不尽北理情缘

万春熙

人物简介：

万春熙，1933年出生于北京（祖籍江苏无锡）。1951年8月考入华北大学工学院机械系，1958年10月毕业后留校，任第二机械系无控火箭教研室助教，1960年9月任飞行器工程系探空火箭研究所（22所）总设计室副主任。1979年晋升副教授，1985年晋升教授。1979年后历任飞行器工程系导弹设计教研室主任、校学术委员会委员、兵器工业部科学技术委员会委员、兵科院制导兵器专家组副组长、《兵工学报》常务编委等职。1990年5—11月，美国加州大学圣迭戈分校应用力学与工程科学系访问学者。1992年获国务院特殊津贴。1999年退休，又为博士生授课至2003年；2012年任《兵工学报》特聘顾问至今。参与多项科研项目，获多项省部级科技进步奖，以第一作者或唯一作者公开发表学术论著30余篇。编著《反坦克导弹设计原理》获国家机械委优秀教材一等奖及国家教委首届全国高等学校优秀教材奖。

访谈时间：2018 年 8 月 8 日—11 月 2 日，共七访。

访谈地点：北京理工大学图书馆

采访人：张钧

摄像：聂明明

访谈提要

讲述了万春熙在北京工业学院读书时对几位教师的回忆；大三时转专业的原因；脱产一年担任团委副书记等经历；考上研究生，对导师周伦岐教授的回忆；参与的几个科研项目的情况介绍；“505”探空火箭 7 次飞行试验的具体情况等。还讲述了编写《反坦克导弹设计原理》教材，给毕业班讲课获评“教学奖”；当选学校学术委员会和兵器部学术委员会，学校提职称的情况；参与了几个科研项目和获奖的科研项目，在学科建设方面所做的工作以及与美国施耐德教授合作在国际权威期刊发表论文等情况。

一

我是 1951 年考到我们学校来的，我的中学是北京师大附中。选志愿的时候，我就是选择华北大学工学院做第一志愿，考进来了。为什么选华北大学工学院呢？唯一的原因，咱们是公费，当时叫作包干制，就是你入了学以后，吃穿住学学校都管，每个月还有几块钱的津贴费。具体几块钱我记不得了，反正零花是够用的。那个时候家里的经济情况也比较低落，我就要靠包干制支撑来上大学，所以很感激我们学校，不然让我上大学，我也上不了。

我哥哥是个无线电爱好者，他有很多的元器件，很多无线电方面的书，受他的影响，我从中学就喜欢无线电，但那会儿咱们学校没有无线电系。我的二哥在天津大学，他是学机械的。他就动员我说要不考机械吧，咱们中国现在刚开始建设，机械是最基础的，我说那就考机械吧。

据说当时我们华北大学工学院录取的分数比清华还高，因为大伙儿都奔着这个包干制来的。不过我觉得考试很容易，很快就做完了，我考了机械系的第二名（北京考区录取五十余名）。

入学的时候是在中法大学报到的，报到以后搞了一个大的合班教室，我们在那儿住了一两夜。等新同学基本上都齐了，就把我们拉到了车道沟。据说中法大学的学校基础还是不错的，当然比不上清华、北大。我们华北大学工学院从老区来了以后，1950 年把中法大学接收了，合并了，中法大学的一些老师就照搬过来，充实了师资力量。当时华北大学工学院的副院长叫曾毅，是个留法学生，知识分子的味道很重。他给我们做报告，讲大学生学习要抓住概念，比如说高等数学，什么叫函数，跟我们讲这里头的概念要点是什么，就是这么一种知识分子的作风。他的作风可能不够泼辣，所以我觉得华北大学工学院当时的工作开展有点迟缓。当时刚刚入城，在那个条件下，如果学校能够占据一个更好的地点，会对我们学校以后的发展有很大的帮助。

据我记忆，当时学校有 5 个系，机械系、电机系、汽车系、化工系、航空系。好像还有两个专修班，机械专修班和航空专修班。专修班就是高中毕业到这儿来学 2 年，毕业后就马上工作了。这个专修班也挺厉害的，出来的学生也很不简单。我们师大附中有个同学就上了机械专修班，后来工作也挺不错的。

上学时，印象深刻的事情有很多。第一个就是，我们新生接待组织得真不错，比我们高一级的同学，管机械制造的王育民，他来接待我们。同学们从五湖四海来的，他先把大家组织起来到北海去玩，同学们都很高兴。机械系招了 3 个班，一个班 40 人，一共 120 人。电机系好像是招了一个班还是两个班，毛二可就是电机系的，我们一块儿入学的。化工系的我说不清，化工系当时在城里，不是太熟。汽车系，就是现在的坦克系，有好多我中学的老同学。我们从师大附中来的一个同学，叫王秉愚，他可一点不愚笨，他是汽车系第一名（北京考区）考进来的，这个人是一个才子，书生气重，不像我，我虽然也有书生气，可我不认为自己是书生。航空系后来转到北航去了。（北京考区）第一名叫郭忠信，郭忠信和王秉愚在中学是一个班的。

我对老师们的印象也挺深刻的，教高等数学的老师叫胡助[1]，是一位从中法大学留下来的老先生。他的一个特色是，他讲的就是那种法国传统的高等数学，不是英美传统。我哥哥们大学的书，微积分学，我都看过，开篇很快就讲微分、积分，很实用。胡助讲的高等数学，理论性很强，开始就是讲极限，把极限讲得透透的，讲了好几节课还是极限，翻来覆去，讲了一个月还没有接触微分。我哥哥说你们的高等数学怎么讲？我说还讲极限。他说那有用吗？我说反正老师讲，我们就学呗。后来发现，还真是有用。当时胡助讲的这些内容，实际上接近于大学数学系的内容，数学系不学微积分，他们学数学分析。因为微积分的基础是极限，你搞不明白极限，微积分就只是会运算而已，遇到比较复杂的问题可能就不知如何下手。

我对画法几何老师的印象也很深刻。画法几何就是给你建立一个空间概念，怎么把空间的东西表现在平面上，就这么一个问题。教我们画法几何的也是一个老先生，叫邓开举，可能在解放以前给国民党服务过，是比较高级的工程界的人士，讲得很好。课上用的制图、画图仪器都是学校免费发的，当时没有计算尺，据说高年级的老同学们办了一个小工厂，自己做计算尺，用木头做，用照相纸把刻度贴在木头上，以很便宜的价钱卖给大家。

我们的系主任叫于道文[2]，据说他在法国留学时得了好几个学位回来，他不是博士，可是硕士、学士学位得了好几个，非常博学。不过他没有给我讲过课，因为我们到了三年级分专业了，3 个班分了 3 个专业。

教理论力学、材料力学的老师叫张翼军[3]，据说这位老先生在力学界

---

① 胡助（1894—1977）：四川省青神县人。1925 年毕业于法国里昂大学数学系，获数学硕士学位。1951 年起，任北京工业学院教授，曾讲授理论力学和分析力学等课程，致力于分析力学、天体力学以及有关人造卫星力学和偏微分方程的研究。

② 于道文（1915—2004）：山东安丘人，中国自动武器学科的主要创始人之一、著名的轻武器专家。1936 年毕业于北平中法大学物理系，1940 年获法国里昂大学理学硕士学位，1941 年获巴黎中央工业大学国家工程师证书。历任北京工业学院（北京理工大学前身）、太原机械学院（中北大学前身）教授，华东工程学院（南京理工大学前身）教授、系主任。1985 年加入中国共产党，第六届全国人大代表。长期从事自动武器的研究与教学工作，主编有《步兵自动武器及弹药设计手册》。

③ 张翼军（1892—1975）：吉林省扶余县（今为扶余市）人，1923 年毕业于巴黎大学数学系，获理学硕士学位。中华人民共和国成立后任北京工业学院教授，是我国教育界享有盛誉的老一辈数学、力学学者。

是泰斗级的人物，他也曾在法国留学，是中法大学留下来的，是我们学校唯一的一级教授。1956 年学校才来了另外一个一级教授，叫周伦岐。张翼军老师讲课非常简练，把力学的关系，打个手势，给你一比画，你就明白了，也不多说话，学问很深。

这些老师厉害在什么地方呢？苏联教材都是俄文，我们一入大学就学俄文，老师们怎么办？他们就突击学俄文，学了一两个月，顶多三个月，就把苏联教材翻译出来了。据说张翼军老师就是这样，给我们讲课的时候已经 60 岁了，那么大年纪，就是他上厕所都在看俄文的力学书，非常勤奋。

我入学的时候学校还叫华北大学工学院，1952 年魏思文院长来了以后改成了北京工业学院，曾毅后来调到中国科技大学去做副校长了。在一、二年级的时候，我们听过好几个报告，是当时重工业部的部长刘鼎给我们做的，同学们大多数都说，你不做报告我也会努力学习的。当然他给我们做报告，是更进一步地激励我们。

还有一些报告也挺有意思，当时学生科科长叫谢簃，他也是从中法大学过来的，在中法大学的时候是副教授，可能是物理教研组的。据说他是辅仁大学的物理学硕士，在解放前得到硕士学位的人很少。他是学生科长，管学生政工，不管教学。当时我很奇怪，为什么谢簃一个副教授去做学生科长？副教授是很稀罕的。他做的报告非常好，我们北方的学生，解放以后听的报告不少，有些南方来的同学说，哎呀，这是我听过最好的报告。他给我们讲学习，说学好了就不怕考试，考试就是过节，是大丰收的时候。后来我一直体会，真对！你学习好了，把功课复习总结，就等于收获了，一考试，得了很好的分数，那就是丰收。

机械系后来分成了第一机械系和第二机械系，第一机械系是火炮和轻武器系，谢簃是第一机械系系主任。后来他到教务处任副处长，后来又做科研部的副部长，再后来做教务长。“文化大革命”以后，他还是教务长，后来成了副院长，到了一九八几年，苏谦益①不做校长以后，就是

① 苏谦益（1913—2007）：1932 年加入中国共产党，中华人民共和国成立，历任内蒙古自治区党委副书记、内蒙古自治区人民政府副主席，兼任内蒙古军区副政委。1952 年任包头市委第一书记。1978 年任北京工业学院党委书记兼院长，1983 年离任至中共中央整党工作委员会任江西巡视组、东北巡视组组长。第一、二、三届全国人大代表，第六、七届全国政协常委。

谢簃接替的校长。苏谦益是多么老的资格了，谢簃能接替他做校长，那也不容易，我对他的印象非常好。

二

入学时机械系是3个班，机一甲、机一乙、机一丙，后来改叫机5101、机5102、机5103。1952年年底，东北兵工专门学校合并到我们学校，从东北兵专来了三个班，一个搞火炮的，一个搞弹药的，一个搞引信的。三年级时分专业，我们班改叫1511，1就是1专业，51级，1班。1专业是火炮专业，有两个班，1511和1512。1511是我们班，1512是东北兵专来的那个班，黄一鸣老师就在1512班。

原来的机5102这个班转成了光学，魏光辉①、伍少昊、唐良桂都是这个班的，他们班留校的人多。我们班留校的更多，可是后来不幸，“反右”的时候好多人被打成了“右派”，或者转到校外去了，很可惜。机5103后来改成了2511，2字头就是2专业，轻武器专业，自动武器专业，朵英贤、张如洲都是这个班的。东北兵专转来的学生中，火炮专业的黄一鸣，弹药专业的徐耀华、余超志，后来他们班留校的大都转到了太原机械学院，现在的中北大学，中北大学有我们学校好多人。

我在火炮专业只待了一年，在1511只学了三年级一半的课。因为三年级时我是班上的团支部书记，我代表我们班去开团委会，团委会改选，让我当团委会委员。开完会还把我留下了，跟我说让我半脱产，就是一年的课分成两年学，一年只允许学一半课程，另外一半时间得工作，做机械系的团总支书记、团委会的学习委员。机械系是我，汽车系是章一鸣，化工系是万纯才，我们都是半脱产，纯义务，不计工龄。

有一次老校长魏思文到团委会来视察，他说：“学习委员，你是管什么的？”我说就是了解学生们学习上有什么问题，我也管不了事。他说：“你以后每个月要向我汇报同学们学习上有什么问题、有什么困难，需要我们解决的事，你要向我汇报啊。”这我才开始把学习委员当回事，后来

① 魏光辉（1933— ）：陕西华县人，1956年毕业于北京工业学院光学仪器专业，1962年毕业于列宁格勒精密机械与光学学院，获博士学位。北京理工大学信息工程学院物理电子学博士学科首席教授，中国电子学会会士，中国光学学会激光专业委员会委员，中国兵工学会会员。

我就比较关心同学们的学习情况，关注学习方法问题、组织交流学习方法。前不久还专门写了两篇大学生学习方法的文章。

我在1511学了一半课，又跟着52级在1521学了另外一半课程，然后我就转专业了。因为机械系分成了第一机械系和第二机械系，第一机械系是火炮、轻武器专业，第二机械系是弹药、引信、药筒这3个专业。我学火炮的，就到了第一机械系。当时田运是团委书记，他让我做第二机械系的团总支书记，我只好转到了弹药专业。从1521转到了3521，3就是弹药专业。3521是弹药，4521是引信，每个班20人，合班上课，这是我三年级的后半截，等于把三年级的课学完了。这是我的第三个班了，1511、1521、3521，这还没完呢。

1955年春，谢簃给第一机械系52级讲内弹道学，我随1521班听课。我觉得谢簃讲课别有风格，比教授们讲得好。他是真高，一下就给你讲明白了，而且很有启发性。有一个问题以前我一直不太明白，他一讲，我恍然大悟。他讲，科学技术问题都有一个正面问题、一个反面问题。什么叫正面问题呢，比如说材料力学的问题，给你一个梁，这个梁受力以后，你计算里边的应力怎么分布、它的变形怎么样，这个是正面问题。可是你在工程上要用的时候，都是用反面问题。就是说，比如设计一个梁，先限定了条件，这个梁承受多少力才能使它变形不大，这就是个反面问题，等于知道了结果让你反回来求这个梁的参数。反面问题都比正面问题难求解，可是如果你不解决正面问题，那么反面问题解决不了。这个道理是谢簃告诉我的，他一句话就把我点醒了。我学了3年，有的课专门讲正面问题，有的课专门讲反面问题，但是都没有结合起来，是谢簃点透了这个事，我一下子领悟了，受益终身。以后解决很多工程问题的时候，我都有意识地把正面问题、反面问题联系起来，从反面问题想到正面问题是什么，把正面问题解决了，反面问题就好解决多了。

但是谢簃的课我只听了3周，就被转入第二机械系3521班，半脱产做团总支书记。但半年后，又让我全脱产做团委会副书记。全脱产一年，这一年也不算是正式工作，给我32块钱的生活费。有的同学，就是1511班的同学，到了四、五年级就提前调出来做助教了，跟苏联专家学习，他们的工资比我高。我说我并不比他们学习差，虽然比他们缺了一年，那是学校让我缺的。我这32块钱还不是工资，是生活费，还不算工龄。我也不能当面跟田运计较这事，那就太没风度了。咱们该干什么干什么，但是心理上不平衡。我还始终惦记着学业，琢磨在学术上该干点什么。

有个俄文杂志叫《火箭技术问题》，是翻译苏联欧美火箭导弹技术领域的文章汇编的双月刊。我就把能看懂的东西翻译下来，写成了一篇文章，叫《可操纵的火箭武器》（那时“导弹”一词还没有出现），有好几千字，介绍了导弹，发表在北京工业学院的校刊上，登在第三、四版上，是1956年4月27日出版的。

我当时不自量力了，给弹药系的系主任颜鸣皋①写了封信，这封信同时也是给魏思文写的，建议我们学校赶快建立可操纵的炮弹或者可操纵的弹药方面的专业。当时同学们都有一个心气，应该把国家的科学事业往上推。1956年，当时正值周总理主持制定国家科学发展十二年规划②，里面就提出来了喷气技术。喷气技术的内涵，一个是航空，一个就是导弹，这两方面笼统地叫喷气技术。当时就意识到应该在这方面努力干，世界上美国、苏联都已经干了，我们不赶快干行吗，就有这么一个强烈的想法。

我当时在团委会办公，颜鸣皋给我来个电话：“万春熙，我支持你的想法。可这事怎么办呢？我现在还没有想法。”我说我希望早点让我复学，我不想在团委会坐办公室。我当时有点不高兴了，魏思文没有直接回复。当时的党委副书记叫张西峰，他来找我谈话：“万春熙，你应该好好地安心在团委会工作，不要想东想西的。”批评我一顿，我跟他也没法理论。我也只能听他的，我在团委会继续干吧。干到1956年暑假，这时候脱产一年了，我回到了原来的专业学习，延误了一年学业，又降了一班，我也认了，我就降到3531班。

我在51级、52级、53级经过了四个班，1511、1521、3521、3531，我后来编了个顺口溜：“京工求学路，混沌七八年。三级跨二系，辗转历四班。”我1958年毕业，比跟我同时进校的同学晚毕业了2年，这也未

① 颜鸣皋（1920—2014）：出生于河北省定兴县。1949年获美国耶鲁大学工学博士学位，1951年回国。中国航空钛合金研究工作的开创者之一，中国科学院院士，中国航空学会常务理事，材料工程专业委员会主任委员。

② 1956年1月14日，中共中央在北京召开全国知识分子会议，周恩来在会上做了《关于知识分子问题的报告》。报告向全党、全国人民发出了“向科学进军”的号召。2月24日，中共中央政治局会议批准成立国务院科学规划委员会。在这个委员会的领导下，制定了《1956—1967年科学技术发展远景规划纲要（草案）》。

必不是好事。1957 年“反右”，我正在 3531 班，而原来的 1511 班留校好几位很优秀的同学不幸被错划成“右派”。

三

我们学校有几个有名的“右派”。一个是祖静，入学的时候，我们是一个班的，他是车道沟那个学生会的主席，他从南京来的，是南京市学生会的副主席，能力非常强。后来谢籁说你别做学生会主席，回到 1511 班做班长，是有意要培养他。后来谢籁做系主任，就提前把他调出来做助教了。他后来成了“极右”，他说我没错误，我不检讨。态度太差，发到新疆去了，后来平反了，要回到我们学校，不行啊，他那个专业已经没有了，搬到太原机械学院（太机）了，太机就把他接收了。他很快在太机做了校长，太机后来变成中北大学。中北大学现在在太原也是首屈一指，被他搞得很不错。如果他在我们学校留着，也是校长、副校长级的人物，能力非常强。

四

1958 年“大跃进”的时期，我参加了代号“505”的科研项目。我应该 7、8 月份毕业，但是有任务就先赶任务，一直到 10 月份从白城靶场发射回来，学校才让我办毕业手续，班上同学都已经走了。当时是学校分配，把我分配到西安 203 所。为什么我不能留校呢？可能是因为“反右”后我受过“党内撤销支部书记职务”处分（“文革”后平反），估计学校不便把我留下来，可又想把我留下来，出于矛盾心理，正好“505”来了，把我留下干了两个月。

我们班上有好几个同学分到西安 203 所，有个女同学和我们系里一个助教已经结婚了，这个女同学去了西安 203 所，助教说那我也得去啊，他就申请，学校批准了。这就有了一个助教名额，系领导就问我：“你原来分到 203 所，可现在葛复初已经跟着曹嘉琳去 203 所了，203 所的名额没了，你愿不愿意留在北工？”我心里对北工还是很留恋的，这样我就留校了，稀里糊涂的，也可能是领导有些操作把我留下的。

10 月份，“大跃进”的热潮还没退去，在白城子靶场 505 的第二次发射试验失败了，还要再接再厉，精神是很可贵的。我们这一批主要的人马就到了太原，太原有加工力量、有材料，国库在那里有一些大的无缝钢管可以做火箭发动机，所以我们就到了太原。

1958 年年底我们去的时候，正好太原七四三厂也要搞火箭，七四三厂说正好，我们给你们加工，你们帮我们搞野战火箭，我们就达成了一个口头协议，这样我就带着几个学生参加了七四三厂的野战火箭研究。名义上我脱离了“505”，可实际上没脱离，因为他们也在七四三呢，我们还是在交流。他们在七四三重新搞设计和加工，到 1958 年年底，把加工好的“505”火箭拉到了昌黎空军靶场进行第三次飞行试验。这个试验从 1958 年年底一直做到春节前，跨年度做了一个多月，挺成功的，打到了 60 公里，并且完整地测下了信号，可是这次试验我没参加。

我在太原也还是很有成绩，在这个工厂搞了三个火箭，有大的也有小的。大的火箭暂时没搞出来，搞了一个小的涡轮火箭，没有尾翼，喷管是斜的，发射出去以后转，就跟炮弹一样，一辆发射车能够装载二三十个发射管，那就是二三十个火箭弹，威力很大。

在七四三厂搞到 1959 年 3、4 月份，这三个火箭都有模有样了，就拉到白城子靶场做试验，很轰动啊！张爱萍是主管科研的国防科委的头，还有炮兵司令陈锡联，两个上将亲自到白城子靶场观看了七四三厂搞的这次发射。包括这个涡轮火箭在内的两种火箭都很有成绩，涡轮火箭做了齐射，陈锡联高兴得跳起来。当时的涡轮火箭是 130 毫米口径，比较大，大了的问题就是重，一个炮好几十个火箭，都要靠人力装填，很费劲。后来改成了 107 毫米，就比较轻了，十来公斤，打出去都是一片，威力差不多。这个涡轮式火箭 1963 年定型，叫“63 式火箭”，口径 107 毫米，后来在抗美援越的时候发挥了很大作用。

那次火箭发射试验，奠定了七四三厂在火箭方面大发展的基础，现在搞得很有成绩。北理工前两年的副校长叫杨树兴①，杨树兴的团队跟七四三厂合作，搞了一个 70 公里带制导的火箭，后来延伸到一二百公里，很不简单，现在是威震世界。中国的野战火箭、无控火箭加上制导，现在是世界第一，就是七四三厂带头搞的。七四三厂一直和北理工有密切的协作。

---

① 杨树兴（1962— ）：出生于河北省唐山市，博士，教授，博士生导师，中共党员，中国兵器首席科学家，曾担任多个国防型号项目的武器系统副总设计师、控制系统总设计师，主持完成了中国第一个远程火箭弹控制系统的研制工作。

试验初步成功，4、5 月份我就带着学生回到了学校。“大跃进”的第一波高潮已经过去，这时候北京市委发出一个号召叫“大兴读书之风”，可以正常上课了。我们从七四三带回的学生都是五年级的，第一学期在工厂过的，这是 1954 年入学的学生。

我带了好几个炮弹专业的学生，他们的毕业设计都很有内容。我自己把在太原搞野战火箭的资料抽象提炼，写了两篇论文。其中一篇叫《野战火箭外弹道问题的近似解法》，这是我的第一篇论文，讲外弹道，就是运用了谢簃讲的反面问题的思路。当时要算方案，必须用外弹道，我说我们从反面考虑问题，要求多少射程？从这个射程反推，要求火箭多大的速度、弹体多少、直径什么的。给定要求后，反推火箭的设计参数，一下就算出了很多的设计参数，等于把所有可能的设计参数都算出来了。这个思路的基础就是把火箭外弹道问题作为反面问题来解决。1964 年兵工学会①开成立大会和学术讨论会，会上宣读了这一篇论文。

因为要“大兴读书之风”，到 9、10 月份，北京工业学院要办第一次校庆。学校要搞一些学术报告，要各系出论文专刊，我的这两篇文章就在第二机械系出的专刊里面。那年学校还开过一次学术讨论会。1962 年开七千人大会②，那以后政治环境宽松了，学术环境就活跃了，所以 1963 年学校搞了第二次学术讨论会。我提交了 3 篇文章，有两篇涉及“505”，讲的是“505”的两个关键问题。在“文化大革命”之前，这是北工两次学术活动的高潮。

五

1959 年 5 月份，学校要招一批在职研究生，我已经写出两篇论文了，学校就让我考研究生，我很高兴啊，就考了。考试通过了，我的研究生

① 中国兵工学会成立于 1964 年，是由中国兵器科学技术工作者组成的全国性学术性社会团体。

② 七千人大会是 1962 年 1 月 11 日至 2 月 7 日中共中央在北京召开的扩大的工作会议。出席会议的有中央、中央局、省、地、县（包括重要厂矿）5 级领导干部，共 7118 人。这是中共在执政后召开的一次空前规模的总结经验大会。会上，发扬了民主，开展了批评与自我批评，初步总结了 1958 年刘少奇成为国家主席后，“大跃进”发生的经验教训。这次会议对于统一全党思想、提高认识和纠正工作中发生的“左”的错误，起了积极的作用。

导师是周伦岐，他是我最难忘的恩师。

周伦岐老师早年留美，做我的导师时已经60岁上下。留美大概是在纽约大学，什么学位我不太清楚，学的好像是理论物理。回国以后，教学方面的工作多，还教过汽车设计。新中国成立前，重庆有一个兵工厂叫50兵工厂，他在那儿做主任技术员，实际上就是总工程师。那是重庆很有名、很大的一个兵工厂，生产机枪这些，他在那儿搞了很多研究。他还和当时一个地下党地位相当高的人有联系，这个人在20世纪50年代是科学院计算研究所的所长，大概是叫严沛霖。这个地下党要到延安去，就问周伦岐："你有什么可以告诉我的东西?"他说有一些弹道表，还有一些机枪的图纸，就给了严沛霖。他有过这么一段倾向于革命的历史。

周伦岐后来从兵工厂到了弹道研究所，研究理论性的问题。研究所的主持人是俞大维①，俞大维后来到了台湾是"国防部长"。俞大维看报告都要求用英文写，周伦岐的英文报告写得最好，所以俞大维很赏识他。后来弹道研究所在抗战时期派了一些人到美国的阿伯丁弹道实验室去实习、协作，周伦岐去了。他跟我讲过在第二次世界大战中，美国发明的反坦克火箭筒叫马祖卡，就是这个研究所在两个星期之内搞成的。不过周伦岐没有参加，因为他是外国人。可是他搞了什么，他没有说。

他从美国回来以后，在重庆大学教理论物理，做了至少一年教授。后来他到上海赋闲，上海很快解放了，他到新政权报到。华东兵工局把他分配到华东博山干部学校，博山干部学校是培养兵工专门人才的学校，比延安自然科学院历史短，但档次很高，宋健②是他的学生。他的学生大多都是解放以后全国各个兵工厂的负责人，沈阳七二四厂的副厂长叫李

① 俞大维（1897—1993）：祖籍浙江绍兴，出生于湖南长沙，早年就读于复旦大学预科、南洋公学、圣约翰大学，后赴美国哈佛大学、德国柏林大学深造。1929年回国任军政部参事，1933年出任国民政府兵工署署长，陆军中将军衔。抗日战争期间，领导兵工企业坚持生产，为中国军队提供了重要装备支撑，建成了一定规模的兵工生产和研发体系，培育了大批优秀人才，被誉为中国的"兵工之父"。1949年赴台湾，1954年出任台湾"国防部长"。

② 宋健（1931— ）：山东荣成人。1947年6月加入中国共产党，1945年5月参加工作，苏联莫斯科国立鲍曼技术大学研究生毕业，博士，研究员，两院院士，中国工程院原院长，著名的控制论、系统工程和航空航天技术专家。

健，非常年轻能干，也是他的学生。后来博山干部学校撤销了，他就到了重工业部兵工总局第四研究所，在北京西郊，地址可能是现在的208所，他在那儿做总工程师、总弹道师，就是管理论性的问题。1957年调到我们学校，那个时候他是一级工程师，兵器工业部把他放到北工也有缘故，他到了北工就做弹药系（就是第二机械系）的主任。

在他之前的系主任是颜鸣皋，是我们国家在金属材料、金属学方面的权威，后来做了院士。据说颜鸣皋在美国时和钱学森交往很深，而且钱学森下定决心回国和颜鸣皋很有关系，是颜鸣皋动员他回国，这人也是思想很开明的民主人士。我1955年到第二机械系的时候，他已经是系主任了，同时还兼着科学院应用物理研究所的研究员。他对金属学的机理很有研究，所以让颜鸣皋来做弹药系的主任，真是屈才了。后来把他调回了科学院，任金属材料研究所的所长，在那儿当了科学院的院士。

我很幸运，碰到了周伦岐。学校1957年还是1958年成立了导弹系，很快就把周伦岐从第二机械系调到了导弹系，不过不是主任，当时主任是齐尧。

当时二系的党总支书记兼主任是郑尚谦，是个知识分子型的老干部。他找到周伦岐，说你无论如何要把万春熙收作你的研究生，郑尚谦面子还是比较大的，周伦岐也很愿意。因为周伦岐也知道我，以前跟我接触过，所以1959年，他是跨系来做我的研究生导师，我还在第二机械系。郑尚谦还对周伦岐说："你可不能挖墙脚啊，他是我们2系的人。"周伦岐为此还跟我发过牢骚："怎么能说我挖墙脚啊。"

周伦岐指导我，基本上就是定期谈话，每星期六下午半天，我去跟他面谈，我讲学习上的想法、问题，他发表他的见解，帮我解决具体问题，然后他就海阔天空地跟我聊天，一聊一下午。这些聊天真是让我受益匪浅，很多是做学问的道理和方法。比如说对于一个学科，你怎么掌握它呢？他说把发表过的关于这个学科的文章都看一遍，从第一篇一直到最近发表的，你就了解了。

我做了他的研究生以后，很快炮兵司令部就下达任务了，要搞一个70公里的火箭或者导弹，为什么呢？朝鲜前线说，有一次李承晚①到了汉城（现首尔），想打他一下，吓唬吓唬他，可就是够不着，要有个大火

① 大韩民国首任总统。

箭就好了。张爱萍亲自下达了这个任务，任务交给了七二四厂。抗美援朝的时候，“喀秋莎”就是七二四厂仿造的，七二四厂又搞火箭又搞引信，是有底蕴的。

对周伦岐来说，这也是个新问题。他告诉我，第一要定口径，所有武器，第一要把口径定下来，以后好多事情都好说。从手枪、步枪、机枪、火炮一直到火箭都是这个道理，这是他告诉我的一个基本方法。其他的还有好多，一言难尽。比如说这么大的火箭，第一就要考虑热胀冷缩怎么办。火药和金属材料的热膨胀系数差 10 倍，火箭壳热胀冷缩不太显著，但火药很显著，怎么办？必须有一个保温的问题，他给我提出来了。后来“505”也遇到了这个问题，虽然我没参加在昌黎的发射，可是很多细节我们都知道。火箭速度高了以后，热的问题、振动的问题，要高度重视。我看外文的火箭技术文章里连篇累牍地讲空气动力加热，开初都不太在意，认为这个问题太细致、太偏僻了。周伦岐说：“‘505’会遇到这个问题。”后来果不其然，我回到“505”的时候就发现这些问题，所以说周伦岐老先生在学术上非常有远见。

1959 年快到冬天的时候，我带着 3 个学生去七二四厂合作搞这个研究，待了小半年。其中有一位是谈天民①，当时是我的学生，他能干而且正派。谈天民 1957 年是团总支委员，他所在的班是冲压药筒专业，班里一个“右派”都没出。他是班上有影响力的党员，我觉得他政治上很稳重，学术上也很钻研，工作能力很强、很踏实。

到了 1960 年 4 月份，学校来电话让我赶快到昌黎，继续参加“505”。我从七二四厂直接到了昌黎，第二次参加“505”。昌黎发射完了之后我回到学校，那个时候周伦岐老师另有任务。1960 年暑假，原来的导弹系撤销，炮弹系（2 系）也撤销，合并成飞行器工程系，然后又成立了一个数学力学系，叫老 10 系，周老师调到数学力学系做主任。我们这边的主任可能是党总支书记朱前标兼任的。周老师当了数学力学系的主任，他的办公室在主楼，现在二楼会议室旁边的一个小屋，我请教他问题就到那儿去。那会儿他忙得不可开交，给数学力学系指导开新课，

---

① 谈天民（1937— ）：1960 年毕业于北京工业学院并留校任教，历任教研室主任、系副主任、院党委副书记、副院长，北京理工大学党委书记、教授，兼任中国航空学会理事，中国惯性技术学会常务理事。长期从事教学科研工作。

他让我看一本英文的《信息论》，他说：“我每天下午要给开新课的老师讲新课的内容。”他指导好几门课。

1960 年夏天，咱们学校曾经一度琢磨着要搞个能打几千公里的地地导弹，所以要成立 22 研究所，当时已经有了 21 研究所，是准备搞地空导弹的。弹药系和化工系、无线电系合伙搞 505 的时候，老的导弹系就是 7 系，搞了 265－1 号，和 505 是并行的。265－1 号是一个反坦克导弹，曾庆红还参加了，他是老 7 系的。后来 21 研究所要接 265－1 号的班子，发展成地空导弹，这是学校的雄心壮志。

我和吕育新老师，还有 6 系就是化工系新来的党总支书记张治平，我们一起在张治平的办公室研讨筹建 22 所。他们是搞燃料的，我们搞壳体、搞总体，我们要一起讨论，要完成学校的任务。可是学校给什么样的资源、什么样的加工条件，我们都不知道，于是把总务处处长找来了，总务处处长叫陈实。他就发表意见：“没有问题，要什么加工条件我保证，要什么资源条件我保证，关键问题是你们要拿出一个完美的设计方案来。”他这话就很有见解了，你们拿得出完美的设计方案，我就拿得出资源支持。拿得出设计方案吗？美丽的幻想，1960 年夏天那股思潮真是“左”得厉害。后来终于把 22 所的任务落在了探空火箭上。

周老师到了 10 系，我又要在 22 所，都忙得不可开交。那我这研究生怎么办？谁也不提了，后来就黄了。我也没有研究生学历，我前前后后有 5 篇论文，有导师，我研究生入学也是有名册有手续的，周老师还给我写过证明，证明我是他的研究生。改革开放以后，我问过教务长马志清，让他给我解决一下，后来就没信了，再无下文了。

六

1962 年 8 月份，22 所正式解散，我到了飞行器工程系的导弹设计教研室，一直到我退休。22 所的负责人吕育新老师到了 8 系做党总支书记，周伦岐的老 10 系解散，他又到了飞行器工程系做主任，朱前标还是书记。周伦岐做主任，行政的事儿主要是副主任胡延年负责。周伦岐对胡延年还是很培养的，有些人反对胡延年，周伦岐说：“培养一个系主任不容易，胡延年还是可以的。”

周伦岐到了飞行器工程系之后，我们接触更方便了，他的办公室离我的教研室也不远。他写了一部著作，是他自己用英文打字机直接用蜡纸打的，打出来以后去油印，叫作《应用数学引论》。这部著作是他任飞行器工程系主任期间、“文化大革命”前后陆续完成的。300 万个英文字符都是他自己打出来的，七大厚本，可惜的是油印效果不太清楚，不过保证没有错误，打印、校对、修改都是他自己。这套书，我还有一套。

1964 年、1965 年，是“四清”时期，我去了山东日照，还正搞着“四清”呢，“文化大革命”了。

七

我再从头到尾系统地讲一下“505”的 7 次飞行试验。“505”探空火箭研究是我校的一件大事。

我的毕业设计的指导老师叫王守范，他是教我炮弹设计的。这老师功底挺好的，他也是东北兵专来的老师，学术很扎实。我们班上学习最好的两个人是我和肖一揆，毕业设计提前完成后，听说国防部要搞八一献礼；为此，王守范带着我和肖一揆一起搞火箭增程弹，照着《火箭技术导论》上的一个图，琢磨着把 152 毫米炮弹后面一段改成发动机。要赶八一献礼，搞了一个多月，七月中旬就搞成了。

八一献礼之后，就提出来要搞“505”探空火箭了。6 系搞火工品的许又文首先找到我和王守范，说你们搞火箭发动机的，我们给你们火药，咱们做个探空火箭，多弄几级可以打得很高。

“505”这名字我是到了 1960 年年初才知道的。1960 年初在昌黎发射，我去了，那时候我才知道这个项目叫“505”。蒋作龙跟我们说，现在叫“505”了，以后你们都用这个代号，不要再叫探空火箭，要加强保密。因为台湾已经知道我们发射火箭了，报纸上都登了，轰动了，说共产党发射火箭呢，搞不好打到我们这儿来了。蒋作龙是管行政的，在 22 所的时候他是办公室主任，是吕育新的一个助手，一直在“505”做管理，特别是保密这一套都是他管的。

搞“505”，上面是学校，下面就是 3 个人，一个吕育新，一个孙志管，孙志管当时是 6 系的主任，还有一个马庆云，马庆云是 6 系的副主任，还是项目组的头，这 3 个人是具体组织“505”的。马庆云好像对外联系多，我们这边当然就是吕育新管。孙志管好像是更高一点的头儿，孙志管去了白城子试验，后来几次好像他都去了。孙志管后来调到国防科委教育局当了一个领导，好像是资格比较老的党员，也是个知识分子干部。我跟他接触不太多，对他印象很好，觉得他很有点领导的风范，“505”的根底他应该是最清楚的。

1958年8月中旬，人就多了，找了一些53级的同学，肖一揆好像也在，还有一个同学叫马秉华，他毕业以后分到防化兵，后来我还见过他。听说在防化兵当了个大校，做防卫毒气的。也有54级的同学，比如李兆民，他现在还很活跃的，都83岁了，还在做辅导员。他的夫人叫贾展宁，是6系的，当时可能也搞了些火药的科研。然后就是2系这边同学和老师，老师是王守范、徐令昌、黄一鸣，黄一鸣是搞火炮的，他属于老1系的，他搞“505”的发射架。当时他已经毕业了，所以是老师。好像就这么几个老师，大多都是学生。

当时设计的高度是10公里左右，徐令昌带着一帮学生计算，计算填多少药能飞多高。搞发动机的是王守范、肖一揆、李兆民，王守范亲自抓发动机，因为发动机最难。火箭发动机要设计得好，一定要把火药的性能摸透，要是摸不透，那很危险，但我们不是专搞火药的。当时弄到的火药是直径90毫米的最粗的火药，双基药，还有就是6系自己做的橡胶药。再有就是细的“喀秋莎”火箭火药，直径130的发动机，里面装了7根火药，那一根火药大概就是40毫米这么粗。火炮炮弹里的装药是一个个颗粒状的小的火药，而火箭发动机是一个大粗管火药。中间的过渡是有难度的，参考资料少得可怜，就是一本美国人写的书，可能是根据火箭筒写的火箭发动机设计，就根据资料琢磨琢磨弄的。当然也做了一些实验，做实验挺危险的，我们的实验室就是挖个坑，做实验。

当时从学校西北门一直到2号宿舍楼那条路都是荒地，我记得就在那边挖了一个很大的坑，把底下弄平，垫层铁板，上面弄3个铜柱垫着，再搁一个铁板，发动机放上面，就这么做推力实验。一级的发动机就是“喀秋莎”的发动机，二级发动机的钢管材料，我记得当时是找的一个高碳钢的钢管，也还是可以了。

第一次发动机实验还出过事。二级发动机装的是6系做的复合火药，装进去了，一点，没着，大伙儿都傻眼了，谁也不敢去弄。我不是搞发动机的，我是搞尾翼的，正好是过来看看，遇到这个事。点了火没着，第一个可能是里面的点火头断线了，第二个可能是着了，但是哑火了，那也没事，那是个哑火状态。有一个办法是弄盆水浇下去，把它弄湿，但是这样火药就可惜了。我说我下去把它弄开吧，我就下去了。李兆民也跟着我下来了，就地把发动机拧开。前面叫中间底，后面是喷管，点火都是在中间底这个地方，把中间底拧下来，点火盒还好好的，那就是点火头没起作用。把电线剪断，点火盒拿出来，这算解决了一个问题。

我负责搞尾翼，一级发动机是“喀秋莎”，“喀秋莎”有尾翼，我不用管，我只给第二级配尾翼。二级配了尾翼，两级要连接起来，连接起来是非常简单的，但是加工很费劲。我们学校机械厂加工的，紧赶慢赶，不到一个半月弄出来了，弄了2枚，两级连起来2米多高，接近3米。

第一次发射是在宣化炮校，我们是9月8日去的，马庆云带队，王守范和徐令昌也去了。第二天，9月9日发射试验。那时还没有发射架，来不及做，就用钢板焊了一个小板凳似的，把火箭坐在上面，下面的钢板做成一个斜面，斜面跟板凳互相不干涉。喷气流喷下来，喷到斜面上向旁边跑，火箭就在板凳上起飞了。没有特别的掩体，我们就是离得远一点儿，几十米吧。

弹上有雷达答讯机，就是地面上给它一个信号，它回一个信号，能够根据时间算距离。这个答讯机没起作用，什么缘故，我也没仔细研究，后来我想是不是因为天线根本没有露出来，头是金属的，天线露不出来，信号就不能辐射。

第一次发射，轨迹没测下来，不过能算出来，最后火箭落到哪了，可以根据时间算出来，徐令昌他们最擅长这一套了。宣化炮校有抓迫击炮弹的雷达，如果敌人有迫击炮弹打过来，这雷达一下就抓住迫击炮弹了，只要抓住迫击炮弹几个点就能反算炮位，这边就可以打过去。这个雷达就用来抓我们这个火箭了，可惜上升段只抓住了一个点，不过根据这一点的速度就可以反算。

第一次发射还算比较顺利，打上去10公里左右。幸亏没炸，6系搞的复合火药还算争气，这是很不简单的，两枚都没炸，就是有点黑烟。第一枚，“喀秋莎”发动机和二级发动机都是双基药，可惜的是第二级延期药没起作用，延期药的药柱可能瞎火了，反正是没点火。第二枚是装着复合火药的两发，都工作了，都挺好，发射成功了。

当时导弹系对我们是保密的，苏联专家也不露面，苏联专家的资料我们都不知道的。不过有个王元有老师，是7系的，偷偷给了我们一个公式，连话都没说，就给了一个纸条，对我们帮助很大。

八

第二次要去白城子做试验，那就惨了，为什么呢？指标是 100 公里，我觉得这就有点问题了，因为没有手段送上去，首先要有火药，光靠 6 系的火药肯定是不行的，把王守范难死了。第一级火箭的稳定性也成问题，整个火箭一吨多重，推力得十几吨才能有 10 个 g 的加速度，有 $10g$ 的加速度，才能有 20、30 米每秒的离轨速度，火箭基本上才能稳定飞行。

我还是设计尾翼，尽管尾翼设计得很大，但我还是怀疑，能不能成？尾翼是次要问题，主要问题还是发动机。王守范没辙了，最后他弄了一个发动机，460 毫米直径，90 毫米直径的火药，装 17 根，火药重量几百公斤。这么大的一个发动机，上哪找钢管去？找不着这样的无缝钢管。当时就找到了市委书记刘仁，刘仁给介绍到北京锅炉厂，说让他们给你做一个大管子。刘仁是北京市委书记，彭真是第一书记，他是第二把手。我就被派到北京锅炉厂去做管子，后来李兆民可能也去过。我在那儿盯了两天，可是只有低碳钢，低碳钢的强度不够，只好把火箭发动机的壁加厚。

加厚就更重了，但那就是王守范的事了，你们算去吧，这玩意儿反正是个问题。最要命的是那钢板卷起来以后还不圆，工人用大锤叮叮当当把它弄圆了。但是大锤一砸，钢板里面的金相变化就难说了。然后焊，焊缝 2 米多长，里面外面都得焊。焊外面我还能看见，焊里面我也没法钻进去看，那焊缝很成问题。也没法探伤①，就这么做出来一个毛坯的管子，那钢板挺厚的，把它卷出来也不容易。卷管子用了一天，卷出来焊好又用了一天，夜晚我就睡在锅炉厂半加工好的锅炉里，铺个草垫子在里面睡觉。

加工好了以后这是毛坯，还要再加工成火箭发动机的外壳，于是送到五四七厂，在北新桥外面。我二年级时在 1511 班做认识实习就是到的这个厂，是做火炮的。到五四七厂去加工，当时跟着去的有一位老师叫姜文炳，他退休的时候是管理系的教授，他和吕育新都是机械系的，1949 年入学的。他们毕业都留校了，姜文炳一直搞工艺什么的。姜文炳老先生记性很好，学问很好，他那一口俄语说得非常溜，自学的。

---

① 探测金属材料或部件内部的裂纹或缺陷。

姜文炳老师带着我去的五四七厂，找那个厂长联系。厂长说你们北工是不是能支援我们干点什么事，就讲条件。后来把我安排进车间，跟着师傅看怎么加工管子，也是连夜加工，在那儿又折腾两天，夜里就在工具柜上睡一会儿。弄好回来，没有做任何实验和检验，那管里头焊缝可能会有问题，太危险了。可是心里头就是存着侥幸心理，时间那么紧，咱们好不容易弄成这么个东西，静止实验没条件做，也不敢做，做完静止实验拿什么去靶场？就这么一个宝贝。就这么个情况，赶着赶着，大队人马包了专列运到白城子靶场。去了好多学生，我估计学生有七八十人，后勤可不简单，总务处长都跟着去了。10 月 1 日才到靶场，没赶上十一献礼。

到了以后，进到靶场深处，在大草原里安营扎寨。北航也有个营地，他们比我们先到，就在我们旁边。10 月 2 日，我们刚歇下来，他们就发射了，发射了一个液体燃料的探空火箭，两枚，我亲眼看见了。两枚都上去了，弹道很歪，上去以后拐大弯，因为液体火箭的特点就是推力小、工作时间很长。它上去以后，速度很低，稍微有点风它就歪了。发动机拖着白烟，说明燃烧氧化剂配得很好，工作时间 20 秒，很漂亮。

我们的发射架事先就准备好了，发射架是双侧式，因为一级发动机很粗、很重，发射架也挺高，五六米高肯定有。发动机怎么放进去呢？吊进去，它两边焊的有定向钮，从上面吊进去，发动机就位。下面离地还有一定距离，下面还是钢板，斜的，要把喷气引走，如果打在地上，喷气喷上来可受不了。先让发动机入位，然后装火药，17 根火药，用起重机吊。起重机是跟着专列一块去的，一个汽车起重机，还跟着好多钳工师傅。火药装好了，点火盒电线从喷管里面穿出来，点火盒在火药的上面，然后把中间底盖上。

第二级发动机就小了，直径大概是 200 多毫米。它的钢管是怎么弄来的，我没问，好像发动机都不是我们设计的，可能是 6 系设计的。因为我后来问了当时参与的李兆民、赵伯华，后来他们一直参加“505”，他们说就是 6 系的发动机。我们都不知道怎么回事，反正他们拿来了就用，装上发动机，再装上弹头。

这就折腾了好几天，工程挺大的。两级连接的地方，让钳工师傅上去打三个眼，装上铜销钉。整个火箭很大，挺高的，有六七米。这都准备好了，魏思文来现场了，大家当然很高兴，可没想，一点火就炸了，没起来就炸了，发射架都炸歪了。一级发动机炸得从焊缝那地方撕开了，这是万幸，如果炸碎就麻烦了，炸碎那就是一个大炸弹。二级发动机掉到旁边地上了，还好，完整地在那儿趴着，没事。

我当时既后怕又后悔，因为是我监督的焊缝施工。现场一片狼藉，魏思文倒是很鼓励大家，说你们要从这里学习，谁学得更多，以后谁就有更大的本事。我以前跟魏思文打过交道，他认得我。我和王守范就说，魏院长，发动机壳子是低碳钢的，我们一点办法也没有，弄不来材料。魏思文说："你们早点跟我说呀，我给你们想办法。"

第二天魏思文走了，我们爬到架子上仔细研究，发现就是焊缝的问题，有的地方没焊透，当时就认为这是最主要的原因。可是事后我还想过几个问题，把这 17 根火药吊着装进去，进去以后它们能立得整整齐齐吗？不可能，它可能是七扭八歪的，可是计算的时候，是按照 17 根火药整整齐齐立着这么计算的。所以有一个关键问题，就是通气参量。就跟一个火炉子似的，炉子里面要是一点气都不通，这炉子着不了，这发动机其实就是个火炉子，燃料燃烧的气体必须有通道出去，到了喷口才能产生推力。通气面积就是燃烧室的内截面减去发射药柱的横截面。燃料药柱的总面积和通气面积之比，比值叫通气参量，是专有名词。通气参量必须严格限定，不能太大，如果太大，发动机就有爆炸危险。

简单说就是药如果装太满，没地儿通气就憋气了，就容易炸。王元有给我们的纸条上说，燃烧面积比通气面积必须小于某个数，临界值是关键。本来设计得很好，谁想火药一装进去，七扭八歪的，那通气参量是不是会变大？就是说，即使这发动机是高碳钢的，即使无缝钢管加工得也好，可能还是会炸，因为通气参量变大了，这里面必然憋死，必然要炸。要到那时候炸，那就更危险了，那就是一个大炸弹了。越是高碳钢，强度好，这炸弹就越危险。这是很久以后我才琢磨过来的，真悬，没准儿就是那焊缝没焊好还救了我们在场的这些人的命。

还有一个问题也是我后来才想明白的，后来导弹系苏联专家的讲义也给我们了，一学习才知道，我们用的火药是苏联定型的火药。王守范那会儿不知道这个火药的特性，他是自己摸索着算的。如果根据这个火药的特性来算，燃烧室的压力还得更高才行，就是说燃烧室的压力肯定要比王守范计算的压力高好多。这个因素再加上去，那么就算刚才说的通气参量是好的，也得炸。这两个隐患都被锅炉厂钢板的焊缝缺陷给掩盖了或者说挽救了，不幸地挽救了，这就是“祸兮福所依”。

第一级火箭虽然炸了，但第二级火箭还是完好的，所以又把它立在架子上，架子是没法依靠了，只能立在那儿发射，结果一点火又炸了，碎药块掉到草原上，还引燃了草原。大伙儿赶忙救火，还好人多，一下就扑灭了。后来发现药块上有气孔，就跟海绵似的，这就说不清有多少燃烧面积了，所以一下就炸了。第一次试验的时候，火药直径还是比较小的，这次火药直径大了，工艺质量就难保证了。

火药的确是个关键问题，按照正规程序讲，一个火药研制出来，地面实验要做几百几千次，把它的性能摸透了，工艺质量稳定了，确实保证没问题才敢上弹。我们当时把这些程序都略过去了，隐藏了失败的必然性。所以科学规律必须严格遵守，不然的话只能自己倒霉。

九

这次试验做完，10 月份，我就回学校了，办毕业手续，我留校当了老师，然后跟着队伍去了太原。当时就是太原有一些很大的兵工厂——七四三厂是弹厂，二四七厂是炮厂，二四五厂是火药厂。他们跟国库有联系，国库里有直径 240、250 毫米左右的无缝钢管。做炮用的钢管，壁很厚，给我们特批了一些，然后请太原的兵工厂加工。

开始他们不肯帮忙加工，我们找他们的党委书记，跟他千说万说。而且那时我们有同学牺牲了，做火药的同学，牺牲了 5 个。9 月下旬，好像是在二四五厂，加工大直径的火药，发生了爆炸，校史馆里有这 5 个同学的照片。这件事也感动了党委书记，他说好，支援你们，可你们也得支援我们，我们也要搞火箭。后来吕育新让我带着几个同学，还有李兆民，我们五六个人就在七四三厂跟他们一块做野战火箭的研发工作。

王守范、赵伯华他们继续搞“505”。二四五厂有做大火箭发动机试验的场地，搞得很快，做出来了 240（毫米）直径的火箭，推力 5 吨左右，做了试验，质量也基本上是可靠的。1958 年 12 月底拉到昌黎做飞行试验，这一次我没去，留在七四三厂搞野战火箭。这是第三次发射，试验做了一个月，发射了 5 枚，第四枚比较成功，打了 60 公里。第一级发动机直径是 240 毫米的，第二级发动机直径是 210 毫米的。这一次的火药是二四五厂生产的，苏联的定型火药。当时大家很高兴，我没在，后来听说，我也很高兴。

我认为“505”第三次发射是最成功的一次，共发射了5枚二级火箭，其中第四枚飞到了60公里，地面信号连续测到58公里，是测量最完整的一次。我们国家两级固体燃料的火箭飞到60公里，这是第一次，而且在亚洲可能也是第一次。但是5枚火箭就一枚成功了，说明技术并不成熟，看到了的问题，就要努力去解决，这才是科学研究的作风。去争第一第二，我觉得意义不是太大。

我在太原搞野战火箭，到1959年3、4月份也拉到白城子发射了，张爱萍、陈锡联都来参观。野战火箭搞了好几个型号，七四三厂搞了3个型号，东北的一二三厂可能还搞了一个型号叫808。当时我们的一个副院长尚英也来看了，他是魏思文的二把手。七四三这些火箭打得好，尚英很高兴，给北工也长脸。白城子试验结束后，我在七四三厂的工作也算结束了。4月份我们回到北京，几位同学在学校书面完成毕业设计，原来搞“505”的那批同学老师也回来做毕业设计。同时，在第二机械系，就是弹药系，成立了一个无控火箭教研室。“505”原来的实验太土，深感不足，所以学校建设火箭发动机的实验室，在现在的国防科技园区，建得还是不错的。后来“505”的小型实验就在那儿做，大型实验到南口去做。仪器设备也都是新的，说明书是俄文、英文对照，同学们帮着翻译，我俄文、英文都行，我来校对。

十

1959年8—9月庐山会议之后，学校里头说“505”还要上。于是“505”开始筹划第四次飞行试验，七四三加工的那些火箭没用完，可是只有那么几枚还不够，马上派人去东北齐齐哈尔的炮厂（一二七厂）找钢管，富拉尔基有一个重工业基地，从那儿弄来了钢管，在一二七厂加工，又加工了一批240（毫米）直径的火箭发动机。505已经半年多没干了，人也散了，这次又重组建，是1954级毕业的几个学生做骨干，李兆民和赵伯华已经是助教。

1959年年底、1960年年初在昌黎连续组织了两次小型的飞行试验，就是第四次和第五次试验，这两次我都没参加，但我是知道的。档案上说，第四次小型试验是个二级火箭，拉了四根天线，天线是什么呢？钢琴弦，是最粗的低音钢琴弦，实际上就是弹簧钢丝，强度很高，上面镀着铜，导电性好，辐射效果好。这个火箭速度不是太快，信号都测下来了，所以觉得这天线行，咱们就用它，但是这个结论下得太武断了。

从电气性能来说可以，那么粗那么长的天线，辐射性好，当然效果不错，可是从总体上，完全不可取。这个试验表面上是成功了，但是给以后埋下了隐患。因为火箭发射推力很大，到第二级的时候有 5 吨推力，火箭的重量大概不到 200 公斤，加速度能到 25g，惯性力就是 25 倍的重量。天线受到 25 倍本身重量的惯性力就会变弯，飞起来就要振动，那么高的速度，空气流一振动，流场完全变了，增加阻力不说，强度上就没办法讲了，所以这是一个隐患。

第五次试验也是二级火箭，上去以后炸了，还是用的老的火药，不可靠，赶快拿回去超声检查。这两次飞行试验，第四次是成功了，但埋下了失败的种子，第五次虽然失败了，但埋下了成功的种子，因为发现了火药的问题。

十一

这以后在学校的西山药库做火药检测，超声波探伤，化工系、弹药系和 5 系的老师同学协同合作，认真地探伤，仔细地研究。5 系做的超声探伤仪，下了功夫，对以后火药质量的提升帮助很大。到了 1960 年 4 月份，地面上的研究解决了火药探伤的问题，这是“505”一个很大的成绩，不光对“505”本身，它带动了火药的探伤技术。4 月份“505”又去发射，这时候我在东北七二四厂，领导发信让我回来，我从沈阳坐车直接到了昌黎，那是我第一次到昌黎。到了昌黎海边，是一个空军的靶场，我看了一次试验。朝海发射，飞出去以后，海上有风，风一吹火箭就歪了，迎风向海里飞去了。据说第二级也没测下来，也没找着，我是没看着残骸。这枚试验，北京的领导朱前标也来了，他是飞行器工程系的头，后来是飞行器工程系的总支书记。这一枚以后，他们还在试验，我就跟着领导回北京了，因为要筹建 22 研究所。

他们接着做试验，4 枚火箭都没成功，基本上都是在第二级出问题，速度一高，尾翼就折下来了。首先从尾翼连接的地方断，那地方最薄弱，先把天线同尾翼连接的地方豁断了，豁断以后 4 根天线就成了 4 根辫子，在头上晃荡，头部先受不了，就把头部撅下来了。头部是铁皮做的一个铁桶，火箭发动机头上有一个盖，盖上带着一个圆环，圆环上攻出来螺丝孔，从外面用螺丝钉把头部拧上。开始认为 6 个螺钉就够了，结果 6

个螺钉根本架不住这 4 根天线，就撅下来了，可见这天线的破坏作用很大。头掉了，火箭没头就乱摆，这一乱摆尾翼吃不住劲，尾翼也坏了。后来把头部加强，还是不行，还是折下来，这 4 枚两级火箭都毁在天线手里了。

当然这是我的看法，也有人说是尾翼不好，头部连接得不好，但我认为那都是次要问题。这个意见是有争论的，七嘴八舌讨论不清。不管怎么样，这是第六次飞行试验，失败了。除了天线，也暴露了头部、尾翼的结构不行，也太粗糙，软铝的板，不是合金的，手都能弯得动。总之材料不行、工艺不行、设计也不行。为什么说设计不行？两片尾翼，周边是铆钉铆着，这是一个复合结构，要用结构力学来计算。可我们的同学们没学过结构力学，搞弹药的只学过材料力学，按照材料力学来计算，算它应力最大的剖面还行，可是不对！两片尾翼受力最强的地方是这几个铆钉，一弯以后错动，按结构力学的观点，铆钉受力最强，铆钉先坏，那就完了。

第六次以后就筹备第七次飞行试验，这次下功夫了，这时候 22 研究所成立了。“505” 前面几次试验是头疼医头、脚痛医脚。牵涉了 4 个系：弹药系、化工系、5 系、老 1 系。十来个科研组，上百人，弄出来的东西都往一块凑。无线电测高的在现场往头里装，头是 2 系弹药系提供的，那几根馈线、天线也是现场拿出来装，现场真是手忙脚乱，折腾半天才能够发射。要真打仗，哪有这个准备时间，不能到了现场才往里装，应该提前装好，到时候一结合就发射才行，这才是搞武器的思路。大家按照搞小型科研的思路，商量着来，这不行，所以说缺总体技术、系统工程。

这其实就是“505” 前面种种乱象的一个关键，领导可能意识到了这个问题，所以要成立 22 所，就是为了把这一摊收起来。学校里搞大型号有问题，就是因为没有系统工程、总体技术，22 所就要解决这个问题。为什么叫 22 研究所？因为已经有 21 研究所，是搞“265” 反坦克导弹的。22 研究所的副主任是吕育新，他是从头到尾参加“505” 的老师。他 1949 年进入华北大学工学院机械系，比我高两级，姜文炳是他的同学，还有陈青、杨述贤都是他的同学。朱前标是主任、总支书记。22 研究所成立了一个总设计室，一个总工艺室，还有一个办公室。开始总设计室的主任是黄一鸣，我是他的副手。他是发射架的设计者，虽然主管发射架，但他对导弹火箭这一套也很感兴趣，所以始终盯着“505”的全过程。他是1951级的学生，老党员。总工艺室的张如洲也是51级的，自动武器专业毕业，后来管“505”的工艺。

第七次飞行试验的重点是“505”本身，头、尾和天线都要搞好。据说无线电系搞了一个围着弹头的螺旋式天线，我当时没管这些，黄一鸣管，因为他主管跟无线电系联系。他回来说，天线是铜片螺旋式地缠在弹头的外面，信号还是辐射不出来，这个问题没解决，但不知道为什么就急急忙忙拉到朱日和去了。信号辐射不出来，现场怎么做试验？我建议说弄个塑料弹头，当时要做一个单级的塑料火箭试验，我说单级的塑料火箭都能做，做个塑料弹头行不行？6系就是化工系的人说行啊，咱们就把天线放在塑料弹头上。塑料弹头最主要的问题是连接性不好，没法机械加工，一加工玻璃纤维就断了，没有东西可粘，想车螺纹绝对不可能，要连接还得想别的办法。弹头轻一点，套在圆柱体上面，用螺钉把它连接上，应该是可以的，所以决定用这个方案。

我回到学校找化工系加工塑料弹头。一层玻璃布一层胶，把这四根天线糊在里面，头上露出来，前边加一个金属帽，下面有绝缘的垫圈，把4根天线的馈线和这4根天线连起来，金属帽作为鼻子。其实应该把天线埋得更深，但当时我没有把这个问题想透，觉得有两三层玻璃纤维布和胶包着，总比直接露在外面强，差不多就这样了。这个弹头拿过去以后就发射了，开始都挺好，一直到第二级工作3秒钟，没信号了，一直到多少多少分钟以后，听到“咣”一声响，火箭落地了。根据时间、声波传播的距离、外弹道计算，是火箭整个落下来了，也知道方向，在40公里以外找到一个坑，把火箭残骸挖出来了。塑料头是找不着了，烧完了还是砸碎了也说不清。但不管怎么样，计算出来这个火箭飞到了78公里高，接近80公里，横向跑了40公里。这是第七次试验，二级发动机第10秒开始点火，虽然没有完整测下来，只测到13秒，但认为这次发射成功了，可还是有遗憾，头找不着了。

为什么没有继续搞第八次呢？因为那个时候国民经济的形势已经非常困难了。1960年冬天是最困难的时候，吃饭要定量，吃不饱，上外面买点儿点心，没有；饭铺，没有。所以505不得不下马，没有力量支持，它是自下而上提出来的，上面没有经费给学校，之前都是魏思文求爷爷告奶奶要点经费来，领导也真是不容易。

十二

“505”7 次飞行试验是付出了壮烈牺牲才取得的，最后虽然没有完全成功，可仍然是一个壮举。从整个时代来看，1958 年的“大跃进”有很多错误，可是它呼应了人民大众的一个心愿——希望中国快速地发展起来。从我们自身来看，当时不知道什么叫系统工程，是谢篨在 22 所说你们要搞系统工程，把系统化顺一顺。所以接下来的工作：第一，先把过去的经验整理一下。第二，我们以后怎么办？要搞新的方案，而且还要比较先进，别再那么凑合。第三，到底有什么关键技术问题是我们需要认真解决的。基本上就这么 3 件事，一件一件来，所以 22 研究所建立了。可是这 3 件事也不容易，我归纳了 8 个问题。第一个是系统工程和弹体的总的方案，第二个是可靠性问题，具体的火药质量、工艺加工、设计的问题从可靠性角度都要解决。下面还有六个枝节性的弹体结构、天线的问题，回收也是一个大问题。另外还有理论性的问题、继续研究的问题……后来整理了 80 多份档案，这个功劳不小，工作量也不小，这都是咱们22 所接茬弄下来的。

“505”只是“大跃进”这个浪潮里的一朵浪花而已，但是它可贵在很快意识到了非理性的因素，当然没有彻底认识到，仍然是被裹挟着，但它加进去了很多理性的因素，力求让这个行动扎实一点、科学一点，力求能够取得更稳妥的成绩。没有像响个炮仗似的发一发就算了，而是锲而不舍地想把这个事弄明白，探得个究竟，这是科学精神。要搞任何科学研究，非得有这么一种精神，不能因为一失败就完，或者取得一个表面成绩就完，都不行。到最后，可惜它还是没有探得究竟，但是它一直坚持到实在无法再坚持了，这个精神是对的，是值得发扬的。

十三

1965 年之前我写过 5 篇文章，开了两个国家级的学术会议。航空学会成立大会，我有一篇文章在那宣读；兵工学会成立大会，我 1959 年写的一篇文章，也到那去宣读；学校内部还开了一次大型的学术会议。

1965 年“四清”时我去了山东日照裴家村。海边的农民，一半务农一半打鱼。打鱼收入多，相对来说富一点，可实际也非常穷。把我分到一个年纪很轻的生产小队队长的家里，他的爸爸好像五六十岁，妈妈也是老态龙钟，一家5口人穷得叮当响。小队队长和我住在里屋，他有个被子，我有个被子，外面4个人，他的爸爸、妈妈、两个妹妹，就一床薄薄的、很小的被子，到了夜里，小姑娘冻得直哭。这是1965年，农民还是那么苦，我真是想象不到。“四清”之后是“文革”，后来我就去首钢水泥厂接受“再教育”，然后去五七干校，我在驻马店住了1年，后来搬回北京大兴。

我是1972年夏天回的学校，因为工农兵学员要来，我们专业招了一个班。工农兵学员来了先上基础课，我们就要准备专业课。

这2年期间学校在导弹领域搞了两个科研，一个叫213－Ⅱ，是个30公里的火箭，加简易制导，另外一个是红箭－73，苏联的反坦克导弹，用导线来控制，射程3公里，苏联叫作马里什卡，是小婴儿的意思，美国、英国管它叫萨格尔，我们叫红箭－73。

兵器工业部抓的反坦克导弹，让北工先拆开、测绘，然后仿制、反设计。北工在技术上是中心，兵器工业部从我校调去了两个老师抓总体技术，徐令昌是搞弹道的，在总体上也有经验，是搞“505”时一个很起作用的老师，王庆安是我们导弹设计教研室的副主任。一部分导弹系人员并过来，一部分“505”人员并过来，还有车辆工程系，他们有发动机教研室，火箭发动机教研室开始也并过来。控制部分是2系自动控制教研室张运、刘藻珍、康景利这些人搞的。这个反坦克导弹虽然不大，可是麻雀虽小，五脏俱全，除了没有无线电，控制那套陀螺、舵机、弹上的火工品都有，电源是导线供电，一根导线虽然简单，但是很实用，不受干扰，这个反坦克导弹当时还挺不错的。我虽然没有参加科研组，可是对他们搞的这些东西都清楚。后来要上课，教反坦克导弹的设计，这事儿就落在我头上了。

我从干校回来先在工厂劳动，工厂劳动完了就是赶快准备这个课，我写了讲义，是油印的，分装成两本，稿纸700页，叫《反坦克导弹的飞行原理和弹体设计原理》，讲义里控制的核心没有涉及，因为那是2系的问题，我们是1系，按传统不能去搞，我在这个书里面已经跟控制搭界了，控制系统里面，弹体是一个控制对象。从控制的角度看它的性能怎么样？反坦克导弹设计和弹道式导弹设计的不同在哪呢？你必须着重考虑它是被控制的问题。大导弹是它先把弹体含发动机设计出来，射程、载荷、重量都设计好了，控制系统要为它服务。反坦克导弹的弹体，要为控制系统服务，要适应控制系统的要求，因为这个比大导弹要小很多。这跟以前的有翼式导弹、弹道式导弹都不一样，反坦克导弹本质上是有翼式导弹，另外这个导弹是转的，要控制它就多了一层难度。传统控制是3个通道，俯仰、偏航、滚转。反坦克导弹一个通道控制，一个指令过来就控制了3个通道，跟传统的导弹不一样，结构上虽然简单，但有它的特色和难点。因为是单通道控制，这个导弹还要转，要考虑单通道怎么控制，要让它有适当的、恰到好处的响应。

《反坦克导弹的飞行原理和弹体设计原理》这本讲义印出来以后，不仅给同学们上课用，还要给所有的搞反坦克导弹的工厂、研究所用。后来我把这本讲义细化、深化、扩展，国防工业出版社正式出版了《反坦克导弹设计原理》，恢复高考后的第一批学生上课用的就是这本书，这本书在国防工业出版社内部评了奖，在国家机械委也评了奖，再后来国家教委搞了一次全国高等学校教材评奖，我们学校拿去了一批教材，这本书得了全国高等学校优秀教材奖。

在我写这本书之前，写弹体设计原理讲义时，先到反坦克导弹生产单位的西安203所和八四四厂去调研。八四四厂拿了一个公式给我看，说是从203所拿来的，他们不明白什么意思，我看了看就琢磨出来了。反坦克导弹射手在瞄准坦克时，导弹在旁边至少10米以外，反坦克导弹要是紧挨着射手发射，射手会受到火焰伤害，也会暴露自己的位置，所以射手要跟导弹有一段距离。导弹发射后，射手要把导弹引导到瞄准线上。导弹有多大拐弯的能力叫过载，过载必须大于导弹的重量，一个过载就是大于导弹重量一倍，两个过载就是大于导弹重量两倍，多大的过载能把导弹在一定的距离内引导到瞄准线上，这个公式就是计算这个的。有导弹设计的理论基础，有数学基础，一看就明白了。后来我去203所，当时跟他们还不熟，就跟他们说请你们帮助，给我看看你们的研究资料。203所在当时的年代很慷慨、很大方，把他们的研究都给我看了，我弄了很多资料。

我第二次写这本书的时候，又去了一次203所，那时他们开始搞第二代导弹，是筒式发射，发射筒里是一个小的无坐力炮把导弹推出去，有一定的速度，离开射手足够距离的时候发动机工作，这样射手不容易暴露位置。这个导弹发射时必须高一点，然后要把导弹引到瞄准线上，是一个很细致的活。书里有几节是人家的研究成果，我把人家的资料提炼出精华，编写进这本书里了。得了稿费以后，我把这部分字数的稿费全都给了他们。书里还重点提出，这是他们的工作。203 所觉得我的人品还可以，我很尊重他们的工作，这是基本准则，所以后来我和 203 所的关系一直很好。

《反坦克导弹设计原理》这本书现在看很普通，当时很稀罕，也很有特点，有好多我自己的观点。按照出版程序必须通过专家审校，西安 203 所是专门搞反坦克导弹的研究所。他们以前仿照法国著名的手提式柯普拉导弹，搞了 J201 线制导反坦克导弹，后来他们又仿法国、德国的米兰第二代肩扛式反坦克导弹，都很不错。米兰（射程）2 000 米，他们提高射程到 3 000 米，定型后就是我国第二代反坦克导弹红箭 –8，我写这本书的时候红箭 –8 还没定型。当时 203 所的所长是王兴治①，因为这个导弹评上了院士。总设计师赵家铮②，导弹定型的时候调到了兵器工业部，他父亲是天津大学副校长、老知识分子，年纪大了，为了方便照顾父亲，调到了北京。因为他离开了研究所，没评上院士，挺遗憾的。两个人水平都很高，工作能力都很强，我的书拿去请他们审校。他们对这本书评价挺高，说很有特点。红箭 –8 定型以后，他们把红箭 –8 的经验也写了两本书。红箭 –8 研制过程的资料，他们无私地告诉了我，所以我书里凡是引用他们的东西，我都详细注明。

1981 年我给毕业班讲过一次反坦克导弹设计原理课，效果很好，学校给我评了教学工作一等奖。此后，我把几百页讲课手稿交给了另一位老师，请他接续讲授这门课；几年后，他又把《反坦克导弹设计原理》和我那讲课手稿的许多内容编入了本专业其他教科书里面。

十四

1979 年学校成立第一届学术委员会，副校长陈信是主任，副主任有谢簃和齐尧，秘书长是蔡家骅，还有各系有代表性的老教授。当时我只

---

① 王兴治：1935 年 9 月 20 日出生于辽宁省辽阳市，制导技术专家，中国工程院院士，中共党员。1963 年毕业于中国人民解放军军事工程学院，1995 年当选为中国工程院院士。现任中国兵工学会常务理事、陕西省决策咨询委员会委员。

② 赵家铮：高级工程师，河北束鹿（今辛集）人。1955 年毕业于北京钢铁学院金属学系。历任兵器工业部清华机电研究所副所长、高级工程师，兵器工业部科技委员会副主任。

是讲师，学术委员会成立以后才提的副教授。

我们1系（飞行器）有两名委员，就是周伦岐和万春熙；2系（自动控制）有张纪昌、王子平、吴沧浦；3系（坦克与内燃机）有陈肖南、程昌圻；4系（光学）有严沛然、连铜淑、周立伟；5系（无线电电子）有俞宝传、张德齐、柯有安、李瀚荪；6系（化工）有周发岐、朱鹤孙、周起槐；7系（机械制造）有林汉藩、石霖；8系（战斗部力学）陈福梅、恽寿榕；9系（计算机）王遇科；基础部有孙树本、曹立凡、李向平、郑联达、王殖东、胡树声、薛大为、单书岩；等等。第一届学术委员会共有三十余位老师；其中有7～8位是年轻讲师。

学术委员会的第一件事是晋升副教授，第一批的提名由各系上报后评审材料，然后是投票。因为是无记名投票，所以学术委员会的委员必须投自己一票，然后从票数里扣掉一票，不投自己也行，反正最后要从得票数里扣掉一票。

学校很快地晋升了两批副教授，把教学科研的阵脚稳定住了。副教授不光是一个头衔，第一，要带研究生，不带研究生，这个学科就后继无人，现在的骨干都是当年的前几批研究生。第二，有些外部活动、学术交流，不是教授、副教授就没有发言权，到后来非得是教授才能说上话。搞科研、拉科研项目都是这样，这是个问题，也是实际情况。

改革开放后一两年，谈天民调到系里做副主任，我是教研室主任，王庆安调回到部里，余超志、文仲辉是副主任。我当了副教授以后，第二批，第三批，余超志，还有搞结构力学的李名兴他们也很快提了副教授。

这时候兵器工业部成立科学技术委员会，我们学校出了好几个委员，有万春熙、吴沧浦、丁敬、曹泛、王遇科，王遇科年纪比较大，搞计算机的，也是学校学术委员会的委员。第一批晋升的副教授曹泛是自动控制系的，我和他在1521班，火炮专业的52级曾经和他同班半年。曹泛学习不错，非常能干，是个人才。

十五

20世纪80年代初期，在兵器工业部很难搞到科研项目、科研经费都很困难，我有一个奇思妙想的科研项目想打动炮司。

当时红箭－73已经定型，要训练射手，因为是手柄控制，太灵敏，命中率百分之七八十，射手训练要求很高，再有工厂生产出来的导弹要验收，需要射手操作，三发里如果两发脱靶，这一批导弹就都不用验收了，所以工厂把射手当菩萨一样地供着，甚至找乒乓球冠军当射手。我提出用声音控制导弹的想法，国外有资料分析过说话的信息流传递的速率，导弹控制的信息率很低，如果飞行得慢，控制所需的信息率更低，低到每秒 10 个比特，根据导弹飞行速度、飞行距离，可以计算。这一篇文献还提到语言传递信息率，每秒 30 个比特。要控制导弹，需要指令集合，上下左右 4 个指令，可以再加上强、弱的档次，构成一个很小的字符集合，理论上可以论证，用语音上下左右控制导弹。

柯有安当时正搞语音识别，我跟他们商量搞这个科研项目，把声音转化为计算机可识别的字符控制导弹。他搞语音识别，把识别的信息传给我，我输入导弹的控制系统来控制导弹。他们很快用屏幕做出模拟，跟打游戏似的，找了一个坦克里的发话器，因为战场噪声很大，不能用麦克风。我跟柯有安的夫人王中副教授，拉着计算机到炮司找他们专门管反坦克导弹的部门，联上计算机屏幕演示导弹的反应，给他们解释。几个参谋看着挺高兴，可是要求他们支援一点经费，两三万就行，现在咱们学校一年的科研经费 27 亿，三分之二都是国防口的，但在当时炮司拿不出来这两三万，他们说项目挺好，可是没这笔预算，所以这个项目始终没搞起来。培养一个射手要花多少经费，加上这个软件是很简单的问题。为此我们还跑到廊坊的炮兵学校给他们演示这套设备，他们要训练反坦克导弹教官，就是导弹射手，他们说看着真好，可是没有经费。当时的体制，要搞点科研迈不开步。我到兵器工业部去跑科研项日，兵器工业部科技局局长马宾，我们认识，我在太原七四三厂搞火箭的时候他是厂长，后来调到科技局。我是科技委员会委员，知道马宾是搞野战火箭的，我说给你们无控火箭加上制导，他感兴趣，我就提出方案，可还是没钱。

后来 203 所搞红箭 -8 的总设计师赵家铮调到兵器工业部，他是兵器工业部科技委员会副主任，主管北方公司。兵器工业部的思想是上来就搞型号，我们在兵器工业部科技委员会里呼吁不能直接搞型号，通过鼓动，兵器工业部开了预研的口，落到导弹这块是成立导弹专家组，评审导弹预研的资金分配。我是专家组副主任，主任是 203 所的人，反坦克导弹实体在 203 所，我们只有讲讲课。我跟 203 所的所长王兴治说，你们所里能不能分点科研任务给我们，他说你们给我们培养人就行，科研经费不能给。王兴治后来当了院士，我跟他交情不错，当时他们的科研经费也紧张。科研组预研经费的分配需要提出项目，他们的项目是反坦克导弹，我们北工也提了若干反坦克导弹项目。我们的项目他们都给否决了，他是组长、主任，而且人也多，我们参加的人少，就落了几个不起眼的项目。

后来我特别提出了一个项目，无控野战火箭加制导，又被203所否决了。现在野战火箭、无控火箭、多管火箭加上制导，70公里的定型了，还在继续搞200公里、300公里、400公里。航天部介入，成了全世界非常热的项目，现在中国第一，但兵器部动作太迟缓了。

赵家铮从203所调到兵器工业部，再调到北方公司管外贸，手里钱多，我去找他游说无控火箭加制导的项目，因为多管火箭的外贸生意兴旺，他知道有发展前途。多管火箭打出去以后一大片，能覆盖几个篮球场，甚至足球场，一片下去全都消灭，可是打得不准。很多火箭都照一个点去打的威力更大，钻地弹的问题都能解决。多管火箭射程比火炮远，当时国内东北一二三厂已经搞到40公里，国家始终不定型，就是因为散布太大。我说给多管火箭加上制导，让它打得准！我先找的北方公司，谈成以后又找一二三厂。

北方公司要制导最快的办法，我说用雷达测出弹道偏移，飞行中加制导可以解决问题，就用上信息率的概念。无控火箭制导用不了多少信息率，几个比特就能纠正。加一个小的火箭发动机横向喷气，知道了偏移的方向，加一个指令就能纠正。赵家铮觉得可行，问我要多少钱，我说100万。100万现在看真不多，当时学校里很少见。可是有协作单位，第一个是雷达，兵器工业部206所，第二是一二三厂，三下均分。206所当时的所长王越也认可这个项目，但他没直接参与。我们做地面实验，火箭飞出去用雷达抓，也就是几十公里，但控制必须在二三十公里，飞行顶点最好测量，最高点速度比较低，测出来推算落点有多少误差，发指令修正就行。修正的任务在我们，206所指令发过来，弹上要有信号接收装置，把这个信号转成点火信号，让侧向发动机点火就行了。

这个系统里不只我们一家，必须有火箭发动机侧向喷火，指令好说，可是火箭在天上，发动机跟着转，发动机必须知道弹体上下左右的方位，弹上必须有陀螺。我就找自动控制系搞陀螺的孟庆元老师买陀螺、做实验。还有控制系统，让发动机在正确的方向上喷火。地面做实验，在发动机实验室做一个旋转台，好几个发动机一圈横着，跟火箭的速度一样转起来，206所的人发无线指令让发动机喷火，实验都做了。还需要拉到试验靶场试验，但是206所有紧急任务，一个人也抽不出来，试验做不成，后来这个试验一直没做，就缺最后这一步。

这个项目落到我们学校33万元，学校扣20%，学校里3家，每家落了几万。发动机分得多一点，陀螺有硬件，分得也不少，我这里就是接收指令，造一个电路板。电路板不是我们擅长的，我有个研究生王光很聪明，这套总体设计、电路设计都是他弄出来的。这个学生看书属于一目十行、过目不忘的类型。

前几个月我写过一篇关于怎么学习的文章，让他发表点意见，他说我的看法都对，特别是关于美学，学习是一个欣赏美的过程，他说我就是抱着欣赏美的态度来学习，这样很快就能学进去。我指导的几个研究生，有的人资质不如他，可是大体上我也是这么指导，给他们一个大思路，自己去研究、细化，在计算机上仿真，硬件能做出来更好，做不出硬件要把程序弄好。王光把我们这套实验都弄成了，我就出个思路，遇到好学生，导师就得这么做。

我觉得这个项目很可惜，最后没有落实。应该不要雷达，因为雷达是最容易被攻击的目标。尽管搞外贸既出口雷达又出口火箭肯定更好，可惜受制于人，科研没有主导权。

我们学校还想搞一个像米兰那样的轻型反坦克导弹，因为红箭-8一个人扛不动。炮兵方面也有意向要搞个轻型的，射击距离近 点，2 000米最好，不到2 000米也行，但要一个人扛得动，而且战斗部要能穿透最厉害的装甲，让我来论证。我论证的第一步是搞电视导引头，第二步搞红外成像导引头。当时电视摄像芯片已经相当成熟，能摄取足够的像素，再转成电视画面就可以制导，现成的技术，投资还不多。夜间加照明弹就能看见，配合起来，比射手潜伏在前沿，用激光去照对方的目标要好多了，而且经济上完全可行。红外的摄像头芯片，国内那个时候还没过关，红外摄像的价格比电视摄像价格也要高多少倍，当时根本不可想象，拿到导弹上不行。我认为要搞型号，必须立足于技术上可行。

这样我们提出一个方案，轻型电视导引反坦克导弹，打出去以后在可见范围内基本上锁定目标，发射完射手就撤，国外叫fire and forget，是第三代反坦克导弹的中心理念，原则是发射了就不再管。这个方案拿到兵科院专家组讨论，203 所拿出另外一个方案，红外导引，要“一步到位”。我说导弹现成的，加上电视头就行了，红外摄像头哪有。203 所说没有就国外买，就是要“一步到位”。当时他们已经在搞属于二代的从车上发射的重型导弹，瞄准仪是电视的，用望远镜看目标。轻型的他们还要搞，还搞红外的。最后两家各搞各的，红外导引头花钱多，经费就给他们多。我们这个方案现实可行，可是得预研，经费很少。1990 年，轻型反坦克导弹的经济技术综合论证项目，我负责一部分，经费只有 3 万块。项目是兵科院系统所牵头，得了二等奖，但我并不看好。我们要从电视导引头起步，进入全天候必须换红外，可红外摄像头国内没有，为此和 203 所意见不统一。一进入论证，红外怎么办？多少钱？多长时间？没办法了。

科研方面得奖的有好多项，几个小的不说了。

1986 年到 1990 年有个大项目，反坦克导弹武器系统计算机辅助设计，全校的总经费 100 万。导弹设计过程很复杂，飞行力学、空气动力学、发动机、战斗部、自动控制系统等，每一部分的工作连在一起，抽象看就是输入输出，输入原始数据，输出计算结果，把各家计算结果总结，作为第一轮，再重复地输入，一遍两遍三遍，导弹设计都是这么人工做的。把这个过程用计算机模拟下来，就是计算机辅助设计。每个部分都要计算，建立数学模型，之后编程序输入计算机，由计算机输出结果，综合以后，再次输入输出。综合的时候也可以抽象化，用数学模型来概括，什么方案好，什么方案不好，有个评审，这就是系统工程的问题。不同方案的评审、取舍，抽象看是一个回路，就像自动控制系统，有输入输出，输出反馈到输入，就是回路，所有自动控制系统都是这个思路。我们也是一个闭环的回路，建成数学模型就可以放在计算机里运算。

各单位都有擅长的项目并按此来申请科研经费，需要他们把程序、数学模型交给我们来做整体的数学模型，知识产权还是他们的，但还是有抵触情绪，需要做思想工作。更大的问题是，输出的数据量非常多，像飞行力学的数据、空气动力学的数据要互相交流，计算机交流要有接口，不同单位的数据计算机要能认识，就需要数据协调，这个工作非常复杂。好在我的第一批研究生李文毕业留校，他花了大力气在计算机研究上，解决了这个问题，使计算机能够自动运行并通过了验收。

计算机发展很快，我们这个程序是在原来2系控制系统专门从国外引进的大型计算机上运行的，那时候用大的光盘输入输出，这种计算机后来淘汰了，这套输入输出系统也没办法用了。

这个思路通过验证是对的，但还是太死板，如果灵活一点，加入更多的柔性、弹性、可塑性，利用模块化，像拼积木那样随时可以组装会更好。如果再做，就要向这个方向发展。这项目得了部级二等奖。

十六

我在学科建设上做的实质性的事情就是教学科研、收揽和培养人才。主持导弹设计教研室工作时收揽了两个人才：弹道专业的总体人才徐令昌和自动控制系的祁载康。祁载康来了后，壮大了我们专业的力量，后来申请博士点还借助了他的力量。可惜我主政的时候从校外引进的人才不多，我觉得不引进人才、不交流人才任何专业都发展不了。

学科建设上是设立硕士点、博士点，1981年就申报设立了硕士点并且招了硕士生。1983年申报兵器系统工程博士点，南京理工大学两个搞弹道学的老教授在部里评审时坚决反对，说你们北工还是从硕士点开始吧。人家资格老，我那时还是副教授，所以没办法。

系统工程很重要，钱学森一直倡议要发展系统工程，我也有同感，“505”后期就发现，搞大型科研是大型的系统工程，是专门的学问。我在学科建设上，努力在系统工程方向发展，也下了很大功夫，一开始我给硕士生们讲系统工程数学基础、讲系统工程原理。1982年、1983年时没教材，找英文教材，我用中文讲，同时也锻炼学生们看英文资料，后来系统工程的资料才多了。

1992年，全体国防科技院校的导弹设计学科点要全国评审，全国有7个导弹设计硕士点，但博士点只有1个，是航天部自己的。航天部组织专家团队评选硕士点，评选结果我们第一，因为我们的科研项目、学术成果最多。航天部的硕士点评了第四，因为硕士点有基础课，他们这方面薄弱。他们有些硕士生、博士生毕业我去答辩，看得出来他们实践很强，在研究生层次上理论差一点。1992年我们拿到第一名，士气大振。

兵器系统工程博士点的竞争对手是南京理工大学，这时王越调到我们学校当校长，他当时不是博士生导师，有意搞兵器系统工程，我们正好有硕士点，请王越做第一学术带头人，我做第二学术带头人，还有5系系主任周思永教授一块来申请。我们这方面的材料比较多，王越和五系也有一些。在兵器部评审的时候学校的评委要回避，我们的评委是周立伟和当时的副校长丁敬，背对背评了半小时部里没通过，也不说理由。因为申请了兵器系统工程没通过，就不能再申请导弹设计了，我主动提出，请祁载康带头申请导弹设计博士点，他国外留学回来有些资历。1992年全国硕士点评审我校已是第一，所以导弹设计博士点顺利通过。1995年，兵器系统工程硕士点又评审，我们顺利通过，年底评上博士点，这时候我已经62岁，超龄了就没资格申请博士生导师了。王越很理解我，他说万老师到60岁不能退休，多干几年，所以我一直到1999年，67岁才退休，这是领导对我的理解和照顾。

系统工程方面的学科建设，首先是培养人，所以我后来给学生们讲课，都是系统工程方面，而不是导弹设计方面。最后几次给博士生们讲专业基础课，是复杂系统理论。系统理论是新的东西，复杂系统是20世纪70年代以来新兴的学科或是学术方向。一般的工程系统不能算复杂系统，比如人是复杂系统、社会是复杂系统，它有自组织功能。人体有自我修复、自我康复功能，社会系统能自我修复，这样的系统才叫复杂系统。所以大型的工程系统、互联网是复杂系统。现在讲国防、讲军事、讲兵器，不讲网络不行，导弹要联网、无人机要联网，联网就活了，有生命力了，人再参与进去，生命力就比死的导弹强。

我跟兵科院提过建议，说要搞无人侦察战斗平台，实际上就是无人机网络，但比无人机概念更广泛、更开阔，比如无人飞翼更轻便。在军事上、兵器系统、小范围战斗里，都是有人参与的系统才活，这是我的思路、理念。遗憾的是兵器工业部接受不了我的理念。

我参加的最后一项科研是二炮的分导子弹末修技术项目和弹道导弹子弹分导末修技术。有一篇《封锁机场战略导弹末制导子弹总体技术研究》的文章，在《战术导弹技术》上发表。

用导弹封锁机场，机场跑道3 000米长，几十米甚至上百米宽，飞机200米就可以起飞，二三百米就能降落，炸一个坑封锁不住，需要一个导弹带着很多子弹，才能密集封锁。

开始是搞空气动力的原来的系主任苗瑞生和吴甲生他们搞子弹，子弹下去后需要它们分开，但是想要很高速度的子弹分开并不容易。我给他们出了个主意，子弹都是对称的，要让它形状不对称，但只是不对称，速度太高时偏离也有限，再给它加上翅膀，一种圆弧状的尾翼，把它放到弹翼，两个圆弧状弹翼包着弹体，一展开是不对称的，让它向各个方向滑翔，就散开了！他们用我这个思路做了很多工作，计算、风动实验等，这个项目后来也得到很好的奖项。我只是出了一个主意，人家做了很多工作，他们在鉴定的时候特别提到万老师对我们的提醒。后来吴甲生老师跟我一直关系非常好，他不太爱说话，是个实干家。

后来说无控的不行，子弹很多但威力有限，打的坑多但比较浅，二百来米一段，快干水泥几个小时就能修好，这不是办法。要一下就打出个不可修复的大坑才行，战斗部得8千克以上，而且要串联装药，先打一个洞，然后再钻下去。那就必须用子导弹，一个大导弹装有限的带制导的子导弹，在跑道上有选择地攻击，恰好封锁住，找不出空间起飞。

我们提出这个项目，要带有导引头的制导，就是末制导。徐令昌老师、祁载康老师到我们教研室来以后，在这个方向搞得挺好，还有反坦克导弹、末制导炮弹，他们都起了很大作用。我们这个是打跑道，目标是在机场里找一个确定的点打，而且还不能太贵，太贵了二炮不干。

我的思路，导引头还是从电视搞起，二炮说行。我们做了研究，而且做了半实物仿真，除了不装在实弹上，其他基本上都是实物。这个方法其他单位都没用过，一般的导引头里面都有陀螺，它本身也是一个陀螺，很贵。我用投影仪把机场跑道的影像投到屏幕上，然后把电视摄像芯片装在导引头上，这样就便宜很多、简单很多。弹体有轴承可以转，尾翼可以转，导引头不转，用翅膀修正，有一个陀螺就行。这个陀螺就是敏感姿态，差一点、稍微偏一点都没关系，大体不差，知道铅直方向，就知道了前后左右。导引头就放在地上，其他东西都可以计算机模拟，导引头是实物，把图像摄下来。

比如定位跑道上的某一点为目标，得根据跑道的两个端点来定位这一点，导弹朝这个点飞去的过程中视场会变化，距离、姿态也在变化，通过软件给出控制信号来控制弹体，跑道越来越近，到两个端点都看不见了，就要凭着计算机的记忆飞，命中点计算机可以算出来。一个导弹带几十个子导弹，每一个子导弹都可以用这个方法模拟，用实物就没法办。这种办法可以非常真实地仿真，这一切包括弹上的计算机、数字处理器都是真的，就是弹体的空气动力学是模拟的，但这是常规的东西，关键的东西都是真的。我们的工作做到这一步，模拟下来才十几万。如果能用就能解决很多问题，但要真正飞起来，彻底解决问题，至少要几千万，当时解决不了这个问题。二炮问我，全都弄下来得多少钱？我说两三千万吧。他说差不多，要是少了我还不信你，可是这钱不能给你们，得他们拿着。

这个思路给他们后，二炮的总工程师听我们汇报、演示，他说以后二炮的思路要改一改，东风或许会用这个方法。后来我的学生有篇文章发表在《兵工学报》上，就是用这样的导引头打航母，我没署名。这些思路，我觉得非常有用，用弹道导弹打航母就是我国先提出来的。

20 世纪 90 年代，万春熙参加学术会议

十七

美国加州大学（圣迭戈）有一位施耐德教授，我看过一些《火箭技术问题》转载的他在宇航方面的英文文章，他研究数字技术解决模拟信号滤波的问题，我们联系上后，1991 年美国方面资助我去了美国访问半年，跟他交流研究这方面的问题。我为什么要研究数字技术解决模拟信号滤波问题呢？

一个是无控火箭加简易制导，简易制导办法很多，从根本上解决问题就要加惯性制导，最麻烦的是无控火箭是转的，大的像洲际导弹、中程导弹都不转，惯性系统是有 3 个陀螺的稳定平台。这个稳定平台在空间的 3 个轴向都可以转，发射前让它稳定在一个基准姿态，陀螺启动后导弹动，平台不动、姿态基准不动。平台上有加速度传感器，上下左右位移，用加速度积分再积分，计算出速度位移。稳定平台特别贵，陀螺也特别精密，在无控火箭上用肯定不行。我们想了个办法，不管导弹转，用单轴平台，一个陀螺敏感出俯仰偏航。工作中间我们发现新思路，原来的测角度陀螺特别精密，稍微差一点就漂移，分辨率什么都有问题，误差很大。我们希望用最简单、最便宜的元件来测量角加速度再积分，比直接测角度方便而且更准确。单轴平台再发展一步，弹体可以转，仪器舱不转，中间用滚珠轴承连上或者让尾翼转弹体不转。弹体、尾翼都可以转，让仪器舱不转。仪器舱装上舵片，里面有敏感元件，弹体转，让它控制仪器舱不转，这样连单轴平台都可以不用，后来这个思路还用在另外一个项目上。弹上加个最便宜的敏感元件，敏感出弹体的角加速度，可是角加速度信号非常乱，无控火箭有干扰就乱摆动。干扰有几个方面：一是火箭发动机的推力不是轴向的，有偏心就有一个力矩，使得弹摆动。二是火箭刚出发射架的时候，发射架本身的弹性震动，火箭一出发射筒就跳动一下，这是最厉害的干扰，叫初始扰动。三是风的干扰。主要是这 3 种干扰。无控火箭要抓住这 3 种干扰的特点，弹体转发动机也转，干扰推力偏心跟着弹体一块转，所以干扰的频率是跟弹体转动角速度一样。出口干扰是衰减的，随着飞行中摆动的固有频率衰减，可以辨识。风也可以辨识，虽说更麻烦一点。角加速度传感器把所有的干扰信号都测量、辨识出来，风的干扰多少，推力偏心的干扰多少，出口扰动干扰多少，把 3 种干扰对火箭飞行的影响都算出来，在适当的时候控制一下或几下，就把火箭控制过来了，这样就简单。关键是怎么把这 3 种复杂的信号辨识出来，这就涉及信号处理的问题。信号处理问题是电子信息学科毛二可院士的专长，我们的信号处理不一样，所以后来我就研究信号处理问题。信号处理技术的一个关键是滤波，复杂的信号，通过滤波器只让某一种频率范围的信号通过，其他的都滤掉。初始扰动后的频率最低，先把它滤出来，推力偏心是随着弹体的滚转频率，这个信号能辨识出来，风的干扰可以用另外一个办法把它处理出来。这个说简单就简单，说复杂就复杂。隔行如隔山，我研究了一套方法可以解决这个问题。

20 世纪 90 年代后，我有几篇辨识方面的文章，就是从滚转弹体把几种干扰因素辨识出来。以前我不太爱写文章，我署名的文章很少，学生们写的文章我绝对不署名。之所以写这几篇文章，是因为别人没有这个想法，这个工作我觉得做得比较漂亮，在理论上很有意义。可惜兵器工业部不理解，所以不能立项。

传统的自动控制系统是连续信号进出，有一套成熟的处理办法，有很多性能很好的滤波器系统。改成计算机做硬件后，因为计算机本质上是离散系统，怎么用弹上计算机处理这种模拟式的连续信号呢？

施耐德教授研究的是数字技术解决模拟信号的滤波问题，后来我提出一个思路，成为我们研究的合作点。写成英文文章改来改去一直到 1996 年才发表，这是我最后写的两篇文章。实际上围绕着这个问题我和施耐德教授合作了 3 篇文章，主要是两篇，最后一篇是通过邮件跟他商量后他写的。

这方面的工作，我觉得很有意义。IEEE 是美国电气电子工程师协会，这个领域绝对的权威，分刊有二三十种，我们的文章发表在信号处理分刊上，因为电子电气领域太广，雷达也很多，我对电子信号处理也是跨行，但我觉得这是有意思而且很通用的东西。

十八

我 1999 年退休，但继续为武器系统与运用工程专业的博士生们讲授复杂系统理论引论专业基础课，2004 年才完全退休。

我在咱们学校当学生 7 年，学生期间也做了一点贡献，但主要还是毕业以后，1958 年，从“505”开始到退休。我觉得最重要的一点是要有全局观念、系统观念，所以后来我一直要搞系统工程。干什么事，只站在自己的角度想问题不行，必须站得高一点，从全局的角度来看自己的工作，这样才能够让自己的这部分工作更有意义，也更有力量。

前些天“505”要开座谈会，宣传部安排学生来访问，他们原来想替我写访问录，后来是我自己写了几篇文章。学生们问我参加“505”后最大的感触是什么，我觉得就是要有系统观念。“505”从始至终磕磕绊绊，就是因为没有大的系统观念，火药、发动机、无线电各搞各的不行，必须从整体、从全局考虑才行。我觉得“505”最大的经验教训，也是我最大的体会，就是必须有全局观念、大局观念。在学位问题、引进人才问题上，我都是这样考虑的，不能只从自己的角度去考虑。

现在我们北京理工大学的校风，8 个字：团结、勤奋、求实、创新。以前叫校训，“训”字是由上到下，校风是大家都这么做，这是民主、是群众的事，所以校风比校训好，我觉得改得挺好。

2018 年万春熙教授在纪念北理工发射探空火箭 60 周年座谈会上

校风第一点是团结，就是要有大局观念，要有共同目标，共同目标一定要高于自己所做的事，这就是大局，团结的核心是大局。在大局观念之下搞团结，以诚相待、与人为善，这样才能搞好。整天想算计别人，捞点好处，弄点小动作，吹捧自己、打击别人，绝对不行。团结作为我们的校风，要大力地提倡。团结的内涵太丰富了，不是一两句话能说得透彻的。

团结的第一要义是大目标、大局；团结的第二要义是人格人品，自己人格人品不行，想跟别人搞团结也不可能。必要的时候，还得牺牲一点自己的利益。团结作为校风的第一条，内涵应该好好阐发，继续发扬。

校风第二点是勤奋，光有团结，都吃大锅饭不行。我自己有一点成就，比别人先走了一步，是因为在改革开放之前的一二十年，别人在“立红专、批白专”和“读书无用”的时候，我认真、踏实、勤奋了，而且勤奋到了点上。所以改革开放，我能先走一步，这是我的优势。这是因为我早勤奋了几年，我不比别人聪明，很多人学习上比我强，我不过是比别人早勤奋了几年。

勤奋是加法，团结是乘法，有了加法，有了乘法，就能组合许多的一，有零也没关系，可以构成非常非常大的数。团结和勤奋，是一个单位要搞好的最要紧的事。不团结，单干肯定干不好。

求实、创新，就是要实事求是。“505”研究工作过程中有很多不实事求是的地方，这要反思。我们好多事没做好，是因为当时不太实事求是，包括我自己也有很多不实事求是的地方。最后吃亏的是自己，大局也受损失。求实也要创新，在技术上创新，就不用说了。

校风这8个字，自己几十年基本上是照这个路走下来的，如果能重走一遍的话，应该会做得更好。

我穿着草鞋进了北京城

文仲辉

人物简介：

文仲辉，北京理工大学教授。1934 年 1 月出生，四川省南充市人。1954 年考入北京工业学院第二机械系，1958 年转入飞行器工程系，1959 年 3 月提前毕业，留校工作。历任教研室副主任、主任、系主任助理、党支部书记等，兼任兵工学会火箭导弹学会、宇航学会无人飞行器学会信息工程委员会的导弹总体专业组长及委员等。长期从事导弹总体设计与系统工程技术研究及理论研究等教学、科研工作，并参与创建了有翼导弹总体设计、兵器系统工程专业等学科。出版教材、专著、教科书 10 余部，先后在各种学术刊物和学术会议上发表学术论文 60 余篇。曾获得中国人民解放军原总参谋部、原总装备部及国家部委科技成果奖多项，其中一等奖 1 项、二等奖 4 项、三等奖多项。参与了国家制导兵器发展远景规划及“六五”“七五”“八五”“九五”“十五”国防科技规划的起草与制定。

访谈时间：2018 年 8 月 27 日（一访）
2018 年 9 月 19 日（二访）
访谈地点：北京理工大学图书馆
采访人：张钧
摄像：聂明明

访谈提要

讲述了文仲辉报考北京工业学院的原因，在北京工业学院学习的经历，大三时转专业的原因，提前毕业留校当教师的经历，给周伦岐教授当助教的工作内容，帮助改进红旗防空导弹的经历。

讲述了在 20 世纪 70 年代开始参与研制红箭－73 和 1245 型反坦克导弹项目，改革开放初期去法国、德国考察导弹并引进了一些产品和技术，回国后的教学和编写教材，宇航学院的演化发展，65 岁时退休后又返聘的情况。

一

我在四川南充高级中学上的高中，这个学校是张澜①办的。高中三年级的上学期，那时候刚解放，国家需要人才，我们就提前毕业了。高中只上了两年半，本来应该上 3 年，1954 年的暑假，就考大学。我在学校成绩还比较好，开始我是报的北大。团市委书记就找我谈话，说现在国家需要培养国防人才，让我把志愿改一改，有北京工业学院和北京航空学院，两个学校，问我愿意上哪一个。

我一想，航空学院就只能学飞机了，我就想学工业，工业的面可能宽一些，就报了北京工业学院。这样 1954 年我就参加了高考，录取到北京工业学院了。

从四川到北京，是我头一次出川，出川的过程惊心动魄。我走得比较晚，因为我家在农村，真正的农村，连乡镇都不是，离县城还有 100 多里。高考以后我就回家去了，在家等通知，我让同学写信通知我。我

① 张澜（1872—1955）：四川南充人（今西充县莲池乡），著名的民主主义革命家、教育家，中国民主同盟的创建者和领导者。

接到同学通知，等我赶到南充市的时候，他们好多人已经走了。那个时候学校都派人去接的，第一批已经接走了，从长江走的。我赶到南充市的时候，正好长江发大水，走不了。当时就决定，把学生都集中到成都，西南空军司令部的士兵，一个汽车运输连，开了30多辆汽车，一辆车30个人，将近1 000人，都是到北京和天津的，也有从北京转东北的。因为前面已经从长江走了两批，所以我们这一批就比较少了，基本上是收尾。30多辆军车浩浩荡荡地送我们出四川。那个时候宝成线还没通，从成都到宝鸡坐了6天汽车，翻秦岭的时候，都是绕来绕去，在山上绕。当时司机就跟我们说，你们这一车人，首长给我们交代了，比黄金还贵，你们得老老实实坐着，不要爬起来看。我们不敢看的，为什么呢？因为都是悬崖。三十几辆汽车一走，那尘土都飞起来了，到停车下来的时候，人一下来就只见两个眼睛在眨巴，全身都是土。我现在想起，还觉得很惊心动魄。我们到了宝鸡才开始坐火车，坐到郑州，从郑州再倒车到北京，那个时候还没有直达车。

因为我家里比较穷，去北京时就背了个小包，那包有多小？因为我家里也没什么被子，也没什么东西可带，就我叔叔给了我一个毛背心，还有我堂兄他们不盖的一床破毯子，临走的时候我在学校捡了一床单人的草席子，就这么多东西，一卷，就背着来了。学校派人到前门火车站接我们，接我的人就问，你就这么一点行李？我说是啊。我脚上还穿了一双草鞋，挺有趣的，穿着草鞋进了北京城，就觉得挺可爱又挺可笑的。

因为国家刚解放，很需要干部，要大发展，所以我们那年招的人特别多，我们学校就招了2 000多新生。那时候学校还在车道沟，就是现在的兵科院①那个延安大楼，当时就那么一栋楼，其他就几间平房。白天我们在延安大楼上课，晚上来到现在这个地方睡觉。那时这里叫巴沟，刚开始建，只建好了一栋学生楼，就是现在的2号楼，我们就在里面睡觉。白天在车道沟上课，晚上住在这边。冬天下大雪，从车道沟过来，外语学院那边当时有个路沟，我们真是连滚带爬的。很多学生都是从农村来的，从小地方来的，大家也无所谓。但也有少数从大城市来的，不习惯。

我学的是炮弹制造专业，这个专业是1953年刚成立的，我1954年来的。那时候教师挺少，只有一个教授，叫颜鸣皋，是搞材料的。1956

① 指中国兵器科学研究院，成立于1964年。

年的时候，把他放走了，国家需要颜鸣皋去研究新材料，就把一个叫周伦岐的教授调我们学校来了。周伦岐是留学美国的，我写过一篇介绍周伦岐教授的文章，叫《缅怀周伦岐教授》。他过来就主持炮弹、引信还有药筒这三个专业，一个系的，叫第二机械系。炮弹专业实际上也是新建的，主要是 1954 年苏联援助的，建了一些工厂，厂校结合。我在炮弹专业主要学了一些基础课，真正要学专业的时候就是三年级了，我就转去学火箭了。基础课那些老师，教数学的叫刘颖，那个教授已经去世了，讲物理的叫蔡陛新，是一个副教授，也已经去世了。当时还有一个教授在我们专业，是搞引信的，叫李维临。周伦岐是系主任，李维临是系副主任。

我们那一批来的，有的因为思想不好就不让他学，因为国防要求很严的。我们来都是审三代，不光是你本人，你父亲、祖父那代有没有历史问题，有没有参加国民党的，都要审查。1955 年，大学二年级的时候，我们就搞肃反，叫肃清反革命。大家都填表，政治审查，派人去调查我们的家庭，审查历史，当时就走了一批。到 1957 年，快三年级的时候，闹专业问题的又弄走了一批，打成“右派”的又弄走一批。进学校我们这个班是 50 个人，到三年级，我们班还剩下 37 个人，因为我是班长，所以比较清楚。1957 年下半年我们去工厂实习，就是 30 多个人去的。

当班长，学校就把你当干部来使用，我领着全班去工厂，干什么都是我们自己去联系。因为我原来在中学不错，所以大学也很快做了班里的干部、团的干部，入了党。我们中学没有党组织，因为南充那个地方，国民党统治势力很强，地下党比较少。进大学以后，我是暑假进的学校，第二个寒假就发展入党了。

二

从工厂实习回来以后，三年级刚上了一个学期，1957 年冬天，党支部书记又找我谈话了，说要组建新专业，火箭导弹专业。周伦岐跟我们老院长魏思文一起负责组建这个新专业。当时要调一批人出来，集中成一个班。我们那个年级一共 5 个班，调了 21 个人到这个班，政审更严了，又政治审查一次。不光是你，你的兄弟姐妹、父母，还有你的女朋友、爱人都要审查。所以这个班的出身都很好，多数都是党员。

那时候钱学森刚回国不久，他 1955 年回来，1956 年就来我们学校做了报告，目的就是要我们学校组建新专业，所以我们 1957 年就成立新专业了，为航天部①培养人才。成立了 3 个新专业，没有成立系。在我们这个系成立了火箭导弹专业，在无线电系成立了一个制导专业，就是现在大家通常说的控制，在化工系成立了一个发射药推进剂专业，搞火药的。一开始没有成立系，这 3 个专业成立了一个临时单位，叫“265”办公室。为什么叫“265”呢？因为火箭是老 2 系的，发射药是 6 系的，制导是 5 系的，所以这个单位就叫“265”。“265”的主任，最开始是我们的周伦岐教授，是临时负责。学校有厂长班，后来从厂长班调来一个厂长叫齐尧当主任，书记叫李青，也是厂长班的。“265”后来改名为第四机械系。

学校原来有 3 个机械系，第一机械系是搞火炮和轻武器，就是手枪、机枪这些常规武器。第二机械系就是我所在的弹药系，搞炮弹、引信、药筒。第三机械系是坦克系，搞坦克车体、坦克发动机。

到了新专业以后，我又做了团支部书记，我一直一边念书一边干社会工作。当时学习上很困难，我们没有教材，没有资料。苏联专家来之前，我们就凭什么呢？就凭我们到图书馆查资料。周伦岐教授一直是火箭导弹专业系主任，他给我们讲设计课，那个课的名字开始叫火箭弹设计原理。但是他在美国也没有搞火箭，他是学物理的。他就找一些杂志，而且他讲的多半都是火箭的一些基本原理，用到物理、数学这方面还是比较多。这老头还是挺不错的，他当时也是一边学一边讲。除了设计原理，还有发动机原理。发动机原理是我们青年教师讲，那个教师现在已经去世了。还有讲固体发动机和液体发动机的，讲固体发动机的那个老师，他是根据国外的一些资料，当时有一本苏联出的书，叫《火箭技术概论》，他就参考那个写的讲义。讲液体火箭发动机的老师原来是 3 系的，他们都是从 3 系搞发动机出来的。他们搞的是坦克发动机，就根据过去的一些资料编的讲义。

一直到 1959 年年底苏联专家来了才稍微好一点，我们把苏联专家写的讲稿编成书。其实就是我们这些人编写出来以后，叫国防工业出版社

① 指航天工业部，成立于 1982 年，前身为成立于 1956 年的国防部第五研究院，此处应指五院。

给印出来。那个时候国家比较困难，造的那个纸很黄的，又黄又黑的那种纸，印成书本。就是这样一些讲稿、一些书，一直用到 1964 年、1965 年，之后我们才开始正式编自己的教科书。

那时实习比较多，我三年级开始去工厂实习，那时叫生产实习，是去的炮弹制造厂，那时候还在学炮弹。转了新专业以后，还没有火箭生产厂，我们就到五院去看看那些东西，完了跟着他们一起做一些科学研究什么的。我那时候毕业实习更谈不上了，因为我还没做毕业设计就提前调出来了。

三

我们学校的老院长魏思文，这个人事业心很强，我很佩服他，他当时职位很高，是中将。1958 年下半年，他主动到国务院，去中央反映，学校不仅要成立火箭导弹专业，而且要把整个学校都改成导弹学院。那时就把一些常规的专业搬到太原机械学院去了，老 1、2 系全搬过去了。

2 系原来是搞弹药的，现在改成新的 2 系，搞自动控制仪表、仪器，导弹有陀螺仪、自动驾驶仪、舵机。3 系本来是搞坦克的，坦克撵不走，太原机械学院没有条件，坦克系还留着。但是坦克系成立了新发动机专业，搞火箭发动机，液体燃料火箭发动机和固体燃料火箭发动机。4 系搞光学制导，导弹有红外制导、成像制导这样一些东西。5 系是搞制导的，遥控、遥测，就是雷达。原来常规的专业里面也有雷达，但是只搞炮瞄雷达，现在这个是搞导弹，搞远程雷达，探测侦察的。6 系搞发射药、推进剂还有炸药。7 系搞工艺。8 系搞战斗部，战斗部就相当于原来的炮弹的弹头，就是火箭、导弹上面有头，下面是发动机运载，运载要送一个弹头上去，这个弹头就是战斗部。

因为魏思文跟钱学森关系很好，跟航天部关系拉得很密切，当时叫五院，于是就把整个学院变成导弹学院了，这是 1960 年。所以那时北京工业学院在全国是没有哪个学校能比的，哈工大、上海交大、清华、西工大、南京航空学院都派人到我们学校来进修，跟我们听课。因为我们学校早走了一步，其实也没早走多少，就早走了一年多的时间。所以在高等学校里面，搞导弹、火箭、航空、航天应该说是从我们这里开始的。

我们比北航要早。我们 1958 年就 3 个专业了，已经是简单配套了，不算全系统配套。北航到 1959 年下半年才开始的，差了一年多。当时北航的院长是武光，武光好像比魏思文低半级。魏思文是打过仗当过政委的，原来是西南军政委员会的一个国防委员。他调到我们学校，那时候是第一个调来我们学校工作的将军。北航是跟我们学校同时成立的，我们学校是把一些有关国防的专业组织起来，北航是把有关航空方面的专业组成了航空学院，差不多也是 1953 年完成建校的。当时武光一看我们搞起导弹了，北航才开始建。到北航开始建的时候，我们同时聘请了苏联专家来给青年教师讲课，有莫斯科航空学院的，有莫斯科动力学院的。

我们和北航根据苏联专家的意见，成立了有翼导弹总体设计、弹道式导弹总体设计、发射、制导、液体发动机、固体发动机等专业，整个全系统配套的。有翼导弹就是指带翅膀的，像航空导弹，打飞机的、打军舰的、打坦克的这些导弹都叫有翼导弹，就是飞航式导弹，通常老百姓就管它们叫飞航式导弹。弹道式导弹就是现在的运载火箭，发射人造卫星的。运载火箭还有洲际导弹，这些都属于弹道式导弹专业。

四

我本来应该 1959 年暑假毕业，但是 1958 年的寒假就把我调出来了。因为当时很缺教师，新技术专业成立需要大量的人，我就提前毕业留校当教师了。我那时候担子很重，到了教研室以后，兼教研室团支部书记，后来又兼秘书。那个时候秘书是顶用的，比现在的教研室主任还顶用，负责好多事，行政的事。同时又派我跟苏联专家学习，苏联专家在北航讲课，在我们学校答疑。我和另外两个教师，白天就到北航去听苏联专家讲课，晚上回来给学生辅导，给学生补课，完了还听专家答疑。

我工作以后，给周伦岐教授当助教。那老头很爱跑图书馆，北京图书馆还在城里的时候，就是北海旁边那个，每个星期天他就往那儿跑。一大早就去，到晚上回来，一回来就抱一大摞书。因为他要讲课，又没有教材，他就自己写讲课提纲和讲稿。因为他过去在美国的时候是搞工程的，没有当过教师，在我们那是第一次当教师。他讲课不像我们现在的教师讲课，黑板上板书写得很有序，他是想到哪就讲到哪。这个黑板，他看哪有空就在哪写。当时学生根本跟不上，因为学生程度比较低，理解力也差。

所以我跟周伦岐辅导的时候，学生老会反映意见，说教授讲课讲得很好，可是我们就是听不懂，笔记也记不下来。结果怎么办呢？我跟教授反映以后，让他把讲稿写得详细一些，另外把参考资料注上，哪本书在什么地方，哪一段可以参考哪本书，在多少页，都注上。他讲完课以后，我就把他的讲稿要过来，给他整理，写成讲义。那时候还没有铅印，也没有打印，就是用手写，爬格子写。我整理出来以后油印，油印以后交给学生，给学生辅导复习。

那时周教授自己还写了一套书，他用的打字机，还是手摇打字机，一个一个按，就像按键盘，一共好像是 8 本还是 9 本。好可惜，那套书没有保存下来。我本来有一套，到“文化大革命”后期被当时一些学生清理出去了。本来资料室有的，结果没保存下来。

当时中央提出搞“两弹”，国家有五院在搞，我们跟北航又有苏联专家，而且又比较早有一批年轻教师，我们就联合起来搞导弹。同时搞两个，一个是有翼导弹，就是防空的，打飞机；另一个是弹道式导弹，就是远程的，带弹头的。所以有两类科研组，有的科研组设在我们学校，有的设在北航。我们这里比如说化工、自动控制条件好，那就在我们学校。北航原来搞飞机制造，那么搞有翼导弹的就到北航去。两边教师交错，用汽车拉着教师，由北航往我们这拉，我们这往北航拉。

我白天搞科研，也听专家讲课，晚上要帮周教授整理讲义、辅导学生，那时候工作弄得很紧张。到 1960 年夏天，我就出毛病了，突然发烧，去医院一检查，肺结核，肺穿孔了，医生要我全休。我心里很难受，工作很忙，担子很重，好多事要干，再加上刚入党不久，又很积极向上，滋味很不好受，很着急。但是医生说不行，你要是不全休，命就丢了。正好国家到 1960 年以后，困难时期，科研开始陆续下马了。再加上一个什么因素呢，赫鲁晓夫。

赫鲁晓夫对我们搞了几个狠毒的手段。第一个就是抗美援朝时跟斯大林谈好的，我们出人，他们出武器。我们当时空军不行，他们出飞机，出飞机以后，对战局确实起到重要作用。赫鲁晓夫要跟我们算这个账，在战场上用那些武器的钱，他要我们还。还有一件狠毒的事，就是撤走当时在华的全部专家，当时援助的 156 项，包括研究所的、工程的、高等学校的专家全部撤走。另外一件事，在当时进出口上卡我们。我们当时用农产品给他还账，大豆、花生这些，我们在国内都买不到的。那都是过年过节的时候，单位给每个人发一斤花生，勉强给点黄豆，豆腐都吃不上，猪肉也吃不上。连五院钱学森那里也一样，因为我们跟他们是协作关系，我们都知道。

送走苏联专家，正好我就全休了。好在当时我们属国防科委管，国防科委给五院的研究人员吃的罐头，也给了我们一部分，我们养病的可以吃一点。解放军打的黄羊，给我们一点，还有海军打的鱼给我们一点，所以我们还算比较好一点的。

五

工作很需要我，我就赶快养。养到半年多，将近一年，当时国防科委就要求我们这些早期跟专家学习的去帮助工厂生产导弹，因为苏联专家走了，工厂有困难。1961 年，我就又去工厂了。沈阳原来的一一二厂，现在分出来了叫一三九厂，生产防空导弹，我们去帮助改进。

我们参与了一个很重要的工作。当时台湾派 U－2 飞机来侦察我们在西北的导弹和原子弹的研究基地，来一次我们警告一次，来一次警告一次，警告了 300 多次，但是我们的防空导弹就是打不下来 U－2，没办法。我们在工厂就和他们一起研究，改进咱们的防空导弹，那个叫红旗防空导弹。它原来的射程只有 20 多公里，高度只有十几公里，打不着。红旗前面有个二舱，实验时是装降落伞的，正式导弹不装降落伞了，就空出来一节。我们大家议论，就说正好把空的这一节改成燃料舱，多装燃料，多装一点推进剂。但是多装推进剂以后，导弹的重心就不一样了，飞上去就有问题，于是就重新设计，改型设计。设计以后，增加了燃料，就把射高增加到 25 公里了，斜距到 29 公里以上了。台湾和美国人当然不知道了。布了几次，开始布在沿海，没打着。布到西北，也没打着。部队研究多点布置，揍下来 1 架，以后又接连揍下来 2 架。揍下来以后，我们也不用警告了，它也不来了。到 1962 年、1963 年，这件事就结束了。

我们还有同事参与搞弹道式导弹，发射原子弹头的，当时钱学森领导的发射带原子弹头的导弹，我的同事就跟他们五院一起搞。我们那个时候算是国家培养的第一批搞火箭导弹的人才。

困难时期过了以后，学校逐渐走入正轨，我们就回学校了。

六

1964 年，国防科委下决心，我们学校和北航、哈工大、西工大 4 个学校有关导弹、火箭的这些专业都集中起来，成立一个导弹学院，建在甘肃天水。天水旁边有一个发射基地，就是西北那个发射基地，离天水不远。建了教学楼、实验楼，什么都建好了，结果1966年邢台发生了大地震。之后国务院就请科学院地震局的到新建的校舍去查，结果一查，那里是100多年还是多少年前的一个地震中心，那就不能在天水了，就把校舍全交给了地方。又打算到四川内江去建，地址选好了，刚刚建了很少的房子，结果“文化大革命”开始了，就冲掉了。

“文化大革命”开始之前，我还带着北航的学生去了南昌飞机厂，这个厂是搞飞航式导弹的，就是打军舰的，岸上打军舰、军舰上打军舰的导弹。我还带着学生到那里去研制无人驾驶飞机。

七

1971年，因为当时朝鲜形势比较紧张，国家安排我们帮助朝鲜设计研制战术导弹7161。

1972年，部队从越南弄到了反坦克导弹，上级从我们学校抽调一批人进行分析测绘和实弹测试，后来又从罗马尼亚找来一些资料，抽调我跟他们一起搞这个项目——红箭-73反坦克导弹，这个项目在1978年全国科学大会获得一等奖，1979年生产定型列装部队。当时学校为这个项目成立了红箭-73科研组，组长是张如洲，组员最开始就是我们几个教师。

导弹涉及的面很宽，前面的战斗部除了炸药还有压电引信，需要懂电的一起搞，还有搞机械的、搞结构的。另外还有搞炸药设计、炸药研制生产的。还有搞发动机的，这个发动机是两级，一级助推发动机，一级主发动机，就是续航发动机，跟大的运载火箭一样，助推这级出去，续航使导弹按照控制的航程飞到目标。还有制导控制，通过观测瞄准目标，形成控制指令。第一代控制指令通过导线传输到弹上的控制机构，通过机电转换把电信号转变成机械动作，通过空气动力学改变弹的方向飞向目标。这里涉及无线电系、自动控制系。搞炸药、弹头的火工品是以前的弹药系。推进剂属于燃料，是化工系。人多了以后，各个系都成立了科研组，最多的时候学校可能有100多人参与设计研制。最开始是教师，实验展开后一些高年级学生和工农兵学员也参与了实验。

我负责总体，整个弹各个部分都由什么组成？要哪些单位参与？哪些单位做什么？这些单位做出来以后，怎么组成到一起，怎么协调配合？我们负责分配任务。战斗部和火工品交给战斗部设计专业，制导部分给无线电系，自动控制的交给无线电系和自动控制系。对各个系有什么技术要求由我们总体提出来，最后才能保证整个系统，因为我学的专业是导弹总体设计。

除了测绘，还要对里面的材料、发射药、炸药这些进行分析、解剖、做实验，这些都是我们学校来做。分析以后，我们学校出设计图纸。当时的五机部，就是兵器工业部组织生产。先是组织了几个厂来学校，在教师帮助下学习消化这些资料，然后教师到工厂去帮助试生产。1973 年下半年进入生产，开始是三〇四厂试生产，后来扩大到西安的八四四、沈阳的七二四、吉林的五二四好几个厂生产。到 1978 年部队做使用实验，1979 年正式定型生产列装部队，给国家做出了很大的贡献。

红箭－73 是仿制测绘，原型是苏联的。红箭－73 属于第一代，第二代是红外的，第一代和第二代的差别是第一代就是瞄准坦克，通过控制盒上的手柄，手动操纵手柄前后左右运动，前后管上下，左右管方向，产生的信号通过导线传到弹上。第二代不用瞄准镜，用红外测角仪，导弹飞出去以后，由红外测角仪自动跟踪，测量出测角仪与导弹和坦克之间连线夹角的角偏差再换算成距离偏差和方向偏差，测角仪自动形成控制指令，通过测角仪传上去。第三代就更先进一些，当时是用激光，激光是一种高强度的光，光束很强散射很小，激光不需要导线，可以打得更远。

我在红箭－73 项目搞了 段，测绘差不多完成，工厂快接手的时候，把我调出来搞激光半主动制导反坦克导弹，型号叫 1245。在五机部领导下成立了“三结合”的领导班子，技术班子有学校、研究所和工厂。1974 年 4 月，部里组织学校、研究所、工厂召开“403 会议”后，开始进行总体设计、总体策划。我是总体组组长，我们学校还有 2 名教授，工厂有 1 名，研究所有 1 名。当时我们只是从一些情报资料上知道美国人在越南用过这个东西，所以我们就从研制激光器开始。用激光照射坦克，导弹接收到坦克上反射的激光信号，经过处理后形成控制信号，再控制导弹自动跟踪坦克，也可以在飞机上用激光器照射坦克。有个厂专门搞激光器，还有一个厂专门搞激光接收。激光打中目标以后反射回来，导弹接收到信号，经过光电转换变成机械动作，驱动马达运动，带动控制舵产生控制力，控制导弹去打坦克。总体方案有了以后，先搞激光发射器和接收器。到 1978 年，激光发射器和接收器联合试验，先用汽车做靶子，后来用坦克，通过反复多次试验，1979 年完成联合试验，达到技术要求指标。1982 年获得兵器工业技术革新四等奖。

我国的武器发展从 1966 年到 1978 年停了十几年，已经相当落后，第二次中东战争时我们援助给国外的坦克一批一批被打掉，中央感到这个问题很严重，准备从西方国家引进一些技术，就开始组织一些技术考察团出国考察。

20 世纪 90 年代，文仲辉教授工作照

八

改革开放后我国准备派一批人出国留学，我们这些人集中学习英语口语。正在准备出国时，我国和法国、当时的西德的关系有所改善，答应我们派一批人去访问。当时西方国家给我国搞武器的人开放很不容易，我国派了直升机考察团、飞机考察团、导弹考察团。1979 年 9 月，我当时参加了五机部组织的反坦克导弹和直升机的考察团去了法国、德国考察导弹，我们是第一批。

法国 1964 年就跟我国建立了外交关系，关系一直比较好。当时的西德跟我国还没有建交，作为“二战”的战败国，他们知道当时的苏联跟我国关系不好，担心苏联知道他们接待了中国人对他们不利，所以比较保密。

我们在法国待了几个月，然后到西德又待了几个月去考察导弹。他们的导弹工厂、研究所、实验基地，都允许我们参观。一般的东西都可以看，也给我们介绍，一旦涉及他们国家的技术核心时人家就明说，对不起这个不能跟你们讲，对不起这个不能给你们看。他们不像美国人，美国人是只要你是搞这行的，就把你拒之门外，他知道我是搞导弹的，就不给我签证。法国和德国让去，但是重要的东西不让看。当时我们国家刚开始改革开放，我们回来时为我国引进了几个产品和一些技术，所以从 1979 年、1980 年之后技术进步得比较快。

九

从国外考察回来以后，我一边搞科研一边准备上课，教反坦克导弹设计原理，后来又主讲导弹设计与系统分析，带研究生，像现在航天部人力资源部的部长，还有现在航天运载火箭研究院的总设计师，就是我带的学生。

我之前帮助搞了一系列的反坦克导弹，后来搞战术导弹，又搞远程火箭、远程导弹，所以写了一本《导弹系统分析与设计》，这本书写得比较早，其他学校还都没有，后来北航、西工大、南航，还有好多部队学校都用了这本教材。美国人整我的档案里就有这本书，哪个部队用了，哪个学校用了，美国档案内都有。

20 世纪 90 年代我又写了一本书，还参与编写了其他几本书，像《世界导弹大全》《制导兵器手册》。用得比较多的是国防工业出版社 2000 年出版的《战术导弹系统分析》，第一版很快卖完了，后来又再版，这本书用得比较广，像航天部等好多单位都在用，好多学校也在用。我退休后又写了一本《励志之鉴》。

飞行器工程系最开始叫 265 办公室，因为 2 系搞总体的、5 系搞制导控制的、6 系搞发射药的，各抽出来一部分学生成立一个专业，所以叫 265，后来增加了发动机和其他专业，叫第四机械系。魏思文院长要搞导弹学院的时候成立了 7 系，到 1960 年改为 1 系，又叫飞行器工程系，一直到最后成立宇航学院，我也是从第四机械系、7 系、1 系、飞行器工程系，到最后从宇航学院退休。

我 65 岁退休后又返聘了相当长一段时间，一直到 2012 年 78 岁时我跟宇航学院提出来岁数大了，记忆力也不行了，应该离开了。

初建时期的点滴回忆

吴大昌

人物简介：

吴大昌，1918 年出生，浙江人。1940 年毕业于清华大学机械工程系，1948 年毕业于美国伊利诺伊大学农业工程系，1949 年获美国堪萨斯大学农业工程硕士学位。1950 年回国到华北大学工学院（北京理工大学前身）任教。北京理工大学教授，国务院学位委员会第一届和第二届学科评议组成员。1988 年退休。

访谈时间：2018 年 8 月 13 日
访谈地点：北京理工大学图书馆
采访人：张钧
摄像：聂明明
整理：张钧

访谈提要

讲述了吴大昌归国加入华北大学工学院，参与坦克系初建以及在教学、生活诸多方面的情况。

二

1944 年，我去重庆参加了一个考试，叫作英美奖学金考试，后来得到通知，说我考取了轮机专业，可以去美国。1946 年 7 月 4 日，我从上海坐船去美国。这是一艘运兵船，战争结束了，很多美国兵回国。乘客当中有一些中国人，比较有名的有曾昭抡夫妇①，还有任鸿隽夫妇②。跟我一起同船的还有 4 个考取英美奖学金的同学，一个叫徐纪楠，后来到了浙江大学；一个叫胡盛恩，是清华毕业的，留在美国了；还有一个是交大的，他回来以后也在交大工作。7 月 18 日，船到了旧金山，走了半个月左右。当时国共看起来要打，这个已经比较明确了。抗战胜利，应该好好建国了，现在因为打仗，就不能建设了。当时我们估计，国共之间要打起来的话，一定是共产党赢，因为当时共产党得民心，得知识分子的心。但是共产党太弱了，国民党很强，由弱变强总需要一个过程，这个过程不可能很快的，估计总要 15 年、20 年。

我的同学有到延安去的，我也去过重庆的中共联系点，对共产党有好感。特别是有个叫于怀的在《新华日报》上写的国际述评，我认为是很好的。在上海候船的时候，还有人问我愿意不愿意见见于怀，于怀实际上就是乔冠华③。他讲现在乔冠华在上海，但是要见的话，他后面会有人盯梢，有一定风险。我那个时候还是比较保守，觉得要到美国去，再出风险的话，自己应付不了，尤其我家庭观念很重，搞得不好，会搞得父亲很难过，所以就没有去。

总的来讲，对共产党是有一定认识的。觉得共产党很弱，但很正确。因为正确，所以将来一定会胜利，但是这个过程是很慢的。我的思想就有一个转化，我原来可以到一个学校去念轮机的，已经联系好了，办签

① 曾昭抡（1899—1967）：化学家、教育家和社会活动家，中国科学院院士。俞大绸（1905—1966），曾昭抡夫人，北京大学英语教授。

② 任鸿隽（1886—1961）：著名学者、科学家、教育家和思想家。陈衡哲（1890—1976），任鸿隽夫人，笔名莎菲，新文化运动中最早的女学者、作家、诗人，我国第一位女教授。

③ 乔冠华（1913—1983）：曾任中华人民共和国的外交部部长，1942 年秋在《新华日报》以于怀的笔名主持过《国际专栏》，直至抗战胜利。

证都是按照那个办的，但是到了美国，我就想，假如我搞轮机，轮机必须在沿海工作，沿海一定是国民党的势力，共产党只能在延安，得不到出海口的。要想学轮机有这个限制，就这样子想到转学农机。所以，我就换了一个学校，也换了一个专业，到伊利诺伊大学农学院的农业工程系。

我在西南联大念的工科，对农学院基础知识缺乏。譬如说我要学一门课叫水土保养，水土保养就要知道土壤，学土壤就必须学地质，所以我要先学地质，再学土壤，再学水土保养。比如说你学农作物，你就要学植物什么的。他们很强调轮种，还有排灌。水土保持、轮种、排灌这些观念，都是所谓农业工程里面的内容。总的来讲，不是农业机械系，是农业工程系。当时中国还没有农业工程的概念，所以到那里就学吧。学了一段时间拿了伊利诺伊大学的农学士，然后我又到堪萨斯①，在那里得了一个硕士，这时已经到了 1950 年 1 月。

我的女朋友六七月份才毕业，我就在美国找些临时性的工作，一个内燃机厂、一个农场，在两个地方工作了一段时间，到了 8 月份我和我爱人结婚，到黄石公园那些地方走了走，然后就回国了。我的家庭观念比较重，我是老大，家里弟弟多，我应该分担一点责任，在美国的时候我也寄点钱回家。

二

当时回来不难，我的船票是托人给我买的，因为我离芝加哥远，买票要到芝加哥。我们到旧金山上船的时候，已经 9 月份，刚好是美国仁川登陆那一天。同船回国的中国人有 130 多人，其中有冀朝鼎的弟弟冀朝铸，后来成了外交官；还有搞地质的涂光炽，搞半导体的王守武，搞植物的崔澂，他们后来都成了院士，还有搞化学的陈天池，还有一个姓阚的，是个大夫。吴良镛②也在船上，我睡上铺，他睡下铺。船上有进步的同学，组织大家谈回国的打算。我就讲，我希望到东北去搞国营农场，这个工作适合我。我们坐船到了香港，香港下船以后，就到广州了。广

① 美国堪萨斯大学。

② 吴良镛（1922— ）：清华大学教授，两院院士，建筑学家、城乡规划学家和教育家。

州教育厅的人欢迎我们，他们手里已经有了130多人的名单。我们在饭店里开了两三天的会。当时全国运动会在广州举行，他们还组织我们参观运动会。那个时候我脑子里想的，还是到东北去，以为共产党跟苏联一样，有国营农场，有拖拉机站，这些工作是适合我的。

我在美国时参加了留美科协①，里面有一个积极分子叫丁敬，丁敬当时已经到了华北大学工学院，我回到家后他给我写了一封信，把华北大学工学院有什么专业这样的信息介绍给我，告诉我这个学校很好。但我当时还想去东北，到北京后，我住在教育部的招待所，教育部的人说东北不能去了，现在抗美援朝，东北的学校都疏散了。华北大学工学院当时很有威信，第一是老区来的，是延安自然科学研究院转化过来的，这个对我很有些吸引力。还有更大的吸引力，它是为重工业部培养人才。重工业部管的范围是很宽的，这里面有飞机、汽车、拖拉机，好多专业，采矿、冶金都有，我觉得能为国家培养重工业人才，很光荣。东北去不成，就决定来了。

我是1950年11月16日到学校报到的。当时像我这样被吸引到这个学校的老师，我估计有30多个人，大部分是从美国回来的，一部分是从英国回来的，也有从德国回来的，都年纪不大，有几个稍微大一点，已经有小孩了，但大部分都还没有结婚或者刚结婚，跟我年纪差不多，30来岁。当时学校对我们这些海外归来的人还是很好的，生活方面都不用我们操心。当时我每个月的工资是1 000斤小米，足够用的，学校还给分配了房子和家具。我最初住在钱粮胡同12号，后来我有了孩子，又给增加了一间。

1951年，车道沟的大楼造好以后，招生就在那里了，学校有班车从城里到车道沟。1954年，新校舍陆续建起来，学生来这里了，我们跟着学生走，学生在哪里，就到哪里教。教了几年以后，教工宿舍也造起来了，1957年造完的，造好了，是冬天，没有暖气，我看过房子了，但没

① 留美科协：留美中国科学工作者协会（Chinese Scientific Workers' Association in U. S. A）的简称。1949年6月18日在美国匹兹堡成立，是部分留美人员在美国建立的公开的进步团体，其成员多是分散在美国各地的中国留学生，其中一部分毕业后在那里实习或工作，另有少数的访问学者和华侨。中华人民共和国成立后，留美科协为动员留美科技人员回国参加新中国建设，发挥了重要作用，1950年9月19日朝鲜战争爆发后被迫解散。（资料来自丁敬、傅君诏《回忆"留美科协"》）

有来住。到3月15日停暖气，15日以后就开始搬家，分给我3间楼房，当时觉得很好了。后来就没有再搬，就一直住到现在，住了60年。

三

我到这里，第一件事情就叫我去上海。重工业部给了学校这么一个任务，说上海经常有台湾飞机来轰炸，那仓库里物资很多，要把物资疏散，避免炸坏了。你们派几个人去选，只要学校能用的东西就要，钱以后再算，先把东西拿来。是严沛然带队的，我和丁敬都参加了。还有一个姓潘的，他是留法的，比我们年纪大，家就住在上海法租界，家里有实验室，是个科学家。他当时也是我们学校的，因为年纪大了，后来就留在了上海，没有再回来。

我们就到仓库里去，看单子，选东西。我从机械的观点，有人从化工化学的观点，还有人从电机的观点，大家你挑你的，我挑我的。我记得我挑了好多有用的泵，将来实验室可能会用到。我买来这些机器，倒没受到批评，后来“反浪费”时批评我最多的是我当时买了几大箱铅笔。学生就说买那么多高级铅笔干什么？我说学校是供给制，画图的设备我们都要供给，那种铅笔是专门画图用的，给学生每年都要发的，我们当学生时也用那个铅笔。但是从解放区来的人看起来，这个进口的铅笔太贵了，太浪费。

我们在上海待了一个多月，在那里过的元旦，大概是春节前回来的。

这是第一件事情。第二件事情我记得就是春天随土改参观团去参加河南土改，也去了一个月的样子。回来以后就开始教课，教发电机课，发电厂里面的设备，怎么使用、保管这一套。1951年暑假，就带这批同学到峰峰煤矿去实习。峰峰煤矿大概是邯郸马场站下了火车，然后有一条支线通到那个煤矿的，在那里实习了一个暑假。

刚来的时候，我被分配到热工教研室，当时拖拉机和汽车是合在一起的，那时还没什么人，就我一个，后来过了一段时间，谢焕章来了，还有个叫袁明道的，到1951年暑假时人就多了，有从海外回来的，也有交大毕业的。后来热工教研室人多了，我就转到汽车教研室。后来就变成军用车辆系了。

华北大学工学院的生源质量很好，包括原来中法大学的学生、华北大学来的学生，还有就是1950年招生的学生。1950年、1951年、1952

年，学生质量都挺好。生源质量好的原因：一个是出路好，为重工业部培养人才，这个出路很好；一个是这个学校免费，不要交学费，而且还每个月发点零用钱，吃饭不要钱，读书不要交学费，另外还要给三块五块的零用钱，这个家庭不要负担了。刚解放的时候，你要交 50 块钱、30 块钱学费，那会难倒一个家庭。要吃饭，每个月三块五块钱，也是很大的负担。这些学校都免了，你就好好念书就是了。所以这些学生都是家庭条件比较差甚至贫困的，但是念书念得很好，很认真。有的考上清华了，但是没有钱上；有的在外边工作了好多年，然后考到这个学校来。现在我们学校还有一个我的学生叫朱国琮，1950 级的，1926 年生的，今年 92 岁。朱国琮就是考上了清华，因为没有钱上学，当小学教师，教了几年书。一听到这个学校不要交学费，而且还供给制，这样家庭里面就没有负担了，所以他来了。那一班有三四个同学都是这种情况，年纪比较大，都有工作经验，但是很爱学习。

四

1951 年，最重要的事就是知识分子思想改造。像我这样从海外回来的，主要一个问题就是崇美、亲美思想。我们亲美思想很严重，觉得美国民主、自由，对美国印象是好的。所以当时要仇美是仇不起来的。当时我印象很深的是杨耳①做辅导报告，他讲，有一个人很崇拜武器，结果他的头被砍了，掉在地下，还在说“好剑”。他讲，现在美国这么威胁我们，你还要讲美国的武器好，要注意这个立场错了，你应该把他的剑夺过来，我也要用这个剑。这个思想改造，主要的就是这些。因为美国的思想是个人主义的，我们的思想是集体主义的，主要是转变思想，要从社会主义角度考虑问题。我也得到了思想的提高。

这里面，周总理起了很好的作用。总理动员报告我也听了，在怀仁堂，他把自己摆进去，说自己也需要改造，你说周总理都需要改造，我们还有例外吗？而且周总理讲得很恳切，我们听了以后，懂得思想改造是人人都需要的，这个认识还是有的。思想改造以后，大家教书的热情还是蛮高的。我这个人水平不高，但是热情很高，那时学校里缺什么，

① 杨耳：许立群的笔名。许立群（1913—2000），曾任中宣部副部长，《红旗》杂志副总编辑，第五届全国政协常委。文中做动员报告时，为北京市委青委书记。

我就教什么。制图需要人教，那我教制图。力学没有人教，我就教力学。就是以前我大学里念过的书，念过的课程，都敢教。

到了后来就是要学苏联了，俄文我以前没学过，但是就在一个暑假里面，突击俄文，一天记100个字、200个字，这样子突击，突击以后就翻译俄文教材。1953年的暑假，整个学校的所有教师都在突击学俄文。我们学校当时有个俄文专修科，专修科里面有个俄罗斯人，叫吴索福，教得很好。不光是我们学校，所有高等学校都在学俄文。我们学完俄文以后，1954年，大批苏联专家来了，我们学校苏联专家很多，我估计差不多有30个人。光是我们坦克系，就有4个。还有雷达系、光学系，好多系呢。

我跟其中两个苏联专家有接触，一个叫尼格马图林，还有一个诺维柯夫。诺维柯夫来得最早，他是全面的，尼格马图林是搞热工方面的专家，是一个博士。当时我们的接触主要还是业务上的。先讲教学计划、教学大纲，培养一个人要开什么课，每门课的内容，这个大纲是什么，然后为什么要有大纲，叫我们理解了，然后根据这些大纲去编教材。苏联给我们教学计划、教学大纲、课程大纲，但是教材没有，我们过去的教材都是英美的教材。现在不用英美的教材，要自己编教材。英美教材都是英制，现在苏联教材都是公制。我们参考苏联教材，把英美教材也要转化为中文的，转化为公制的，苏联教材当时书店里也可以买到，买到苏联教材，把它翻译成中文。翻译教材，编写教材，1954、1955、1956，这3年，我差不多一直在做这个工作。

五

1950年我刚来的时候，学校没有系，只有专业。这里挂一块牌子就是这个专业，那里挂一块牌子，就是那个专业。学校里面专业很多，但是很零散。大概到了1952年，院系调整，重工业部取消了，变成很多很多部，一机部到七机部，反正很多单位了。而且明确，我们学校是属于第二机械工业部，是一个国防院校，成立系，都编号了，一共是8个系9个专业，有的搞炮，有的搞枪，有的搞弹药。4系搞光学仪器，就是炮上用的瞄准器，5系是雷达，6系是火药，7系制造，8系是炸药。

我在汽车拖拉机专业，实际上属于3系。3系分为两个专业，一个搞底盘的，一个搞发动机的，还有一个是制造，3个教研室。我是发动机教研室主任。当时3系系主任是蒋潮，德国留学回来的，浙江人。系副主任彭兆元是留美回来的，还有一个系副主任薛寿章是党员，北洋大学来的。系主任就这3个。3个教研室，底盘那个教研室是谁，我记不得了。发动机教研室是我，还有制造教研室叫耿耀张，他是真正搞坦克的。我们这些人原来都是搞汽车、搞内燃机、搞拖拉机转过来的，只有他是真正搞坦克的，在国民党时期他就曾经公派到德国去搞坦克，然后也到英国去，也到意大利去采购坦克。然后在一个坦克学校当教官。蒋纬国是他的学生。他年纪比我们大，他的女儿跟我差不多同年。

发动机教研室我是主任，吴兆汉、秦有方是副主任。另外一个叫陆葆成的，也是副主任，他教燃料与润滑。底下，朱国琮，他当时搞构造。这5个人年纪比较大一点，下面还有一些人，一些年轻的教师、实验员，还有工人。苏联专家来了以后，实验室也建起来了。

我上的发动机课就是发动机原理、发动机设计，还有一些实习。第一是构造，发动机构造就是把发动机的零件都拆开来，每个零件都熟悉熟悉，这个怎么运作的。原理课讲它里面工作的原理，然后讲自己要做的话怎么设计。这三门课是主要的：构造、原理、设计。另外还有一些辅助的课，就是发动机要用油，油料那是有讲究的，冬天用什么，夏天用什么，润滑油也有讲究的，它起什么作用，应该怎么选油料，怎么保管，怎么使用。发动机譬如说你要调整它，调速器，这些零件，它比较复杂，可以单独出来研究它，燃料的供给，油泵也可以当一个重要的内容。这些都是小的了。主要就是刚才讲的构造、原理、设计。

当时考试是按照苏联的考试方式，5分制，口试。那个不好，口试把学生当敌人，要难倒学生。不是考学识，就想制造师生之间紧张的气氛。肯定很辛苦，学生很辛苦，教师也很辛苦。

但我们学苏联有一点是好的，很重视实习。学生坦克实习，就到部队里面去开坦克，还有构造实习。毕业设计的时候，也要在设计之前到工厂里去。重视实践，跟实践结合。坦克专业的学生50级大概有40个人，51级恐怕有100多人。51级我教过他们力学，那个时候还有两个班，有底盘，有发动机，至少两个班。印象里52级人不多，53级人可能有150～200个人。

50级留学校的很多，那时学校很需要教师，一些学生还没有毕业，就给他提出来当助教。国家也需要人，当年那几届的毕业生在这个行业里头蛮多的，有个别的跑到航天，跑到别的专业去了，大多数还是在军用车辆这个系统里头，在兵工系统，成了骨干和专家。

1988 年 9 月，吴大昌作为评委参加陕西三原导弹学院第一届学位委员会审查博士学位授予权

六

在学校一直到 1988 年退休，我一直在坦克系，没有动过，就是教书，教书编教材。我教过发动机原理、燃料润滑、供给调整。后来陆葆成先生去世了，所以燃料润滑也归我教了。我还教过发动机的排放问题。后来改革开放了，污染的问题重视了，我也教过。从国外找来英文材料，把它翻成中文，编点教材。

科研主要是程昌圻，还有朱国琮他们搞，后来培养研究生，也主要是他们培养。我觉得自己这方面基础比较差，科研工作就没有怎么参加。虽然培养了两个博士生，都是别的人帮忙，自己没有什么贡献。

在学校将近 70 年，从我来讲，1956 年以前心情是很好的，1956 年，国家搞“十二年科学规划”[①]，那个时候心情很振奋。我们这些人对中国

① “十二年科学规划”：指《1956—1967 年科学技术发展远景规划纲要》，1956 年 8 月下旬，由国务院科学规划委员会制定完成，由中共中央和国务院批准执行。“十二年科学规划”配合国民经济和社会发展的需要，确定了“重点发展，迎头赶上”的方针，提出了国家建设所需要的 57 项重要科学技术任务和 616 个中心问题，提出了各门学科的发展方向。

现代化很热心。后来“反右”了，“大跃进”，三年困难，“四清”，“文革”，那段时间，作为一个知识分子，就感到迷茫，好像现代化被放弃了的样子，有这种感觉。所以到了 1975 年 1 月，周总理报告重提四个现代化，那个时候心里面这个高兴，然后就又改革开放了，改革开放以后进步很大。中国贫困人口原来多少？1978 年的时候，贫困人口 87%。到了 1990 年，减少了 20%，还有 67%。现在呢？只有 3% 了。

我 1936 年上大学的时候，清华大学只有 1 200 多人，包括文、理、法、工 4 个学院，4 个年级，还算是华北最大的一个大学了。全国的在校大学生只有 42 000 多人，每年招生也就是 1 万人。现在我们学校每年招生就差不多 1 万人。现在一个学校超过 42 000 人的也很多。我到这个学校的时候，学校都是零零散散的，不起眼的。但学生很好，学风很好，前途很好。所以这个学校后来发展是有潜力的，我们的估计没有错，这些年学校确实是在不断地发展，从 1950 年起到现在，特别是改革开放以后，经济大发展，房也造起来了，招生也扩大了，各方面都好起来了。这 40 年的变化，虽然我退休了，没有参加，但是看着心里还是很高兴的。

素质与能力教育是大学最根本的任务

吴祈耀

人物简介：

吴祈耀，北京理工大学教授，1936年生，祖籍浙江奉化，1955年考入北京工业学院仪器系，1960年毕业后留校任教。主要从事军用电子学（无线电电子学）和信息理论方面的科研、教学工作；主要主持和从事生物医学工程和医用电子技术方面的科研、教学工作。曾获科学大会奖、国家发明奖以及其他国家和地方科技奖多项。出版《炮瞄雷达》《统计无线电技术》《随机过程》等多部著作，发表论文近百篇。

曾任国家医疗器械评审专家委员会副主任，北京市科委专家委员会委员，北京市医疗器械评审专家委员会委员，北京市工业专家顾问，北京理工大学生命学院顾问，中国电子学会常务理事，生命电子学分会主任委员（现任名誉主任委员），中国仪器仪表学会理事、医疗仪器分会理事长、名誉理事长和重庆邮电大学名誉教授等职。

2019年10月1日获“中华人民共和国成立70周年”纪念奖章。

访谈时间：2018 年 12 月 6 日—2019 年 1 月 14 日，共三访
访谈地点：北京理工大学图书馆
采访人：张钧
摄像：聂明明

访谈提要

讲述了吴祈耀在北京工业学院的学习经历，“反右”运动时无线电系的情况，留校后筹建雷达教研室的工作情况，小 860 雷达的改进工作，建立生物医学电子工程教研室的工作情况，对高校教育的看法等。

一

我在北京 25 中读高中，1955 年考大学。被学校认为是品学兼优的学生，高中三年每年都获学校品学兼优奖章，高中毕业那一年得了北京市优秀奖章。按照现在的说法，学习成绩是全优。所以高考志愿我就报的清华和哈尔滨工业大学，我心里比较有底气、有把握。

我考上以后，档案被组织上调走，审查通过了以后就把我的档案送到北京工业学院了，我收到的是工业学院的录取通知书。不过事先已经打电话告诉我大学考上了，经过组织审查保送你去军工院校。当时能保送去的军工院校有 3 个：哈军工、北航和北工。

虽然我报的志愿是清华和哈工大，但是录取到北工我是非常高兴的。因为我们年轻时候的气氛就是保卫祖国，而且我高中毕业之前就入党了，是党员，自然应该服从。那时候入党可是特别严格，按他们的说法跟考状元差不多，所以我这种普通中学的毕业生，带着党员的身份上大学的极少。

我去工业学院报到的时候连校门都找不到，因为没有校牌，校门口全都是警卫连把门，我拿着通知书看位置地址是对的，给门口警卫看，他说往里走吧。到里边才有一路标语“欢迎你，未来的红色国防工程师”，类似于这样的口号。学校里有一墙的名单，我就找自己的名字，很幸运，我被录入仪器系雷达专业。这是北工最好的专业，要求也是最高的，我认为至少当年在工科里边是最难学的，因为它以数学、物理为基础。

我入学的时候建系已经3年了，北京工业学院雷达专业的建立是在1952年到1953年院系调整以后。华北大学是中央自己创办的第一所大学，影响很大。我们北京工业学院是在华北大学工学院基础上又从全国调了一批保密级别符合的教授组建的，都是非常好的教授，很多都有国外求学背景。

仪器系是两个专业，一个是9专业，我们入学时叫雷达专业，实际就是无线电专业，另一个是8专业，就是后来的光学系。我记不清是1956年还是1957年就变成两个系了，我们就是无线电系。

雷达专业建立以后，聂荣臻元帅特别重视，因为是中国的第一个。所以魏思文院长一到学校上任以后，试点系就是无线电系，试点班是9552班，他经常到那个班里去，作为他的“试验田”。9专业共5个班，过了2年9专业又分成两部分，一个9专业，一个13专业。9551、9552、9554这3个班保留为9专业，9553、9555改名为13551和13552。新分出的13专业是雷达工艺制造专业，但实际上后来发现根本就分不开。我们专业偏向于雷达总体、雷达原理、雷达技术，13专业本来想更侧重于制造，但实际上在高等学校学习制造，只是多增加几门工艺方面的课而已。我们大课都是一起上的，那时候教室还比较紧张。过去的2号楼是阶梯教室，我们200多人在那上大课。那时候学生特别用功，老师讲课没有麦克风，大家就拼命地早去，争取往前面坐，后边坐的听讲也都特别专心。

雷达专业基本上是依靠苏联鲍曼工学院①一对一包建的，我们的专业课教材全部是根据苏联同类教材翻译或编写的，一方面我们有人送去苏联学习，一方面他们派教授来我们学校教课。正规的雷达专业课，教材全是苏联的，有的课是苏联专家上。有一个教授叫库里柯夫斯基，他在我们学校待了好几年。我们学校也派有老师专门到苏联去读副博士学位，如林茂庸老师，他本人英语和教学都非常好，到苏联以后学了俄语并拿了一个副博士学位回来。他就兼职当了俄语翻译。但大多数的课，还是靠翻译教材，由我们自己的老师上课。

我们的专业课从教学大纲、课程设置等基本上全是按照苏联模式设置的。数理化学完了以后，二年级就进入专业基础课，基本上都是苏联

① 指莫斯科国立鲍曼技术大学。

教材翻译过来的。苏联专家直接给高年级的同学讲课，更主要的是他们帮助我们培训教师。实习也都是按照苏联模式进行的，所以当时对我们实习的要求是要达到四级工的标准。车磨刨铣钻，我们全部都学了。

最后的考试是发你一根钢棍，然后你交回一副螺杆螺母。你要把钢棍切一段，做成螺杆，车上螺纹，然后再切一段锻成直径大一点的，上车床车成六角螺母，钻床打孔，攻丝。完全合格的得5分，能拧上就是4分，勉强拧进去3分，拧不进去那就不及格了，得重新做，大体上就是这样。我们的床子是当时最先进的，型号我都记得，是1617。当时有人说，我们是学无线电的，一会儿锻，一会儿刨，一会儿车，一会儿铣，有必要吗？学校说有必要，苏联就是这么培养人的，也就是说工科学生必须具有机械工程师的基本功。所以对机械制图要求也很高，我们周末几乎都把时间花在机械制图上了，完全是按机械工程师那样培养。到二年级才陆陆续续有电工，然后才有无线电原理这些课。

我们课程最多的时候一天上11节课，上午4节，下午4节，晚上3节。上午基本是课堂里的课，下午很多是实习课，晚上3节是实验课，物理实验什么的。后来因为搞“大跃进”，整个教学秩序受到很大影响。整风①的时候还可以维持着，到“反右”的时候就完全停课了，我们前3个学期，就是1955年下学期到1956年这一年，课程是非常紧张的。

我高中是以三好学生的总评毕业的，又红又专。进大学以后，总的来说我学习还是不错，我第一个学期得到了学校的优等生奖励，还是属于学习比较好的，但没有中学那么拔尖。因为我参加的社会工作比较多，进大学以后我很快就当了团支部书记、团总支委员。我入学的时候是预备党员，转正以后就担任学生支部的党支部副书记了。原来的书记都是调干生，“反右”结束以后，大概上边有指令，说这些调干生大都是工农速成中学来的，到大学就是要学科学技术的。本来他们学习就很吃力，如果整天干这些社会工作肯定更难跟上了，所以就开始从普通中学的党员里边选支部书记。后来我们专业改名叫无线电系，我是无线电系1955级5个班整个年级支部的书记，一直当到毕业。所以我学习虽还较好但并不突出，尤其那时候运动多，支部的工作还是挺多的。

---

① 整风：1957年4月27日，中共中央发出了《关于整风运动的指示》，决定在全党进行一次反官僚主义、宗派主义、主观主义为内容的普遍的、深入的整风运动。

二

1957 年开始搞运动了，1958 年又“大跃进”，虽然考核还按正常考核，但是学习已经受到很大影响了。我们当时按照苏联的要求，考试是口试，我们不怕笔试，怕口试。口试就是一个老师带着助教或者两三个老师坐在教室里，进去 5 个学生，题目要抽签，然后 5 个人排序回答问题，回答以后马上打分，打完，学生就出去了。大家都很紧张，像我这种基础好的都很紧张，我都是第一批进去，因为同学都推，你们几个进去，先给我们吃个定心丸。

1956 年国家制定了“向科学进军”的十二年规划，大家很是兴高采烈。知识分子的会①上，陈毅的讲话对大家鼓舞很大，是第一次没有把知识分子放在被批判对象的位置。当时总理和陈毅在我们当中威信很高，而且我们跟军队的联系非常密切。入学以后，每个月要有一个将军来做报告，我们 55 级入校后，在大礼堂第一个做报告的是许光达大将，装甲兵司令，第二个来的是陈赓大将。所以我们当时对部队、对这些老革命都是特别崇敬的。

像我们学校的魏思文院长，他是 1927 年参加革命的，他在解放战争的时候最高已经当到山东军区的政治部主任了。解放以后很多人都脱了军装，转为政府系统的干部了。像他们这些将军，1927 年的时候大概都是大学生，因为有科学技术背景，很多就调到高校来当校长了。据当时传闻，魏思文是中将，他的级别好像是准兵团。像雷达系的建设，我们的老师都是全国调来的科技人才，建设功劳最大的应该是魏思文和李宜今，李宜今当时是我们的系主任兼党总支书记。而且魏思文这么高级别的干部，大学的校长，他有时间就跟着听课。李宜今本身也是个政工干部，可他把雷达专业课全部听下来了。

三

1960 年，我大学毕业后留校了，是学校定的，我自己还是希望到研

---

① 指全国知识分子会议。1956 年 1 月 14 日至 20 日，中共中央在北京召开全国知识分子会议，周恩来在会上做了《关于知识分子问题的报告》。20 日，毛泽东到会并讲话，他指出：“技术革命、文化革命，没有知识分子是不成的，中国应该有大批知识分子。”

究所或者是大的军工厂去，因为我是学工的，但是我个人没什么选择余地。留校以后有一定的选择性，我基本上是选择走学术科研教学的路，虽然我中间也做一些基层的行政工作，教研室主任、系副主任、支部书记，但是原则上都是社会兼职。

国家当时正在发展，我觉得我比较适合搞学术，或者有点自负，觉得我完全可以在国家的学术技术发展上做一点贡献。所以虽然我入党比较早，有很多机会去从事党政工作，我在大学三年级到五年级当了3年的年级党支部书记，但只要我有选择余地，我就选择教学科研。留校以后，学校给我的任务是和几个老师在无线电系建立新专业，叫作无线电物理专业。其实当时学校的目标还是奔着以后建立信息专业去的，在那个年代，信息是很前沿、很稀罕的名字。同时我还兼任3个教研室联合支部的支部书记。这3个教研室，一个是无线电物理专业，这是最小的，刚筹建，实际上等于一个筹备小组；最大的是雷达技术专业；还有一个是雷达工艺教研室。当时叫作“268”，就是第二教研室、第六教研室、第八教研室。这3个教研室就是原来无线电系的两个老专业加上一个新建的专业，我是这3个专业教研室的联合支部的党支部书记。我担任了不到2年就到外面去进修了，就挂了个支部委员的名，这以后我就没有再回来当支部书记。

到了1964年，无线电物理专业停办了。实际上，建这个专业我们不具备条件，也不是很合适。无线电物理是涵盖了通信雷达的基础理论的，我们是工程的系和教研室，这种基础性很强的专业建立在工程的系和专业里面是很不方便的，再加上后面的科研任务一来，当时人事变动非常厉害，就停办了。

1964年年初，系党总支和系领导调我协助系里分管科研的副主任胡启俊老师组建雷达研究室。这是国家正式下达的任务，因为我们学校原来有双重领导，一个是教育部，一个是国防科委。当时传说聂荣臻元帅说了：“我们中国的雷达，靠一厂一所一校。”一厂就是南京七二〇厂，一所就是南京14所①，一校就是北京工业学院的雷达系，实际上就是雷达专业。当时是根据国防科委的决定，在北京工业学院5系设立雷达研究室，具体由国防科委第10研究院院长孙俊人下达命令，调拨编制30

① 指中国电子科技集团公司第14研究所。

人，行政上由 5 系负责。第一批人员名单有胡启俊、我、柯有安、韩月秋、费元春、李世智、张宝俊、周冬友、邓克勤、徐维新、徐叙兴、邬光浩等。因为当时调人不是很好调，专业要考虑，还有保密级别，很多我们觉得合适的人选，由于密级不合格，去不了。我们从教师里面调了几个尽量是业务比较强的人，然后从 1959 届的毕业生里面选拔了一部分，又调来了几个技术员，也就是中专毕业的，有十几个人。

7 月份委派我代表研究室赴南京第 14 研究所洽谈项目，由 14 所张直中总工程师接待，带回来一批科研项目。由于不久“四清”运动开始，研究室内大部分教师参加“四清”工作队，于 1964 年 12 月奔赴山东。虽然那批项目的协议都签了，但是没进行。之后“文化大革命”开始，较长时间工作处于半停顿状态。

到了 1968 年和 1969 年，我们和 14 所联合研制我国第一台相控阵雷达。我们和 14 所各选报了一个方案，最后国家决定用 14 所的。这样，本来是我们跟 14 所共同承担这个项目，这就变成我们配合 14 所了。总体任务和主要经费全落在 14 所，它分一点任务给我们。这个项目我也参加了一点。但是我们的力量越来越弱，14 所完全主导，最后完成了，好像连我们的名字都没挂，因为我们后来起的作用越来越小。

1970 年前后，全系教研组被编为四个中队，雷达研究室被单独编为第四中队，是最小的一个中队，由我任中队长。当时承担的任务是由戴润林老师负责的小 860 动目标显示，是为与小 860 雷达配合的一个科研项目，叫动目标显示。后来动目标显示在新的雷达研究室里一直延续下来，他们很多前期得奖的技术，都是与动目标显示项目有关系的。

1971 年年底，我被调出来负责小 860 研制工作，这时候起，我就脱离雷达研究室了。对我个人来说，我只是参与了研究室的筹建，代表研究室去接了一批任务，然后我本身又参加了一份工作，仅此而已。后来，在毛二可、韩月秋带领下，雷达研究室进一步积极地组织和争取新的科研项目，开展了更加广泛的雷达技术课题的研究，逐步发展成了现在的雷达研究室。

四

我具体讲一下“小 860 改进”项目工作。“小 860 雷达”是半导体化的双波段精密跟踪炮瞄雷达，用于国土防空和战场防空，可指挥和控制

6～8 门高炮，集中火力摧毁敌机。原来的小 860 雷达研制任务是由当时五机部206 所承担的，王越是技术负责人。206 所研制成功以后，上级有关部门指定北京无线电厂负责生产。1970 年五机部会同四机部和军委炮兵，又把小 860 雷达的改进项目下达给我们学校。

"小 860 雷达改进项目"，这是炮兵给起的名字，所以这小 860 不是我们原始设计的。206 所在大 860 雷达基础上研制成小 860 雷达，然后我们搞小 860 雷达的改进，给我们的任务是解决原来产品技术性能上存在的一些问题，并不是一般地提高一点性能，而是要求我们研制出一部完全满足战术指标要求的改进型小 860 雷达。明确提出两条要求：第一，协助上级指定的雷达生产厂，生产出合格的雷达生产样机；第二，样机要通过国家靶场考核和四机部、军委炮司的联合验收鉴定。

学校接到这个任务以后，那时还是军宣队、工宣队在负责学校工作，他们把工作下达给 5 系，5 系就是电子工程系，也就是现在信息与电子学院的前身。由 5 系牵头并作为主要的承担单位，然后由 2 系、4 系、7 系、基础部协同配合。具体配合的方式，就是按项目需要派有关的教师参加部分部件的研制工作，不是组织联合研制组。所以在研制后期，包括总装总调和整个鉴定工作，别的系都没有参加。整个研制工作，学校有 5 个部门参加，校外有国防工业系统很多企业和部门协作。我们校内前后参加过工作的老师、技术员、技师、工人有 100 多人，项目的完成是大家辛勤的奉献、集体努力的结果，应该也是我们学校对国防事业做出的一个贡献。

小 860 改进项目的研制过程分为 4 个阶段。第一个阶段是 1970 年到 1971 年，这属于项目启动和前期的基础工作。包括了组织研发队伍、制订研制计划、查阅消化上级部门调拨来的原来小 860 雷达的有关文献和图纸资料，还有组建实验研究基地和加工车间。这时候的负责人是周思永、郑寿祺等。这一阶段真的非常艰苦，拿来的是一堆图纸，而且很乱，没有给我们一个零件，是我们自己建实验室，自己建加工车间。原来我们是金工车间，要把它变成一个产品车间，工作量是相当大的。

1971 年年底，领导让我出任项目的总负责人兼总体组组长，我的工作正式开始应该是 1972 年，所以第二个阶段是 1972 年到 1974 年。这是一个重头的研制工作，总体组成员有我、柯有安、李世智、方在根、阮龙泉、邓克勤等老师。后来因为工作变动，柯有安老师和方在根老师先后调离了，其他的人一直工作到项目完成。车间、机电加工、整机的组装是由郑寿祺老师负责的，这很不简单，因为毕竟我们是个学校，整体组装就是在我们自己车间完成的。虽然是炮瞄雷达，但要放在屋子里可也真够大的，挺高的。

这个阶段的主要工作是各分机和部件的研制，包括天线馈线系统和部件，还有发射系统、接收系统、显示系统、天线控制系统、天线及天线座、车体主控台等。然后是分机验收和分机间联试联调，这个工作量非常大。由于是研制军工产品，不同于实验室的技术研究，对稳定性、可靠性和工艺要求都非常高。老师们真是克服了无数技术上工艺上的困难，基本上 2 年没休假，春节大概只休了 3 天，而且是天天加班加点。当时大家真的没什么要求，反正工资都是一样的，晚上超过 11 点补贴 2 毛钱，实际上大家根本不在乎。那 2 年确实很艰苦，因为我们是学校不是工厂，我没那么多配套的人手，技术员的活老师要干，工人的活老师同样要干。

第三个阶段，1974 年，项目进入总装总调阶段。首先是总体装配，我们所有人全集中在那儿，要把它装起来。这个时候像郑寿祺老师，还有 2 个相当于八级工的工人，那真是很厉害，把这么一个复杂的机器装起来了，总机装起来很艰苦。接下来更艰苦的，是总机调试。分机在实验室铺了一层楼，等组装到一起以后就那么一个车厢，全在车厢里边，人还不能都进去，要排着队进，调哪一部分，哪一部分的老师进去。总装总调由我总协调，因为我是项目总体组组长，我日夜都盯在那儿。在调试过程当中，邓克勤老师负责具体线路装配，阮龙泉老师负责电子线路总装，李世智老师负责整个天线馈线系统，郑寿祺老师负责整个天线的调装和车厢内部，各个分机组长排着队一个一个进去调试，如果没有这些人，根本完不成。整个的机械装配工作由 4 个电子工程系的高级技工来配合，像那样的技工现在是很难找到了，按照水平都应该是八级工的水平，因为那个里边没法分车磨刨铣钻，不管遇到什么问题他们几个人都得上。这些工作全部都是在车厢里进行的，我们用的是国产解放 30 的拖车车厢，车厢里的地方很小。

车厢内工作全部完成以后，整机在学校做外场试验，外场试验一个最困难的问题就是放气球。一个气球吊一个角反射器，放上去以后用雷达去捕捉反射器。反射器很小，但是它等效于一架歼击机的有效反射面积。如果连反射器都抓不着，那怎么抓飞机呀，飞机可是会跑的。

外场试验做完就进入第四阶段，就是试验样机要交账了——到飞机场试验。我们前后跑了好几个机场，最后是在天津的杨村军用机场做的，那儿有一个飞行师。因为是军委炮兵的任务，所以我们没费什么劲，那个师的师长、参谋长特别配合，我们试飞的时候都是参谋长驾机。调试了两个月，军代表签了字，认为我们完成了试验样机任务，这第四个阶段就完成了。

这四个阶段，第一阶段的筹建工作我没参加，准备研制了才把我调过去。当时正在“文革”中，基本上一个礼拜大部分时间都坐在那儿学习，所以我担心这个任务很难完成，所以我就提出来3个条件：第一，我要人事调动权，所有的研制工作人员由我调配，组织可以审查，可以不批准，但是不要干预我用谁。第二，我要财权，谁都不能随便乱花项目的钱。因为当时给的钱很多，给了120万元，120万元什么概念？当时我的工资是56元，当时装备部队的歼5、歼6，一架飞机是25万元，相当于接近5架飞机的钱。我说这个钱除项目外谁都不能动，我自己也不例外。第三，每周只能有一天参加政治活动，其他时间由我安排，不能动不动就叫人开会什么的。我说这3条可能有点过分，如果领导有困难，可以考虑另请别人。如果这些都答应，那我也保证，如果我真遇到什么问题完不成任务，我提前一年提出辞职，而且推荐合适的人来接替我。

那时还是军宣队和工宣队负责学校工作，但真正掌实权的是军宣队，军宣队有两层，院一层，系一层。我是和系一层军宣队第一把手谈的，我就说了我这3个条件，他说他们商量一下。为什么说商量一下，因为系一层的领导决定不了这么大的事，这是全院的任务。后来他们同意了，正是有这3个条件，保证我把这个项目完成了，中间虽然有运动，但基本上对我这儿没什么影响。所以我还是很感谢学校的，起码答应我的事都做到了，我提前半年完成了任务。

1975年初夏，上级指定了雷达生产厂无锡无线电二厂来生产，由我和李世智老师代表项目组协助工厂，按学校研制的试验样机完成了样机的生产。我们在厂里待了有3个月吧，完成了2台样机，之后的工作就由军工厂来完成。军工厂继续生产样机，在无锡的军用机场硕放机场进行试飞试验，试验以后送到国家靶场西安华阴靶场考核。通过靶场考核后，1975年10月份召开了电子工业部和军委主持的产品鉴定和验收会，我们顺利地通过了鉴定。鉴定会上，军委炮司和电子工业部都给了很高的评价，认为我们很好地完成了任务，并且向无锡无线电二厂下达了10台的生产任务，装备部队。1978年，我们和无锡无线电二厂联合获得了全国科学大会奖。这大概就是小860的整个过程。项目完成以后，我们向学校交了三整套的技术资料。我们研制的时候算是机密，研制成功、列装以后就变成绝密级了，所以后面的情况我就不知道了。

五

“文革”结束后，国防工业出版社找我写一本书，因为部队要培训雷达兵，这本书叫《炮瞄雷达》，本身带有一点科普性质，1978年出版了，那是我正式出版的第一本书。改革开放以后，中央决定按照国际上高等学校的要求来建立我们的高等教育，高校的课程也都参考国外相应的学科内容，这样我们很多课程就要恢复或者重新设立。于是按照系里的要求，我又进入教学队伍了。那时全国的一些重点院校包括清华、北工、邮电等十几个学校就组织联合编写课程教材。有一门课叫统计无线电技术，在苏联、美国的电子系都是非常受重视的专业基础课。大家一分工，由北京工业学院来负责这门课的教材编写。北京工业学院就交给电子系来落实，电子系就让我牵头，因为我在大学毕业以后搞过一段统计理论，所以我正式出版的第一本教科书是由我加上另外两个老师，3个人写的国家出版的教材，叫作《统计无线电技术》，我是第一主编。之后，电子工业部成立了全国教材编辑委员会，全国招标，书名改为“随机过程”，我又中标了。所以我正式出版的两本专著都是教材。这期间我的科研工作就变成次要的了，工作重点主要在教学上。

1983年整个学校院系的领导开始大调整，按照党委的意见，学校委任我为系副主任职务，主持电子工程系的日常工作，由老主任张德齐教授给予指导。电子工程系就是过去的无线电系，也是现在的信息与电子学院前身。

我当系副主任的同时还上着大课，这时学校就希望我不要上课了，谢院长和李宜今书记跟我谈了多次，要调我去担任院里的行政职位，级别肯定比原来的高。当时学校的代理书记是李宜今，他原来是我们的老系主任，系里很多工作都是他部署的。我说，如果是组织决定那我就服从，但如果要征求我的意见，那我就在这儿当个主任吧，因为我还是想搞教学和科研。所以到1985年，因为各种原因我就下来了。

当时新任的院长是朱鹤孙，他征求我的意见，说你换个系去当主任呢？还是搞点新的学科什么的？我说我还是那句话，如果是党委决定要调我去，那我没什么说的，但如果征求我的意见，我还是搞学科吧。他说那你不搞原来的专业行不行？我说这个问题不大。他说两个地方由你选，一个是搞系统工程，一个是搞生物医学工程。我是搞技术出身的，虽然当时系统论挺时髦，但是我觉得系统工程的内容和内涵不是很确切，所以我说还是搞生物医学工程吧。因为从我们电子学来讲，有两大应用领域，一个是军事，另一个就是生命健康。朱鹤孙院长说："那行，那就委托你。"

我先在全国做了一个调查。当时国内开办生物医学工程专业的有浙大、西安交通大学、清华大学，我们学校晚了两三年。我找了浙江大学副校长吕维雪教授，他也是国务院这个领域的专家组组长，我跟他深谈了一次。他建议我不要办专业，因为生物医学工程专业的学生，毕业分配是个问题。医学很难，电子学也很难，你把它们弄到一块儿，学制还是4年，结果两头都搞得不深不透，这样毕业出来的学生分配很困难，所以他建议培养研究生。跟学校汇报以后，学校同意我的意见，1985年就成立了生物医学电子工程教研室，代号是56教研室，由我出任教研室主任。给我的任务是负责生物医学工程学科的建设，培养研究生，开设相关课程，开展生物医学工程方面的科研课题研究，主要研究方向为医学信号处理、医学图像处理、医学电子仪器与技术。

教研室成立以后，既然是以带研究生和科研为主、教学为辅，我就必须接科研任务，我去找五机部的邹家华部长，他让五机部的科技司解决，给了我两个项目。其中一个是生理信号处理，由我最后选定了脑电信号处理方向。还有一个项目是细胞融合的电子学方法，我交给了另外一个老师，让他负责了。我这个研究一路走来，首先培养了研究生，第二我的技术成果做了鉴定，报了发明专利，企业开始要求转让，我再指导他们把产品生产出来，然后他们推向市场，产生了社会效益和经济效益，这个项目得了1993年国家发明奖。其实从1985年开始，我就没跟学校要过一分钱，学校也没钱给我，都是靠的国家项目，有全国的，有北京市的，然后向企业转让成果，是靠这样维持科学研究和教学的，当然教学不需要花什么钱，但是带研究生还是要花钱的，我还得给研究生补贴。

1985 年学校还成立了一个研究会，学校在五机部支持下成立了北京工业学院生命科学研究会，由朱鹤孙院长亲任会长，我是常务副会长。最重要的是得到了邹家华部长，还有国防科工委主任张震寰的支持，背后还有一个大人物钱学森的支持。钱学森对这一方面也很有兴趣，所以成立研究会的时候，他直接指导的 507 所所长陈信来参加了，院士贝时璋和邹家华部长都来了。虽然我们只是学校里面一个带有社会性的机构，却惊动了这么多人。钱学森当天没有来，但他后来专门来过学校。参与这个研究会领导工作的还有当时 6 系的主任陈恬生教授、3 系的谢焕章教授，我们几个人负责，组织和协调全院的生命科学方面的科研项目。但这个事儿只维持了 2 年，因为它本身是一个社会性质的，并不是一个严格的组织，像陈教授、谢教授他们也都到了退休的年纪，就慢慢淡化了。

六

那时候科学技术发展很快，不断有新技术融入医学电子学，国家药监局开始建立与国际接轨的医疗器械监管制度。1992 年建立了全国评审制度，1996 年成立了全国医疗器械评审专家委员会，为了扩大影响，他们请了两个主任。第一主任是名誉主任，请了全国人大常委会副委员长、国际有名的资深医学专家吴阶平院士出任，第二主任请了中国医科院的院长兼协和医科大学校长兼协和医院院长巴德年院士出任，我被聘为副主任，副主任有 3 个。

我们的第一个任务就是审查医疗器械，因为医疗器械是纳入法制管理轨道的产品，它的注册证是具有法律效力的。委员会的主任、副主任中只有我一个是搞工程的，他们全是医生，所以我在技术层面负的责任多一点，包括专家会也多由我去主持。委员会聘请了全国 150 个专家，大概三分之一是工程专家，三分之二是医学专家，全国有名的医生都在里面，这样我跟医学界和产业界的联系就越来越多了，这就到了我人生的第三阶段。

我这一生分 3 个阶段，每个阶段都是教学、科研、产业相结合的，我的一生就是产学研结合的一生，只是每个阶段的主导方面不一样。第一阶段以教学为主，但也牵扯到产学研 3 个方面。照理讲，比较早期的高等学校和产业是连不起来的，可是我搞的是军工，科研最后必须落实到产品上，最终要装备部队，所以产学研都有了。第二阶段还是产学研，是以科研为主，第三阶段还是产学研，是以产业为主。这个阶段我有两大任务，一个是参加国家层面的产业，另一个是参加国家层面的学术研究。

1993 年，我和几个专家联合，在中国仪器仪表学会总会的支持下，成立了医疗仪器分会，这是全国性的，我担任常务理事、副理事长等职，2000 年后担任了一任理事长。我还担任了中国电子学会生命电子学分会的理事长，这个专业分会是孙部长和边司长亲手创办的，后来遇到了各种问题，请我去担任代理理事长，两年以后，我正式担任了两届理事长。因为我年纪太大了，所以 2010 年，两个学会我都退出了，现在还都挂着名誉理事长。在这个领域，我为什么能有较大影响？主要就是因为，在学术方面，两个学会都是直接针对医学电子学的，一个是电子学会的全国专业学会，我是理事长，另外一个是中国仪器仪表学会医疗仪器分会，我也是理事长；在产业方面，我是国家医疗器械评审专家委员会副主任。所以我人生的第三阶段是以产业方面为主的。

我们学校电子工程系原来叫无线电系，是中国电子学会参与创办的单位之一，所以一直给我们学校保留了一个常务理事的职位。第一任常务理事是原来我们的系主任张德齐，第二任常务理事是柯有安，第三任常务理事就是我，到我之后断了十几年。中国电子学会是中国最大的学会，常务理事各高等院所都十分重视，在我卸任后学校还有几个理事。

我这一辈子可以分成两大领域，以 1985 年为界。因为我本身学的雷达专业是属于无线电电子学这个门类的，1985 年以前虽然方方面面搞得不少，但基本上主导的是军用电子学，1985 年以后主导的是医用电子学。

七

那些直接教过我们的老师，我觉得现在对他们在学校建设当中所做出的功绩重视得不够。没有他们哪有我们学校今天的成绩，我们毕业的时候中苏关系搞翻了，苏联专家全撤走了，因此很多老师刚毕业就要上讲台，现在一个博士毕业还得老教师带着多少年才能上课。我 1960 年毕业，1962 年就讲课了，而且上的课是大学没学过的，我教的是偏概率论的课，我们上大学的时候没有概率论课程，基本上是靠自学完成任务的。

20 世纪 50 年代没有概率论这个课，1960 年以后，只有北大数学系有概率论课，所以数学系的老师，像孙嗣良老师那功劳真大，他给全校教师上了概率论培训课。因为我们是搞无线电的，早就接触了概率论问题，所以我们大都是自学的。1962 年我开始讲课，就是讲与无线电有关的概率论方面的课，叫作噪声理论。

我认为我们系功劳最大的老师是李宜今，他是政工干部，讲课他讲不了，他不是学工的更不是这个专业的，但是他对于专业方向的把握真的是非常有远见，但是很可惜，他因为政治方面的事，1958 年被免职了。之后由他的副手张德齐教授接系主任了，张德齐教授也是很好的老师，他是天线方面的专家，但是对行政工作和方向把握上有一定难度，能继续维持系的发展真是很不容易了。李宜今之所以能做得那么出色，这与他作为一个政工干部却能够跟着学生一块坚持学习 3 年的专业课是分不开的，他还经常跟苏联专家探讨问题。

2008 年，吴祈耀在生命学院举行生物医学工程学术沙龙活动时发言

另外魏思文院长作为这么大的干部，有这么多的工作，但是他一有空就到 9552 班跟同学座谈，几个比较有影响的老师上课他还来听课。还有基础课教电工的厉宽教授，教数学的孙嗣良教授，专业课的楼仁海教授、戚叔伟教授、李育珍教授、汤世贤教授，没有这批人哪有我们啊！

当然普通老师的功劳也都很大，实际上没有功劳也有苦劳。我们学校确实出了不少人才，对国家贡献很大。但是我只是强调一下，我们的功劳并不仅仅是出了几个院士、几个部长、几个什么主任，出了那么多司局长，我们最主要的功劳是培养了人，这批人在他们的岗位上发挥了各种作用。高等学校第一任务应是培养人，第二任务才是承担科研任务，而科研任务的目的还是培养人，然后才是为国家科学技术发展做贡献，这个关系别搞错了。

我认为高等学校最终的3个任务，第一是素质教育，第二是能力教育，第三才是知识教育。因为素质教育和能力教育是大学最根本的任务，而知识是开放的，尤其科学技术更新换代特别快。我参加过很多学校活动，太多的宣传，是我们又出了几个将军啊，出了什么“长”啊……这些确实是成绩，但是他们的成绩并不完全体现在他们做什么官，归根到底是他们的贡献和发挥的作用，学校的功劳是培养了他们，所以不能见物不见人。我们学校给学生最重要的应该是素质与能力教育，而学习知识应该是终身的。

我们的天象仪更精密

伍少昊

人物简介：

伍少昊，1932年7月出生，1951年考入华北大学工学院机械系，1956年毕业后留校任教，1988—1989年在美国佛罗里达大学做高级访问学者。1990年被评为全国高等学校先进科技工作者，1991年被认定为对国家有突出贡献的中青年专家，同年获国务院特殊津贴。2002年受邀赴德国卡尔·蔡司·耶拿（Carl Zeiss Jena）光学厂合作研发新产品。曾任北京理工大学机器人学术委员会主任，中国光学学会颜色科学分会常务理事，北京光学学会工程光学分会理事长，中国自动化学会《机器人》杂志编委。“七五”“八五”两届国家重点攻关项目“机器人”专家组成员。科技成果有大、中、小型天象仪，大型光谱辐射计，氩离子激光微束仪，人造卫星红外地球敏感器，宇航太空天象仪，CCD相机交会式机器人动态性能测试系统等。其中大型天象仪顶替了德国蔡司天象仪，从1976年至2007年在北京天文馆连续运行31年。参与国内多个大型天文馆的筹建工作，曾获国家科学技术进步奖二等奖、北京市科技成果奖一等奖、机械电子部科技成果奖三等奖等多个奖项。

访谈时间：2018 年 8 月 10 日（一访）
　　　　　2018 年 8 月 16 日（二访）

访谈地点：北京理工大学图书馆

采访人：郭晓明

摄像：吴哲

整理：苏田园、郭晓明

访谈提要

讲述了伍少昊在北京工业学院学习的经历；留校后的工作内容；“大跃进”时研究天象仪的工作经历；学校自主研究的天象仪与德国天象仪的区别；研制过程中，严沛然和谈天民两人的重要性等。谈到了轻工业部大型光谱辐射仪项目情况，以及学校需要工匠精神，需要动手实践能力。

一

我在贵阳一中读高中，是当地的重点学校。1951 年，我高中毕业，当时就想到北京来考大学，只觉得北京是首都，高等学校又多，这里上大学的条件要比贵阳闭塞的条件好很多，所以那年夏季我就离开家到北京了。到北京只是想到这儿考个好学校，但具体考哪也不知道，当时只知道清华、北大。所以我一天到晚就看报纸上的介绍，一看华北大学工学院挺不错的，好像又有供给制，挺好的条件。我们当时生活还是挺困难的，这些条件也很吸引我，所以就报考了这个学校。实际上就是我自己的主意，完全就是看报纸选的。

我来北京以后住在现在西什库那个地方的教堂，当时外地来的学生没地方住，就安排在那儿住。当时好像是全国统考，我们在黄城根中法大学报的名。我报的是机械系，我就是一个普通的高中生，在外地也比较闭塞，父母也不是搞工程的，但是我比较喜欢机械。我父母都是画画的，所以可能也受一些影响，我觉得我的三维思考能力比一般人强，所以觉得我还是适合考机械，就报了机械。至于机械系里面再分什么专业，我当时根本就不知道。

很快就收到了录取通知书，大概一个月。入学以后，我们机械系是3个班，甲、乙、丙，是根据成绩分的，甲班的成绩最好，我们乙班是中不溜，丙班的成绩就是差一些的，一个班40人。我当时在乙班，也不知道将来学什么。到了二年级才分专业，因为苏联专家把苏联的教育制度带过来了。鲍曼工学院①来了一些专家，这是苏联的国防工学院，也是很有名的。

我们学校各个系都一样，50级以前都是从老区来的，1951年开始，我们这一届很可能是北京工业学院建成以后第一次正式招生。我觉得50级的学生很多都是老区的，都是老大哥，我们来的时候是他们接待我们，他们都比较成熟，我们像小学生似的。

苏联专家来了以后，我们系这3个班就分专业了，甲班是火炮专业，我们乙班是仪器专业，丙班是轻武器专业，就这么分开了。当时就叫仪器系了，不叫机械系了，但是还很笼统。王发庆教授是我们第一任系主任，薛培贞也做过系主任，再往后马士修是系主任。到了仪器系之后，又细分了，有的往自动控制方面走，比如指挥仪专业，我们就是光学仪器专业。光学仪器专业里头又有搞光学设计、搞结构设计的，后面再分就是红外、夜视、激光，慢慢都分出去了。

我当时觉得搞仪器也挺不错，就接受了。那时候也没有什么根据兴趣调专业，都是服从国家分配，安心做好一颗螺丝钉。我很满意我学的这个专业，老师也都觉得我领会得比较快，所以都很注意培养我。我一直在仪器系的军用光学仪器结构这个专业，一直这么下来。

我们学校当时高水平的老师还是挺多的，像张翼军②、赵进义③、李

---

① 指莫斯科国立鲍曼技术大学。

② 张翼军（1892—1975）：吉林省扶余县（现扶余市）人。1923年毕业于巴黎大学数学系，获理学硕士学位。新中国成立后任北京工业学院教授，是我国教育界享有盛誉的老一辈数学、力学学者。

③ 赵进义（1902—1972）：河北省束鹿县（现辛集市）人，1912年留学法国里昂大学，先后获天文学硕士和物理学博士学位。1952年后，任北京工业学院教授、理论力学教研室主任。曾任中国数学学会、中国力学学会和中国天文学会理事。

维临这些老师，还有薛培贞、王发庆、马士修这些我刚刚说的系主任，这都是很有名的老师，他们基本上都是国外留学回来的。每个老师有自己的风格和水平，应该这样说，有的老师学问很大，但是就是说不出来，也有的能够讲得非常非常清楚。

我印象比较深的是教物理的王象复①，他教课是非常非常有水平的。不是说他学术水平有多高，而是他讲课能够把学生，起码把我讲得非常清楚，他能够用很通俗的办法把很难理解的概念讲得十分清楚。我觉得这些讲课比较好的老师对于我在北京工业学院学习和成长是非常非常有帮助的。因为在上大学那个年龄还没有那么强的自学能力，还是要靠老师引导。

普通物理对工科学生是非常重要的课程，有很多概念不太好理解。我印象最深的就是王象复老师讲多普勒效应，他就举一个例子，一个声源在一个地方发出振动，就好像在小河上头，有人按一定时间一个一个地往下放小木塞子。比如说一秒钟放一个，如果你站在那个地方等着接的话，你可能一秒钟接一个，声源的频率也就是信号源的频率是多少，你在那儿接收到的频率就是多少。但是如果你迎着它走，你就能多捡好多个小木塞子，就是说你接收的频率就会高。如果它往这边走，你也往这边走，那么要好久才能捡一个，也就是说你接收的频率就低了。他这个讲得非常非常形象，他这么一讲，你再往信号源方向联想，不管是光源还是发生机械振动，相对运动会引起接收到的频率的变化，他把这个非常形象地表现出来了，一听再不会忘记。所以我觉得老师这种引导，首先是他懂得很清楚，另外他还要会表达，这个很重要。

像我们的马士修老师，他好像是5门博士，在法国留学拿到5个博士。我们4系改成苏联的教学大纲以后，好多教材都是新的，当时都让马士修教授来承担这些新课。他是学物理的，没学过光学设计，但是那个课程是按照计划需要什么时候开就得开，不能耽误学生。马老师就是那么辛苦，现炒现卖。当时学的是法拉第那本《几何光学》，晚上他提前消化了做讲稿，第二天就给我们讲。而且没有书，所以他的讲稿还要去

① 王象复（1903—1976）：安徽省怀宁人。1937年12月毕业于德国柏林高等工业大学物理学院，获工程师学位。1950年后任北京工业学院教授、物理教研组组长，教授过普通物理、力学、电磁学、光学、分子物理及热学、近代物理等课程。

印，印了以后，紧跟着一两天再发给我们，那都是马老师做的，我们大家都特别佩服马老师。但是马老师在语言表达上就比较差，他首先有点结巴，一说急了就说不出来。另外他那个表达方式，他自己是懂了，但是我们不懂。

我举这两个例子，一个正面一点，一个可能负面一点。但是这两个老师，我都是特别感谢、特别佩服的，他们的水平都没有问题。像马士修老师，仪器系那些新开的课都让他临时那么弄，确实也是太难为他了，他要是没有一点真才实学，真是顶不住。他开了起码三门课，还带研究生。

51 级化工系在皇城根中法大学那边，我们就到车道沟去了。学校在那新盖了一个临时校舍，那时候延安大楼正在盖，还没盖起来，我们就住平房，上课也在平房。只是每年五一、十一去中法大学，因为每年五一、十一天安门有大游行，我们练队就得练好久，那都是政治任务似的，反正只要有这个事，别的都靠边站。我们要赶大游行，从车道沟过去来不及，所以就得早一天，学校用车把我们拉到中法大学，他们把教室、礼堂腾出来，我们在那儿住。游行完了回到那儿休息，第二天再把我们拉回车道沟。

应该是 1954 年、1955 年，我们搬到中关村南大街这边了，那时候来了大批的苏联专家。专门盖了一个专家招待所，就是现在的友谊宾馆，苏联专家就住在专家招待所。到我们学校来的苏联专家确实都是很了不起的专家。光学专家叫鲁西诺夫，鲁西诺夫在世界光学界都是有名的，有几种很特殊的镜头，比如说特别大孔径的、特别广视角的，都是以他的名字命名的。他到我们学校带研究生、培养青年教师，做了很多工作。所以我们学校原来 4 系，就是光学仪器系，光学设计的光学系统、仪器结构在国内都是很靠前的，而且这两样都是实打实的东西。

仪器里头有一个很重要的问题就是精密度，怎么设计出来能够保证精密度，这个问题很重要。有个专家叫扎巴列夫，他是莫斯科国立鲍曼技术大学搞精度理论比较权威的，他也来了。我是搞仪器的，所以我也跟着扎巴列夫学了一段，不算他的正式研究生，但是学了，他讲了一些课，我也去听了，对我帮助很大。

当时国内有仪器系专业的学校就 4 个，我们学校、清华大学、天津大学、浙江大学，互相都有很多技术交流，从当时的交流情况看，我们学校是非常领先的。当时的中国光学协会理事长叫王大珩，我们学校等于是他的点似的。李振沂是我们4系原来的系主任，他和王大珩非常非常熟。王大珩经常来我们学校，我们有一些问题就请教他，他也常常以我们学校的光学发展做例子，在他演讲的时候，也很推崇我们学校的模式。

当时魏思文已经是院长了，他在贯彻教育改革，实现苏联这一套教学方法，认真地执行上级的命令。当然他不是强制地推行这个东西，因为当时也有好多阻力。这些老教师都是欧美留学回来的，对苏联这套当然会有抵触，但是从现在看，确实苏联的教育也有它的特点。他们的基础教育，像数学这些，基础打得是非常非常硬的。但是专业方面，他们太收紧，广度不够，专注的程度超出了需要。比如说我们当时上金属切削课，就记什么车床型号、车什么材料、切削用量，机床应该多少转速、切多深，就记这种数据，其实这数据是没用的。生产一进步，它就变了，而且你花了好多脑筋去记这种东西，必然影响你的基础学习。当时的反映就是北京工业学院的学生一到工厂就能顶事，清华来的一时半会儿用不上，有这种评价，但是这种评价也是不全面的。当时清华的校长是蒋南翔，他当时讲，你到底给学生猎枪还是给他猎物？打一只野鸡给他，他一顿吃完了，要是给个猎枪，他可能起头打不了，但是以后他可以打鸟、打兔子，他自己就有活路了。当时也有这两种思想，那时候我们学校比较坚持按照苏联专家这套东西做，这对我们学校的影响挺大。

我们参与的工厂实践是非常完整的，现在说起来可能都太奢侈，我们先做的叫认识实习。我们搞光学仪器的，是去昆明的二九八厂①实习。当时从北京坐火车只能到贵阳，接着就是坐长途汽车了，翻山越岭地到昆明。带队教师是韩锡勋，他是搞仪器工艺学的，我特别佩服他，他和我们学生一起颠簸、挨蚊子咬、挨臭虫叮。每年去一次，一共去了两次，两次都是韩老师带的我们。实习一个月左右，确实是有收获。我们原来只是学书本上的知识，但是像军工生产的一些组织，我们全都不知道，到了工厂全都知道了。这个厂在山洞里头，各种机床怎么弄、刀具怎么管理、怎么检验、怎么实践它那一套严格的工艺，在那儿是真正看到了。后来还有工艺实习，我们去了唐山机车车辆厂。使用实习去的是长春军

① 今云南北方光学电子集团有限公司。

用机场，因为我们专业要学做飞机的轰炸瞄准具，要上轰炸机去实习瞄准具的使用方法。

二

我是1956年毕业的，毕业之后就留校了，在仪器零件和设计教研室，先从助教做起，然后讲师、副教授、教授，也就这么做。当然说实话，我是比较喜欢搞实际工作的。如果让我选的话，我肯定还是愿意多投力量到科研工作上，因为科研工作和别人关系比较少，就是处理自己和技术的关系。

我们4系是工程光学系，当时主要分成3个部分。比较靠近自动控制的也出去了，因为确实光学专业和机械专业两个同时学的话，你什么都学不好，所以光学设计的部分是一个专业；机械设计和结构这方面是个专业；红外、微光什么的是一个专业。我始终在机械结构这个专业里，搞仪器结构的设计。

我讲的课原来叫仪器零件，当时教课我就特别强调仪器零件的教学要和仪器结构的设计结合在一起，就是不要说这个是轴承、那个是齿轮，而是一定要把它们结合成一个传动系统来教。讲齿轮，不要单讲一个齿轮，要讲齿轮怎么组成这个传动链，那就离不开轴承，好多根轴互相来传，就得从这个角度来讲。所以我把仪器零件这个课改成叫仪器零件与结构，因为必须有整体，否则一个一个单独零件学会了，弄总体的时候学生还是稀里糊涂的。另外我把运动学设计也融在这门课里去讲，精度计算有一些概念，叫作运动学设计，这是西方才有的概念，苏联没有这个精度概念。

我自己的体会是，要想把仪器结构设计做好，知识面必须宽。比如说我搞的是光学仪器结构，对光学设计我是“二把刀”，但是我也得很了解。因为结构设计往往是抓总体，如果对光学设计没有相当的了解，这总体没法抓。我搞结构，当然我对结构本身更清楚，但是我对光学、对控制、对电子、对传感器都得有了解。

我有两个优势，在后来的工作中体会很深。一个就是我喜欢动手，我很小的时候就喜欢动手，喜欢做点东西玩，做个小船，给它装上个什么东西，让它成个小汽船，或者装个收音机，就是不停地在动手。动手这种能力是一个很基础的培养，应该是要提倡的。比如现在做小航模、赛车、无线电遥控的一些东西，就是让孩子自己去弄最好，只要有了这个基础，他将来学课和出去工作肯定比不会动手的人要强。另外一个，具体来说对我搞结构设计帮助很大的，就是我的空间思维和画图表达的能力。画图不是说机械制图，而是我脑子里随便想的一个东西，我都可以画出来，画出来之后自己可以再比较再审查，也可以给别人看，互相交流。这个思维能力就是美术，就是画画。所以咱们国家以前是德、智、体全面发展，现在又把美这些都加上，还是很重要的，就是说必须是一个全面的人。

三

1956 年到 1958 年，我讲了 2 年课，然后“大跃进”开始了。当时大家都放卫星，要找一个自己领域里的尖端卫星放一放。北航很厉害，他们把所有的专业——发动机、空气动力学都弄起来以后，全校做了一个“北京一号”飞机。但我们学校不是单一的学科，不管做个火箭还是做什么，好多系都插不上手，所以就各做各的。我们 4 系想找一个我们专业里世界最尖端的，找来找去就看上北京天文馆的天象仪了。学生、老师、年轻教师也真够敢想敢干的，就说做那个天象仪。

最初学生是主力，我们教师是指导一下，也承担了部分工作，当时定的就是 3 个月把这个仪器做出来。7 月 1 号，系总支书记带着我们在党旗下宣誓，大战 3 个月，做一台天象仪，向党的多少周年献礼。这其实不太科学，大家都是新手，天象仪也不懂，天文也不懂，但是 3 个月就要做出来，大家就是被这种节奏弄得没有科学精神。天文馆的天象仪是德国的，很有名，全世界也没有多少台，可能 20 多台。那个东西很贵，当时正好是科学院有一些科研项目有结余，到年底就买了那个东西。1957 年装上的，到 1958 年还很新。我们当时去了，天文馆的人也很支持我们，尽量帮我们扫天文的盲，那个仪器也让我们看了，但不可能有时间去详细了解。反正就照着葫芦画瓢，就大致按那个样子做，真是够玩命。

我们当时研究问题开会，四五个人站着开，站着站着有人就睡着了，因为实在是顶不住。我们都把行李搬到车间去，有事就叫起来干一会儿，没事又在那儿睡了。大概用了 3 个月过 10 天就做完了，还真拉到北京天文馆去演出了。这事可把德国大使馆①都惊动了，因为他们没想到有人会再做一个天象仪，而且一听说3个月做出来，都懵了。我们演出的时候，首先是我们学校自己的学生、教师去看，演了好多场，德国大使馆的人也非要来看。后来经过上级同意让他们看了，看完以后他们在那转来转去的，围着不走，提了好多问题。因为那台仪器应该说是特别困难才做出来的，不管我们做得好不好，反正转起来了能表演，这就挺唬人的。当时人民画报是那种大开的，1959年1月份的封面就是我们做的这个天象仪，是很给力的，还拍了些纪录片之类的，播一播，声名在外了。

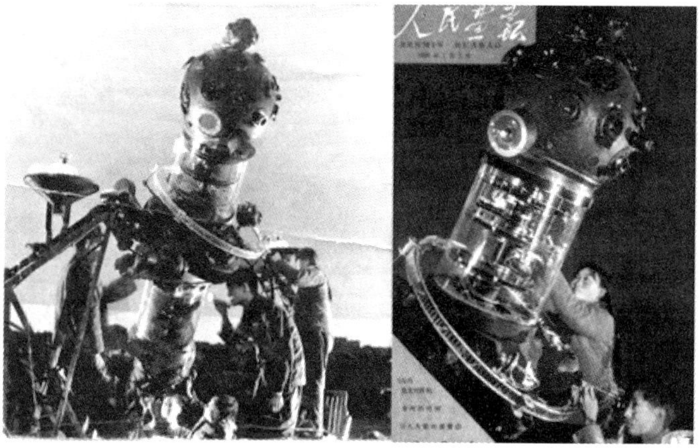

1959年1月，北京工业学院做的天象仪登上《人民画报》封面

后来我们自己就反映情况，觉得这东西虽然能表演，但实际上真正用还是差好多，如果有条件的话还应该接着做。学校听了我们的意见就接着干，1959年又干，但是还是好大喜功，认为再干一次肯定就行了，一下投了4台，还不成熟就投了4台。1958年是在仪器系自己的小车间干，仪器系有加工光学零件的车间。学生设计完，自己车间就干，少量的申请院工厂的资源。到了1959年就把这个工作转到院工厂去干了，因为4系承担不了这么大的工作量。

再做就比较认真了，因为不用那么赶时间，就认真地去看了一下德国蔡司的仪器，那台仪器资料非常丰富，而且德国人也没想到我们会仿制，所以把好多详细的资料都发过来了。这也说明德国人确实比较老实，

① 1949年10月26日，中国与德意志民主共和国（俗称东德）建交。

工作作风也实事求是。所以我们就决定要重新再做几台，但是不能像第一台那样做法，首先这么好的机会，得先把它弄清楚，所以非常仔细地看。但是大家始终是不愿意按照德国的方案来做，觉得我们虽然也做天象仪，也参考了学习了，但还是要做自己的原理，所以就一直在折腾这个原理。后来真的想出一个新的原理来，这个原理确实挺好的，比德国那个有优势，而且是我们中国自己弄的。我们不认可蔡司的原理方案，并不是因为它用了我们就不认可，而是相比较之后，确实觉得我们的方案更好。

德国那个是日心体系，我们是地心体系。天象仪主要的困难就是行星视位置的演示，日心体系讲解起来省事，大家都在太阳上看，所有的行星都围着太阳转，这个非常简单。而我们是地心体系，因为我们不是在太阳上看，是在地球上看，金木水火土星什么时间在什么位置，为什么走出一些很特殊的轨迹来，这个原来大家都不清楚的。用哥白尼的日心体系理解太阳系是很直观的，但是用它来演示行星的视位置就会产生太阳到地球这段距离的误差。如果从地球上看的话，行星的视位置运动就很复杂了，行星有的是这么走，有的画个大圈回来绕个圈又这么走，有逆行什么的，就解释不清楚。但是以我们的地心模拟方案，从地球上来算行星的位置，肯定比从太阳上算它的位置更准确，因为差了一个地球到太阳的距离，这个误差很大，所以在这个方面我们的方案比蔡司的方案肯定是有优势。我们这个原理是复杂了，但是它更准确了，就是老老实实从地球上看行星是怎么动的，咱们就怎么模拟，所以它的精度高。

把天象仪的原理重新设计，基本就是全部推翻重来了，除了能参考德国仪器的大致结构以外，其他全部自己搞确实是比较困难的。中间花了很大的力量，但我们也觉得很值得。首先我们没有完全照抄，我们提这个方案也不是为了新而新，确实是在精度上结构上比他们有优势，我们也走通了，所以我们的天象仪采用自己独特的地心原理方案虽然增加很多困难但还是值得的。

1959 年投了 4 台，我们做出来 2 台，在做的中间又发现还有问题，在这两台的基础上又局部改，这中间时间就很长了，因为现在研制进度没有人催了，我们就做好为止。有些数据蔡司也并没有给我们，譬如说他们的仪器精度到底是多少、性能到底是什么样，我们又去都测了。花了几个月时间一点点地测试它的精度、性能。我们改了结构以后又不停地做实验，这个工作一直做到 1965 年。从 1959 年到 1965 年，做了很长时间，而且这个团队基本上没有散，团队的核心差不多有六七个人，一直这么做。

学校也很支持，所以才做得下来。到 1965 年就做得很好了，当时测试各个性能都达到要求了。1965 年我们还到清华大学参加全国高校科技成果展，那个仪器确实很好，也得到了很好的评价。但那已经是 1965 年的 10 月份，紧跟着过了年就是 1966 年了，“文化大革命”开始，很多情况都被打乱了，这个工作也不可能往下走了，就停下来了。到 1973 年，我抓住一个机会，把这个项目又推出来，而且得到了全国的大力支持。从 1973 年到 1976 年这 3 年的时间，我们把整个天象仪又做了一轮，这应该算是第四台，第四台才把它做得真正比较好。

四

在天象仪这个工作中，有两个同志功不可没，我必须把他们的成绩突出出来。一个是严沛然同志，严沛然同志在“反右”的时候被错划成“右派”，“反右倾”的时候也牵扯到他，他原来是我们学校专家办公室的主任，他的学识特别渊博。后来把他放到我们天象仪组，等于是下放到我们这儿来劳动似的。但我们天象仪组的同志从来没有另眼看过他，我们很融洽，他在这儿也很安心。他在化学、机械、电子各个方面都有挺深的造诣。可以这么说，天象仪的很多结构、原理的诞生都和严老师的贡献分不开。我遇到什么问题，最先要找的关键人物就是严老师，如果他有什么想法也会第一时间和我交流。有的时候为了学术上的一些问题，我们看法不一样，争得脸红耳赤的都有。我们天象仪组学术上非常民主，大家有什么问题都可以谈，严老师和我谈得非常非常深，但是也从不客气，没有因为他是严老师，我就让着他，都是很认真地把一些问题从学术角度谈得很深。他的思考很深，学术面很宽，所以我们谈的问题、最后的解决方案都是挺全面的。我觉得严老师在整个项目中间起的关键作用，不能因为时过境迁就把它埋没了。他在学术上比较强，工程上好多问题，我强一些，所以我们两个结合得非常好。他一直是我的老师，我也一直把他当老师，他确实教了我很多很多东西。

第二个人是谈天民，谈天民是我们天象仪组的组长，负责全面工作，我是天象仪组的副组长，只管技术。天象仪组除了严沛然是有名的“右派”，其他人多少也有些问题，但是谈天民在党的政策方面掌握得很正确，没有过“左”没有过右，所以他能把我们这些人团结起来，很好地干。在这个仪器的最终阶段，就是1973年以后，他的功劳、能力更显现出来了，当时全国那么多单位一起协作搞天象仪，有好几个高校、那么多工厂，上面有部里，还有北京市科技局、仪表局，下面还有我们学校的领导和各个系，他能够把这么多事情协调起来，最后完成得这么好，谈天民同志，他的水平、工作能力都体现得非常好。虽然他在天象仪具体结构方面、技术方面做得不是很多，但只要他一有空，他就说：“老伍，有什么图要画吗？”他也帮着弄。但是整个的后面这一摊工作太难组织了，只要哪弄得不好，几个单位一打架、一扯皮，工作就推进不了。矛盾很多很多的，有那么多家单位，每家有每家的想法，他都能够处理得那么好，否则这个事弄不完。

五

1966年到1973年，北京天文馆一直闭馆。因为“文化大革命”中间，任何意识形态方面的东西，都得经过重新审查。有一天，江青忽然给天文馆打电话，要到天文馆看一看演出。看完回去以后，江青批示了，说我们中国在古代天文学方面也有很多成就，为什么不能表演？

因为我们和北京天文馆熟，江青批示之后，有人就把这个消息告诉我了。我就琢磨，我们的天象仪1965年就已经很成熟了，增加一些中国特色的表演项目是有把握的。所以我就给江青写了一封信，信里就说，我们北京工业学院从1958年开始就做天象仪工作，一直到1965年都没有停止。而且到了1965年，我们的仪器已经在全国高等学校科技成果展览上展出了，它的性能很好，就说我们有能力承担这个工作。在信上，我、潘广钺、严沛然3个人签了字，因为我们3个是天象仪的骨干。

过了三四天，通知我到学校军宣队总部去一下。我当时估计可能是这个事，但是觉得没那么快吧。去了一看，就是这个事。学校军宣队让我们组织一下，把这个工作恢复起来。根据当时了解，我把名单提交上去了。当时学校是齐尧副校长在抓这个事，上面是国家计委副主任李人俊负责此事。我向李人俊汇报后，国家计委专门派了一个处长协助我们。那时候计委安排下来了，说要干什么，让谁干，全国任何一个单位都没有讲条件的。

这次设计核心部分没有变，就是外壳、架子什么的重新弄了一下。除了我们学校的人，还把北京光学仪器厂的技术员调动起来了，全国到处支持，所以设计比较快，加工的质量也确实挺好。

现在审视第四台天象仪，虽有一些小地方还可以改进，但是从大局上，确实比蔡司那个好。蔡司的仪器原理有些缺陷，它放映那个星点在走的时候，尤其是火星、金星，是拐着弯走的。行星走到拐弯的地方一定震抖，一换方向一定震。我们的采用了地心模拟方案，绝对不震，非常均匀，这是非常关键的！

另外，我们的天象仪更准确。我们实际测出的 100 年的误差，全部比蔡司的原理误差要小，就算蔡司有本事把机械零件都做到零误差，做出来的精度到顶了，但它的原理有误差，精度还是不如我们。譬如说蔡司天象仪的月亮，它走一个月，原理有 6 度多的误差。这太不像话了，因为太阳、月亮在天上视直径就是半度，差 6 度多就差十几个月亮直径了。经过这么多年研究，我们想出了一个办法，把这个误差给矫正了。我们改了这个结构以后，原理误差不是 6 度多，而是 18 分。

天象仪主要的困难就是行星结构的演示，就是金木水火土在地球上看，什么时间在什么位置，为什么走出一些很特殊的轨迹来，这个原来大家都是不清楚的。蔡司的仪器是按照哥白尼的日心学说体系设计，中间一个太阳不动，行星都围着它转。我们觉得，如果是了解太阳系，从日心体系看确实很清楚。但是从地球上看的太空，日心体系的天象仪就解释不清楚了。我们的天象仪不是要讲太阳系的原理，而是要讲从地球上看到的行星，准确的位置到底在哪里。我们是世界上唯一采用地心体系的大型天象仪，这个方案原理虽然复杂，但它更准确。

1976 年，这套设备投入使用了。蔡司的仪器就被推到边上去了，我们那个仪器搁在中间。但蔡司天象仪一直在旁边虎视眈眈，我们这个表现不好，随时就得撤走，一直在考核这台仪器。谁都没有魄力拍板，留下这个仪器或者撤走。

1985 年，当时王大珩①同志是中国光学协会的名誉理事长，他知道

---

① 王大珩（1915—2011）：江苏吴县（今苏州市）人，毕业于清华大学，中国著名光学家、中国科学院院士、中国工程院院士，“两弹一星功勋”获得者，被誉为“中国光学之父”。

这个情况后提议，这个仪器运行好几年了，应该做一个鉴定了。在他的推动下，全国的有关专家组织了一个鉴定会，他担任鉴定会的主任委员。

在鉴定会之前，紫金山天文台历算组专门为我们计算了前后100年的金木水火土星、太阳、月亮的位置，我们就按照那个数据来测，误差全部都在很小的范围内。测完以后，我们把报告交给鉴定委员会。鉴定委员会抽查了一些数据，比如随便定某年某月某日，让我们把机器开到某年某月某日，现场读金、木、水、火、土星在赤经赤纬的度数，现场数据和测试报告几乎是完全符合的。

所以我们在运动平稳性和仪器的精度方面，利用我们自己的地心方案战胜了蔡司。这项工作虽然也很辛苦，但大家不知道疲劳，也不觉乏味，一直这么做，就是因为我们老有一个目标，觉得我们会比蔡司做得更好一些，能够超越蔡司。

我们这个项目是几十个单位长期地合作，当时没有本位主义，真的是社会主义大协作。我们原来不懂天文，北京天文馆一点点教我们。产生的问题是什么原因，他们根据使用蔡司的经验，都帮助我们分析，所以我们很感谢北京天文馆。

这台仪器一直用到2007年，30多年没有出现过什么问题。2007年，北京天文馆又招标了，我们没有新仪器可去应征，当时日本、德国又都来人了。2007年，德国蔡司以它最新型号的光导纤维天象仪中标。所以历史一个轮回，蔡司在1976年被我们PK下来了，到了2007年，30年后又把我们淘汰了。

六

1985年鉴定以后，把蔡司的仪器撤走了，大型天象仪这个项目才结束，我们就回到4系了。从1958年开始，到1985年，27年基本没有中断，锲而不舍。经过这么一个锻炼，我们在各方面也都成长了。

项目结束后，研究室也有比较大的变动，严沛然老师调到院里，担任负责外事的副院长去了；谈天民同志是我们的组长，调到院里当书记去了。我原来是副组长，回4系就变成组长了。

当时军转民，很多兵工厂没有活干，兵器工业部下了一个任务，让我们设计一台适合这些军工厂生产的天象仪，我们就设计了S10，交给华蓥山的二六八厂，1985年就把设计交给了给他们。他们从1986年生产到现在，销售了400多台。我们的S10出来以前，小型的天象仪有蔡司的，日本五藤的、美能达的，美国Spitz的，都进口到中国。自从我们这台S10天象仪出来以后，没有一个再进口。因为我们的仪器卖得很便宜，上世纪80年代才卖12万人民币，进口外国的仪器要12万美元，而且我们功能比它不差。一个S10型号卖400多台，在世界上没有一家天象仪厂家单一型号能卖这么多的。

天象仪还可以说一个事，就是载人航天的九二一工程①。为了培养宇航员所需的天文知识，需要模拟宇航员在宇宙飞船上看到的星空模样。负责九二一工程的抓总单位507所找到我们，我们觉得可以做，所以就给他们做了一台。那台仪器也发挥了很好的作用，杨利伟、聂海胜他们都在那个地方培训过，他们的天文教师也到我们学校来实习，一起来了解天象仪的结构。所以我们的天象仪在国防和航天领域也发挥了作用。

我是1992年60岁的时候退休的。因为我做天象仪的工作已经几十年，对它有感情了，所以虽然退休了，但还是在继续做。后来我们又做了一个比较好的，差一点进了上海天文馆。但是我也没灰心，还会继续往下做。

2014年国际天文馆协会，我去参加，发表了一篇论文，就是《中国的天象仪》，把我们国家做天象仪的历史，把我们这代1976年的天象仪做了个总结，它是世界上唯一一台采用地心体系的大型天象仪，另外它的地心体系有一些优点，由于采用了这样的体系，它可以在行星结构的精度方面达到世界第一。任何天象仪只要用的日心体系，其精度就超不过我们的地心体系。

---

① 1992年9月21日，中国政府决定实施新的航天工程，并确定了“三步走”的发展战略。第一步，发射载人飞船，建成初步配套的试验性载人飞船工程并开展空间应用实验；第二步，突破航天员出舱活动技术、空间飞行器的交会对接技术，发射空间实验室，解决有一定规模的短期有人照料的空间应用问题；第三步，建造空间站，解决有较大规模的长期有人照料的空间应用问题。2017年4月20日，我国首艘货运飞船“天舟一号”发射升空。“天舟一号”的首飞，标志着我国已正式启动“三步走”战略第二步“空间实验室”的收官之战，为空间站阶段任务奠定了坚实基础。

七

1987 年，我们回归 4 系去。搬回去之后，我们当时就接了轻工业部的一个比较大的项目，叫作大型光谱辐射仪。光源从红外到紫外，能够看到中间各个谱线、各个波段的能量分布。为什么叫辐射呢？因为红外不是可见光，但它是辐射。这台仪器能够把这个紫外、可见光、红外都扫描出来。

这个工作是轻工部下的任务，两家来合作，我们搞光学和机械，控制和测试是上海复旦大学电光源研究所负责。我们光学和机械这部分做得非常好，精度非常高，而且双光栅的光谱辐射仪，质量非常非常好，运行得也非常好。

上海复旦大学那一部分工作，紫外和可见光测试比较容易，红外的测试是比较难的。为什么红外测试难呢？因为任何一个东西，只要有温度，只要是 -273℃以上就有辐射，很难排除干扰，上海复旦大学始终没有把红外检测弄好。当时复旦大学就提出来，因为紫外可见没有问题，红外难度太高，弄到这儿就算了。他们提出来，做个鉴定，把这个项目结束。

我们很多组内的同志都告诉我，他们既然是想鉴定的话，我们配合他们做完鉴定就算了。我当时就觉得，这么好的仪器就差这点，不认真做一做就想结束，这个工作就没完成得很好。所以我就说，再要求他们一下，让他们把红外检测加把油，再弄一弄。结果他们一看我们不同意鉴定，也就泄气了。结果最后他们弄不下去，就再也不提了，整个大型光谱辐射剂最后也没有鉴定了。

所以我觉得特别对不起我们参与的朱正芳、汤顺青、王基鸿、张素全等同志。当时如果这个项目鉴定了，没做完的部分可以不强调，可以强调做得好的部分，既然在上海复旦大学电光源研究所的主任蔡祖泉，自己就兼上海科委主任。整个项目总的说做得很好，只有他们自己承担的红外检测没有做好，在蔡祖泉的协调下，大型光谱辐射剂肯定能得到比较高的评价。但是因为不鉴定，将来推广都有问题，也无法评奖。所以这个事，我耽误了我们研究室的一批同志，肯定影响到他们的提升和待遇。我见到那些同志，我都说实在是对不起大家。

大型光谱辐射仪当时做了两台，因为紫外、可见光可以用，红外的

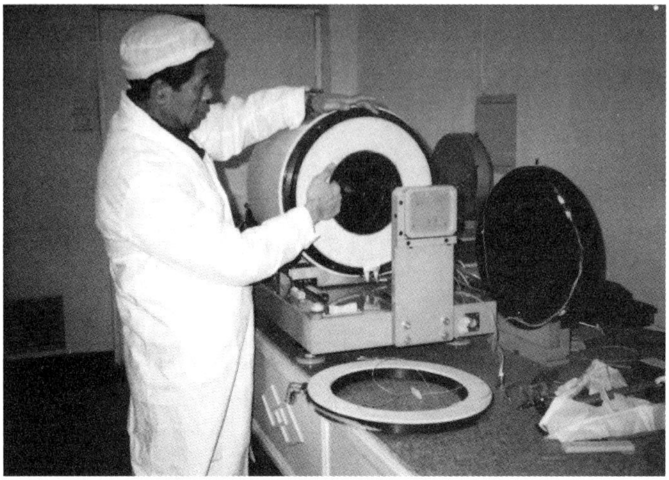

伍少昊调试仪器

做不出来。虽然有缺陷，但紫外、可见光部分很好用。我们这儿有一台，在我们实验室用了，上海复旦大学有一台，也能用，那个仪器非常非常精密，精密得不得了。当时光学部分是袁旭沧设计的，袁旭沧水平真是不简单，除了光学设计以外，光学装校的一些问题他都考虑得特别细。我们天象仪也是他搞的光学系统，搞得也很好，很有创造性。在国外光学设计软件还没有进来的时候，袁旭沧搞的 SOD88 光学设计软件，全国都在用，我们学校两三个月就要开一次 SOD88 光学设计软件的培训班。袁旭沧是非常实干的人，水平很高，好多光学设计都是开创性的，我很佩服他。

八

原来我们院工厂，全车间最好的是一台捷克的车床，一个师傅黄胤昌拿那台机床能够做出特别绝的东西来。还有钳工王荣兴师傅真是心灵手巧的能工巧匠，我们的精密仪器装备全靠他们的技术。我们学校当时有一批这样的钳工、车工、铣工，那一批人是很有工匠精神的，我们学校能出那么多科研成果全靠他们的工匠精神。我现在有时候加工一些东西，给你加工出来的，你都不知道怎么说，它的精度他说了你也不能相信——当然也有好的，但贵得要死。

我们学习的时候，好多需要亲自动手去实践的。应该说，我设计的东西比较实际，是能够做出来的，而且我知道做出来大概是什么情况。如果怎么加工你不知道，你画了一个图纸，要不做不出来，要不就是本来 10 块钱可以做出来的，结果花了 1 000 块钱。设计的人没有实践经验是绝对不行的。

现在的学生比较敢想。要让他试一试，碰个鼻青脸肿的，第二次就好了，要有机会让他实践。学校现在有宇航小组、航模小组、赛车小组，这种小组非常好，就让他们这样试。做个模型飞机，飞上去栽下来了，栽下来再做，没关系，将来真正做飞机就不会栽了。我总觉得搞工程的人，得会动手，得喜欢动手，否则就不太容易搞出东西来。

我们学校这几年发展得还可以，相对以前还是挺快的。但是相对来说，我们工作还是有缺陷。原来我们和北航是兄弟学校，他们好多老师是我们学校分过去的，基础应该说差不多，我们学校发展还是慢了一点。我们学科太散，不像北航可以集中力量。人家进步比我们快，我们学校要考虑考虑。

考上北工，我觉得很自豪

余惠阶

人物简介：

余惠阶，1935 年出生，湖北省武汉市人。1954 年考入北京工业学院仪器系，1958 年毕业后留校任教。1960 年 1 月至 1962 年 1 月赴苏联莫斯科国立鲍曼技术大学陀螺仪表与自动驾驶仪专业进修，1962 年 2 月回国后在自控系陀螺仪与惯性导航教研室任教。编写了《陀螺稳定系统补充教材》，参加《陀螺仪原理与应用理论》的编写，担任航空航天部三院校统编教材《惯性技术》的主审。1979—1983 年担任陀螺仪与惯性导航教研室主任，1983—1995 年担任自控系党总支书记。1993 年晋升为教授。第八、九届校党委委员。参与多项国家级和省部级科研项目，获得多项省部级科技进步奖，发表科技论文 5 篇。撰写党建和思想工作、德育教育等方面的论文 10 余篇。其中 1 篇获北京高校党建研究会优秀论文一等奖，1 篇获兵工政研会优秀论文三等奖。由于积极参加党建研究会的工作，成绩突出，获北京高校党建研究会奉献奖。

访谈时间：2018 年 10 月 8 日

访谈地点：北京理工大学图书馆

采访人：郭晓明

摄像：吴哲

访谈提要

讲述了余惠阶报考北京工业学院的经历，刚入校时的专业，提前一年毕业留校的原因及工作内容，在苏联留学时的学习内容和收获，回国后在陀螺教研室讲课及工作的情况等。

讲述了1972—1978年，任2312课题组组长时的科研工作和所获奖项；回到2系任教研室主任时的科研和教学工作；1983年任2系总支书记期间，在党建等5个方面所做的工作，以及在此期间所做的教学科研工作；对2系发展和人才培养的建议。

一

我在沙市中学读高中，这个学校在我高中毕业的时候已经是湖北省的重点中学之一了。我那时候学习算是中等以上，也不算最好的，可能跟我参加好多社会活动有点关系。1954年我高中毕业，那年1月份我入党了，当时是预备党员，还没转正。

高考之前，也没有人直接跟我们说，是跟班主任说的，班主任又对我们几个学生说："有几个学校，你们可以选。"一个是北京工业学院，一个是北京航空学院，一个是大连海运学院，还有一个当时是叫外交学院，都是比较好的。我不是预备党员嘛，可以在这几个学校里挑。原来我想学矿业学，当时有个中南矿业学院，人家说探矿什么的可以到处乱跑，到处去探矿，就想得那么天真。后来人家告诉我，北京工业学院是国防院校，是加强我们国家国防工业的，我就说，那我报吧。

高考时，沙市没有考区，我们学校所有的考生都到宜昌去参加考试，坐轮船，要上行360里到宜昌。回来以后等发榜，当时武汉的《湖北日报》，还有一个报纸都会刊登各个学校录取的大名单。我一看，没有我，落选了？过了两天，北京工业学院的录取通知书到了，没有在报上登，因为那时候工业学院是保密单位。录取通知书直接发到了我们沙市中学，班主任说你们都被录取了。因为不只我一个，我们同班同学里头，北京工业学院录取了4个，航空学院录取了 2 个，大连海运学院还录取了几个。

我是 1954 年 8 月 27 日到的学校。那时候很简单，没有家长送的，自己带一个家里找到的破箱子，带一点东西就来了。先从沙市坐船到武汉，然后可以从武汉坐火车到北京。但是那一年发大水了，武昌到孝感这一段火车道被淹了。所以我们又改坐船到孝感，从孝感上的火车。到了北京，还是过去前门的老火车站，学校派车到火车站来接我们，很小的一个绿色轿车，把我们接到了车道沟。

迎新生就在延安大楼的门口，当时我们看到延安大楼就觉得很了不起了，这么大的楼，好多层，盖得也很漂亮。宿舍在巴沟现在的 2 号楼，我们上课在车道沟，睡觉在巴沟。这就算进了工业学院了，当时很高兴的。上了北京，而且上的是国防院校，很高兴。我们一入校，信箱都有编号，我是仪器系 8541 班的，所以家里给我写信的地址就是北京西郊工业学院仪器系 8541 信箱，看到这个信箱编号都觉得很自豪，觉得是保密单位。

8541 是专业班的代号，8 专业、9 专业当时是仪器系，8 专业是军用光学仪器专业，9 专业是无线电工程专业。每个班都有几个调干生，后来又把这些调干生编成了一个班叫 8954 班，8 专业、9 专业 54 级的，因为他们原来的基础比较差，所以单独给他们上课。

我是 8 专业的 8541 班，54 级 8 专业 1 班，一共有 3 个班，8541、8542、8543。我们班学生很多，算上调干生，最多的时候达到 54 人。我记得从 1 号楼那个平台上去，左边第一个就是我们教室，满满的人。后来就少一点了，8954 班他们分出去上了一段时间课。还有随班听课的，包括原来外语组的王美，他是随班听课，不算我们班上的。他原来是外语教研室的，最早的俄文翻译，因为对俄文的技术词了解得太少，所以他到我们班学一些，他不是学专业，是学技术的词。

二

我应该 1959 年 6 月毕业，但是 1958 年就提前毕业了。“大跃进”快要结束的时候，我们的老院长魏思文院长有一个宏伟的设想，要把我们学校建成一个导弹学院，不是原来的常规兵器了。这样的话，需要很多技术人才，所以从 54 级、55 级、56 级调了相当一部分学生留校，提前把我们调出来参加科研。

1958 年，我是仪器系半脱产的团总支书记，这个时候无线电系和仪器系应该已经分开了，我毕业的时候，我们就是仪器系了。1959 年我去了仪器系的 7 组，就是自动控制理论教研组，叫 7 组，我是助教。当时组里最老的老师是徐和生，他也是教研组组长，还有一个王远老师。到了 1959 年的中间，又把我抽出来了，当时说要发展新专业，学校要成立陀螺仪表控制教研室，就是陀螺教研室，就把我从 7 组调出来突击学俄文，准备让我去苏联学习了。

我那时候正在听苏联专家讲课，在航空航天大学，那个时候叫航空学院。苏联专家讲陀螺仪和控制的课程，我们白天去听课，晚上回来复习。那时候很神秘，有专门的保密员保管你的笔记本，回来以后复习完了要交给保密员送到一科，一科就是后来的保密科，就是负责保密的。因为有一些苏联的先进导弹或者一些陀螺仪，这都是保密的，所以大家的笔记本上都盖着“密”字。如果大家没听懂的，可以互相讨论、交流，但晚上就由保密员收了笔记本以后送到一科去。苏联专家的课还没讲完，我就被抽出来突击学俄文了。

陀螺专业是学什么的呢？它属于控制仪表。简单说，比如飞机上有方向仪、有地平仪，方向仪就是管飞机的方向，你本来要去上海，如果飞机飞偏了，方向仪就能够自动显示。地平仪跟地面总是保持水平的，如果飞机歪了，地平仪就显示现在飞机歪了。这两个仪表的核心都是陀螺仪。歼击机上也好，民航机上也好，都要用方向仪和地平仪。另外一个就是以后飞机发展到自动驾驶，飞机起飞以后完全由仪表来控制，所以叫作自动驾驶仪。人可以不管了，把方位定好、高度定好，人只是看着各种仪表，只要不出现偏差，人可以完全不管。这个自动驾驶仪也属于陀螺专业管的，这些仪器不仅飞机上用，导弹上也用，它要管方位，管俯仰方向、旋转，所以要搞这个专业。

三

我们在学校学俄语，没有去俄语学院。当时我们的外国语大学不叫外国语大学，叫俄语学院，就是专门培养这些到苏联留学的人，工业学院隔壁就是俄语学院。我们学校有一个俄语教师，另外还找了一个白俄人给我们矫正口语，他有时候领着读一读。我们学了不到 9 个月就考试了，考试通过了还给我一个合格证书，有合格证才能出国，语言不合格不让去。

我们那一批应该是 4 位同志一块儿，我一个，还有无线电的林茂庸老师；还有李亨标，李亨标好像在情报资料室待过一段时间，后来一直在现在的宇航学院搞科研教学工作；还有一个姓张的老师，好像叫张玉峰，回来以后因为个人原因调走了。我们都是不同的专业，李亨标老师属于液压控制的，林茂庸老师是无线电系的，张玉峰老师是引信专业的。

我 1960 年 1 月份到了莫斯科，我印象中是 1 月 16 日晚上到的。我们从前门火车站坐国际列车，大概走了六天七夜，当时的火车也慢。到了莫斯科，留学生学生会的人去接，接我们的是宋健。他后来担任过国家科委主任，还担任过人大副委员长，他当时在那儿学习。李亨标比我晚两个月到，他是三四月份去的。

我去苏联就是学陀螺仪表的，对口就是到莫斯科国立鲍曼技术大学的陀螺仪表教研室，所以我就在这个教研室。我属于进修教师，我基本是从头开始学，因为我原来学的是光学，所以对我来讲还是很困难的。而且时间短，这个专业，他们只接收进修教师，不收研究生，研究生时间长一点，3 年，进修教师是 2 年。

在那个教研室，我基本上做了 4 件事情。第一，我跟着他们本科生听课；第二，在实验室做实验；第三，看资料；第四，出去实习。那 2 年里基本上就这 4 件事，而且主要是看资料。因为学生的课是有限的，即使是陀螺专业的学生也不只是上陀螺仪表的课，但是其他的课我没有必要听，我只听跟陀螺仪表有关的，而且语言上有的还听不懂。因为只学了 9 个月俄语，听起来终究还是费劲的。我那个导师年纪很大，他要给我一个课题做，但是如果我做课题，其他的就干不了了。因为我去那儿是有明确目的的，就是学习陀螺仪表这一套，从听课到实验，得了解掌握。1960 年正式成立了自动控制系，陀螺仪表教研室和液压气动教研室这两个教研室都正式挂牌了。教研室已经有了，但是需要提高、需要充实、需要有新的人。而且学陀螺仪，就派了我一个人去，所以我没有做导师的课题。

学生做实验的时候，我就去参加学生的实验，或者是我需要做哪个实验，我就找那个实验室的主任，找实验室管理的女教师，她可以帮忙做实验。再一个，大量的时间是在资料室看资料，看看他们陀螺有哪些发展，有哪些仪表、哪些部件、哪些系统，看他们的设计思路。这些基本上都是保密资料，像学生设计的稳定器，陀螺稳定系统，它是一个系统，这是保密的。看到我需要的，我就摘抄，连中文、俄文一块，有的就直接翻译成中文，来不及翻就把原文抄下来，回来再弄，这个花的时间可能比较多。另外我们还要学俄语，学校派了一个俄语教师，一个礼拜给我们讲两次课，我和林茂庸老师，我们还要上俄语课。因为我们俄语的基础终究是很差，看书这方面还好一点，说话、听力还是相当困难的。我们刚去的时候，保密资料还可以借得出来，学校单独给我们一个借书证。到后来就借不出来了，老说别人借走了，你借这一本，借走了，借那一本，借走了。其实大家心中有数，就是学校不让我们借了。那时候我们国家批判赫鲁晓夫的修正主义，已经批到高潮了，所以那些资料我们就很难看到了。

后来我跟导师提出要求，我说想到工厂去，能不能帮我安排两三个工厂去看看。他说好，我给你安排安排，后来安排了一个，其实陀螺仪表有好多厂，但是能让我去一个已经不容易了。那是一个保密厂，去了大概 3 个星期，不给你更多的时间。每天坐地铁去，在那儿看一看，晚上再回来。基本上在车间里看工人怎么装配、怎么实验，另外看看装配实验的仪器，看它的规模、程序，还有那些实验的过程、实验说明书。在工厂里面主要是看，如果要记，得用他们的保密笔记本，也不能带走。

在同一时期仪器系有 3 个中国学生也在学陀螺专业，是本科生，他们的学制比较长，将近 6 年。这 3 个人是汪顺亭①、姚振铎、唐如信。回国后，姚振铎分到北京工业学院陀螺仪表专业任教，唐如信分到西安八四四厂②工作，汪顺亭分到天津 707 所工作，后被评为中国工程院院士，21 世纪初被聘到我校自动化学院工作。

我 1960 年 1 月去的苏联，1962 年 2 月回国，总的来讲开了眼界，一个是学到了基础理论，另外就是看看他们的那些东西、设备，因为我们国内没有。比如实验室里有自动驾驶仪，还可以做实验，虽然没有机翼，但是可以看到它那个拖动的电机，电机一动，那就是机翼在动。另外像中心陀螺垂直器，它可以拆开试，在我们国家完全没有，可以解剖，可以做实验，可以打开平台上面和下面的陀螺，这些还是有收获的。再一个就是他们研究的领域，不一定对内容有很深入的了解，但是可以看出它现在在这个领域研究什么，它的最新成果是什么。

四

我 1962 年 2 月份回国，回来以后到外国语大学学习了将近 2 个月才回到

---

① 汪顺亭：1935 年出生于辽宁省大连市，1962 年毕业于苏联莫斯科国立鲍曼技术大学。曾任国防部第七研究院 707 所（今中国船舶重工集团有限公司 707 所）总工程师、副所长等职。中国工程院院士，北京理工大学教授、博士生导师。

② 今西安东方集团有限公司。

学校，回到学校是 4 月份。那时候因为国内的“大跃进”什么的，思想跟不上，所有回来的学生都要先去学习，学习完了再回到各个单位，如果是没单位的再重新分配单位。

我回来就到了陀螺教研室。1960 年，学校建立陀螺教研室的时候我没在国内。我回来的时候，是陈峰浴、丁志欣同志负责教研室工作，那时已经有了将近 20 个人的教师队伍，有一定规模了。开始陀螺教研室在 7 系，叫 711，后来转到 2 系自控系，改叫 201，具体是哪一年转的我不太清楚。1962 年 4 月份我回来的时候就在 2 系了，当时接待我的是马志清，那时他是 2 系的主任，后来是工业学院管教学的副院长。

我 4 月份回到学校，8、9 月份就开始讲课了，讲陀螺稳定系统，这是我回来以后第一次讲课。连教材都没有，借别人的教材讲课。1962 年、1963 年、1964 年的上半年，是我回来以后在业务上踏踏实实干的 2 年。讲的陀螺稳定系统这门课，是一门主课，还带学生实习，带了两届毕业设计，这是真正搞业务的几年。

1964 年我跟着魏思文同志去搞“四清”了。本来从苏联回来以后是雄心满满的，要翻译什么材料、写什么书，有各种安排，满满当当地搞业务工作。可是从“四清”开始一直到“文化大革命”结束，就没有正经做技术业务工作了。

五

1972 年到 1978 年，我从系里调到 2312 科研组负责全面工作。这个项目从 60 年代就开始认证，70 年代初从元器件开始研制。这是 20 院，就是兵器研究院下达的任务，当时是很大的科研项目，叫“简易火箭姿态射流控制系统”研制和设计。目标是给 40 公里的无控火箭弹加上简单控制以提高命中率，同时要增加射程。

课题组由我们领导小组负责，我是课题组的组长，此外我还参加了总体组，总体组是设计，我负责整个计划，年度计划、进度检查和各个元、部件之间的协调，还有日常的管理工作，包括器材购置。这个课题组在当时来讲规模很大，有我们北京工业学院，有长安 203 研究所，还有离齐齐哈尔不远的碾子山生产火箭弹的一二三厂。我们学校有两个系 3 个教研室的教师参加，2 系的陀螺教研室、气动教研室和 1 系的火箭发动机教研室。课题组里外单位有七八位，2 系有十几位，一系有几位，前前后后加起来有 30 多个同志。

项目设计的任务比较多，有陀螺仪的设计，有小的射流双稳元件的设计，有大功率放大器，就是作为控制力的大放大器的设计。从冷气到燃气，开始是做冷气实验，最后有燃气发生器，用燃气做实验。项目里的一些技术完全是自己摸索，比如陀螺仪是一个 15 毫米的小空气球，我们能看到的就是这么一个东西的图片，里头的结构一点都不知道。科研组的同志能把它研制出来，而且传输的信号还不错，这中间的过程其实很辛苦。比如这个球对中度要求特别高，我们自己搞不了，从碾子山找来最高级的 8 级钳工来打这个孔，我们教师没有这个工艺水平。另外教师们自己动手装了一套大的气源设备，买的气源车、大高压气瓶，全套冷气、燃气气源设备的设计、安装，都是我们自己动手，也非常困难。当时条件非常恶劣，做大功率功放实验的时候，噪声很厉害，耳朵根本受不了，但是有噪声也得干，我们从劳动服务公司买了简易的耳罩，能稍微隔一隔音，在这种艰苦条件下，大家接着干。

这个课题组从 1972 年到 1978 年一直没有间断，到后来有了相当的成绩。最初完全是从资料开始，最后我们把双稳小元件、射流元件研制出来，把小的球形气浮的陀螺仪研制出来，然后我们把控制部分的冷气发生器，就是冷气实验的一套装置，气源装置、气源车都装备了，高压气的气源装置可以提供动力，燃气发生器可以做燃气实验。我们做出来的左右推动力，可以达到 18 公斤。燃气左右喷出来产生控制力，对称喷的姿态就稳定，如果喷得不对称，就要控制它自动调整姿态。

这个项目从起步一直到最后，我们做出来一个装弹的弹仓模型，准备到弹上去实验。这时候 20 院说国家的战略有变化，让这个项目下马了。这个项目的经费上百万，当时工业学院经费上百万的项目很少，所以我们这个项目算是重点项目，搞到这种程度的科研项目，下马我觉得很可惜。

项目下马后，我们按照要求，把研究结果写成总结，所有的资料，包括实物资料和实验报告等，很完整的一套资料，放到学校资料室。后来李亨标他们搞远程火箭控制的时候，其中有几位同志是我们科研组的，他们可以参考、借鉴一些原来的研究成果和经验教训。当时的科研条件比较艰苦，待遇又低，但是没有人计较这些，大家团结一心投身科研，这种精神非常值得钦佩。

这个项目后来在学校里得了科技一等奖，获得了部级科技进步奖，对这些同志算是一个安慰。

六

项目下马后我回到系里，任 201 陀螺仪和惯性制导教研室主任，做一些教学和科研工作。

1979 年到 1983 年，全国进行了院系和专业调整。陀螺专业过去是独立的专业，六七十年代以前就招收了本科生，也有学生毕业。院系调整时，兵器工业部认为这个专业适应面比较窄，要求只保留教研室和课程，为相关专业学生讲授有关陀螺仪方面的知识，专业本身不再招生。

相关专业有自动控制专业、计算机专业、1 系的导弹专业等，都要上陀螺的课，陀螺仪的概念和应用需要了解，将来在总体设计时，要用到相关知识。比如怎么选用、精度能否达到标准和要求，需要有基本的了解。陀螺仪、陀螺系统的设计、生产和实验，是陀螺专业本身的看家本领。外专业不需要设计陀螺仪，只要会用就行。像电话机一样，会用就行，电话机怎么设计，是设计、生产电话机的人来考虑的。

这时教研室除了对相关专业进行陀螺理论和实践的教学，还要承担一部分在兵器系统里的陀螺应用。像反坦克导弹上有陀螺仪，自行火炮、坦克也都离不开陀螺仪。

专业取消后，大家思想比较动荡，以后怎么发展，有没有发展前途，就有一个稳定队伍的问题。教研室这时还有十一二个人，专业调整前最多时十八九个人，后来因为有的老师家属在外地，为了解决他们两地分居问题，放走了一批人。所以从教研室的角度考虑，要去做调研、揽项目，既可以让大家有项目干，又能起到稳定人心的作用。

这时的科研任务最主要的是反坦克导弹，我们承担了好几个型号的反坦克导弹陀螺仪的设计和使用。还有自行高炮、坦克上的稳定器，都属于陀螺专业。有时是我们独立进行科研，多数是与型号产品协作配套。像坦克是一个整体，我们教研室承担坦克火炮稳定器有关的设计或者有关的技术问题这些课题。还有个项目是车辆导航仪，车辆导航现在应用很普遍，军用、民用都有。开始的时候是军用测量导航，比如一个侦测车到了一个陌生的地方，坐标搞不清楚，车辆导航仪就是解决这个问题，现在到哪了，方向对不对，这个导航仪就可以解决。那个时候车辆导航仪刚起步，国内几乎没有，苏联和美国有，所以我们也往这个方向上发展。这方面离不开陀螺专业，凡是涉及定位、定向都离不开陀螺仪，因为陀螺仪是一个稳定的装置，提供一个稳定的基准。比如方向上偏北5度、10度，它能测量出来。车辆现在是否倾斜，陀螺仪也能测量出来，所以叫定位定向系统。这部分以及配套的电器装置这一套系统，归陀螺专业。陀螺车辆导航系统主要在军事上应用，民用汽车导航是基于GPS或北斗导航卫星提供的信息，与陀螺仪导航系统原理不一样，陀螺车辆导航是一种自主导航系统。

陀螺仪民用的相对较少，一个是激光定位、陀螺经纬仪，还有像挖隧道时候的定向，地底下不知道方向，别的光学仪器进不去，陀螺仪可以搞定。我们参加这种项目比较少，这属于大地测量，也有相关的陀螺专业。我们当时属于兵器工业部，所以重点还是服务于军工。而且我们教研室的人比较少，顾不过来。有时候跟人家讨论、认证方案，真正去搞的很少。

陀螺专业现在还有，但不是教研室，已经发展成为导航制导与控制研究所，规模挺大。根据产品现在分着几个小组，像自行火炮上的、制导炸弹上的、无控火箭上的，都是军用仪器。军民结合所里没有那么大的力量，研究所里包括研究生，人比过去还多，现在有20多个人，接的任务很满。

七

我从1983年5月开始任2系总支书记，一直到1996年退休。原来我一直干技术工作，搞教学科研。学校把2系当时的两位主要领导，系总支书记田运调到工业学院当副书记，后来任书记。系主任马志清是一位老同志，他在教学方面很熟悉，而且很愿意钻研，调到了工业学院任管教学的副院长。系里就让我当党总支书记，让肖春林同志当系主任，他后来调到北京工业大学计算机学院当院长，是从北京工业大学退休的。任命我当总支书记的时候，我正带着学生在外地搞科研，回来告诉我让我当系总支书记。

2系就是现在的自动控制系，教职工130人左右，本科生、研究生有三四百人。我原来在教研室范围很小，到系里有七八个教研室，再加上三四百个学生，工作比教研室多很多，所以我的主要的精力就放在了系里。

我当总支书记的时候，不愿意完全离开技术，所以双肩挑，一方面搞党的工作，一方面从事教学科研工作，这一段时间比较长。

当时系一级党的工作有个大背景，学校是党委领导，系里的工作是党总支领导。这个时候系里要党政分开，基层的党总支不能做太多的管理技术方面的工作，提的口号是系党总支是保证监督，从领导身份改成保证和监督，这是一大转变。原来系里的所有工作，像人事安排、教学计划等各种问题都要系总支委员会讨论。现在学校是党委领导下的校长负责制，学校的大事都是党委讨论。

系里那时候改成了党总支保证和监督，我到系总支工作后，系里行政工作是系主任负责制，不是党总支领导，也不是党组织负责。刚开始大家体会不深，有些老同志一时不知道怎么工作，因为原来什么工作都要管，现在不要求管那么多，行政工作系主任负责，所以有一个适应的过程，包括我到系里也有一个适应过程。过去的模式是总支领导，现在改成保证监督。从全国来讲，在改革年代，对学校基层党组织来讲，这是一个很大的变化。

在这个大背景下，我调到系里当书记，主要做党的工作，我把党总支的工作大概归纳成5个主要方面。

第一，总支委员会书记是班长，要起表率作用。我认为系总支书记在总支委员会里得起表率作用，有事要和大家商量、研究，发挥每个委员的作用。系总支委员一般是7个人、9个人，我们系总支委员是7个人，我和一个副书记是专职的，其他的总支委员都是兼职。书记要把这7个总支委员团结起来，把这些同志的积极性调动起来，大的事情就要同大家商量，发扬民主，能够听得进去不同意见。首先要能够把这些同志团结起来，才能认真研究党的方针政策，在系里贯彻落实。如果不团结，不能发挥大家的作用，那书记就成了光杆司令，总支委员会就不能有效发挥作用。所以我觉得第一个是要做好班长的表率作用，自己的工作得认真，得勤勤恳恳，然后才能团结大家，才能跟大家共事开展工作，这是作为总支书记的基础。

第二，党的基层组织的建设和党员教育。作为基层的系总支，党员人数不少，教师40% ~50% 是党员。学生里也有相当数量的党员，有的班 10%，有的 20%。研究生来的党员相对多一点，本科生来的很少，高中基本没党员，在大学里才开始发展。我们有个专职副书记，专门负责学生党员。支部很多，有研究生支部，本科生每个年级有支部。党员的教育和管理是总支的主要责任，包括组织发展，党员教育，尤其是对新党员的教育。另外是党的活动，过去有什么事情先在党的系统内传达、学习、研究、贯彻。在党组织的带领下开展各项活动，总支在这些活动中要起到组织和指导作用。总支负责党的方针政策的学习和贯彻，党员教育和发展，基层组织建设，每年我们都要发展一批新党员。学生工作中这个任务比较重，教师因为已经发展得比较多了，发展任务相对较少，但也有发展任务。有些很老的教师积极要求入党，得和他谈心，特别是老教师，工作要很细致。比如我1954年来的时候的教务科长匡吉，一直要求入党，到20世纪80年代还没能入党。教师比学生入党要困难一些，因为教师有更多的社会经历，所以越老越早，入党要求越严格。像匡吉老师是离休干部，那时候入党都难。到90年代以后相对容易一些，尤其是年轻人比较单纯，要求太严年轻人达不到。而且学生白纸一张，高中来了上大学，说不出来很多东西，让他说说对党的认识，也是很感性的，不会说得很深入。所以主要看基本素质，对党的知识的学习情况，有没有要求上进，有没有为党的事业奋斗的决心。只要有决心，实践是以后的事情。

总支作为党的基层组织，管理教育方面的工作，总支要起组织和指导作用。基层组织的发展、建设是总支的重点工作，主要任务之一。

第三，就是进行政治思想教育和政治思想工作。政治思想教育、政治思想工作是针对全体教职工对党的方针政策、对每一个时期的任务的理解和认识问题。

这一部分党总支要起主导作用。国家的形势怎么样，经济形势怎么样，政治形势怎么样，当今的国家大事是什么，首要的问题是什么。系主任一般讲得比较简单，作为党总支来讲，这些工作要认真计划，仔细安排，每个时期都要组织学习。

我们80年代和90年代初期，教师每周二下午有半天的政治学习时间。这个政治学习学什么，学习的效果怎么样，采取什么形式，党总支都要去操心。每个时期有不同的任务，国家有什么大的方针，党代会、人代会后都要贯彻有关的精神。作为教师都应该知道，教师不知道国家有什么大事怎么面对学生？教师的政治思想工作是主要的，党总支要发挥主导作用。

总支书记不光要传达文件，还要传达上面的精神、任务与要求。所以总支书记自己得先学习，自己没理解和消化，就很难给别人讲，所以这个方面需要花很大的力量。

首先要规划，每个学期有几个重点的学习内容，要选择一些比较合适的材料。另外还要学习形式多样化，要活跃。我的体会是，政治教育，思想工作，说难也不难，说不难还很难。我认为政治教育是正能量，我把教育效果分成三类：一是，教育确实对大家有启发，大家也很高兴，这是正效果。二是，我叫零效果，讲了半天人家根本就懒得听。三是，讲得不好就是负效果。所以政治思想教育也很有艺术性，每个对象都有自己的思想，有自己的观察，有自己的社会接触，不是你说什么他都能相信。说得很好，工作做得好，这是正效果。说得一般，全是空话，对大家思想不起作用，这叫零效果。如果有些地方讲得不合适，还会有负效果。这就看党总支在这个方面组织得怎么样，组织得好，大家有心得，又很活跃，又受到教育，还都挺高兴。

我从1983年开始任系党总支书记，那个时候改革开放初期，大家思想上都比较解放、比较活跃。对一些事情有些不同的想法，不能简单地压回去，得摆事实、讲道理，让人家觉得你讲的有一定道理，别让人家觉得你说的不符合实际情况，根本听不进去。但这也是一个比较漫长的思想教育过程，不是一天两天，学了一篇文章就能解决。政治思想教育和政治思想工作还包括组织学习，跟老师个别谈心，而不是去说教。这一部分工作量比较大，但是效果不是一天两天能看得出来，要做长期的工作。结果是看系里工作是不是稳定，思想是不是动荡，工作是不是比较顺畅。要是干一件事情，这个人一个想法，那一个人反对，就不行。思想工作做得好，不是没有了矛盾，但总体上比较顺畅、平稳，这就看出来政治思想工作有没有成效，是零效果还是负效果。这是我个人后来的体会，当时可能都没有那么明确。

我在系总支书记任上，能够按照党委的要求做好这方面的工作，我觉得自己尽心尽力、问心无愧。因为我愿意跟大家交流，不光是对党员，是对全体教职工做好思想政治教育工作。思想工作有时候不起眼，都是一些很细致的工作。有时候做了也看不出来，因为没有一个客观标准。业务上可以打分，政治思想上不能简单地打分。从长期看，系里面大家团结一致，发展得积极向上，通过两三年，甚至几年慢慢的细致工作，系里在全校考核中才能体现出来。

90年代初的几年，我们系里考核都是A类，这个A类是在我们工作基础上，学校才评我们自控系是A类的系。党的工作、行政工作、工会工作等，包括各方面的工作，这是全校的综合评分，能进入A类，也是对我们工作的一个评价。

第四，是配合行政做好教学科研工作。作为党总支，我认为要起到协调促进作用，不是对行政工作的领导，所以我把它定位成协调促进。

过去是总支委员会讨论一切，后来是党政联席会，以系主任为主来考虑、研究，包括教学计划、科研方向、科研任务、学科建设、教研室干部的任免，都由系主任提出想法，党总支要积极配合，促进这些工作的发展。

比如80年代初碰到的主要问题是教学和科研关系怎么分配，因为有一部分老师只搞教学，一部分老师只搞科研，还有一部分老师教学和科研都有一点，任务分配就是一个重要问题。改革开放后，许多教师只愿意做科研，因为科研工作又有名又有利，可以得奖，有奖金，另外可以跟外面广泛联系。做教学工作，面对的就是学生。而且今年讲的这个课，明年可能还是这个课，活动范围和开阔程度都有限，纯搞教学的老师的收入也不如纯搞科研的老师多。为了保教学稳科研，系里就要调整好这个关系。不能说大家都去搞科研，也不可能全都来搞教学，所以要掌握好分寸，怎么样分配教师的科研和教学。另外要让教授上教学第一线，这个问题现在也还在讨论。这个问题说起来好解决，但是真正在落实的过程中不一定能摆得很好。

这些情况系总支要做到心中有数，哪些同志根据他过去的教学经历，根据他的性格，是适合以教学为主还是以科研为主，就要知人善用。有的老师适合教学，就重点在教学上培养和发挥他的长处。纯搞科研的老师，因为我们是学校，不是科研院所，在教学上也要承担一部分任务，也要熟悉教学的过程，也要面对学生。如果学校的教师从来不面对学生，那还是到科研单位去更合适。所以这个关系拿捏起来并不容易。

有的教授不愿意上教学第一线，这种情况就需要做思想工作。我们提倡教授上教学第一线，起码要有一定的时间来教学，毕竟教授的教学水平相对更高，讲课的效果更好。教授都不上第一线搞教学，教学质量就不能提高。在这种情况下我们就要调研，因为潜在的问题是系里科研成果的收入怎么分配的问题。

搞科研的总觉得拿出来的多了，搞教学的总觉得拿出来的少了。分配起来没那么容易，不能做到人人满意，只能做到多数同志满意。这就要通过调研，要做好思想工作，也要大体上平衡，还不能斤斤计较。后来我们系里改革分配方案，我们和系里行政一起，到别的系去取经。制定分配方案的目的是科研教学兼顾，不能偏向一方，要能调动大家的积极性。

举一个例子，现在可能还有这个问题。科研的奖励是以奖励个人为主，还是以奖励团队为主，或者两者并重，应该怎么拿捏。一个科研组，少则三五人，多则几十人，把成绩老算在一个人身上，第一回大家容忍，第二回还能接受，第三回大家就不想干了。尤其是人多的大课题组，这种问题更突出，那些骨干的科研助手，就没了积极性。当时我们也没有处理得很好，但是考虑过这个问题，是以奖励个人为主，还是以奖励团队为主。奖励团队可以鼓励团队精神，奖励个人可以培养拔尖人才，这两个要协调好。

现在还有这个问题，有些课题组矛盾还很尖锐。像这些问题，我们要帮助行政去调研，提出一些建议、方案。我把这个叫协调促进作用。这些过去都要总支委员会讨论，现在是系主任提出方案，有的系主任开个党政联席会，大家一块研究，听听意见，有的个性强的系主任他自己说了算。所以这一部分工作量很大，做得多一点，行政上就能顺一些。另外党政联席会，党政团结得比较好，系里的工作就能比较顺畅。如果书记和主任闹别扭，工作就无法开展了。

系总支书记我干了10多年，跟几个系主任的配合，总体上都还可以。因为我在系里算是老同志，他们都还比较尊重我。第一个搭档的是肖春林，后面还有曹泛、胡佑德、龚至豪，一共4个系主任。我在系里工作时间比较长，系主任的任期没有那么长。

体制改变以后是系主任负责制，行政工作总支可以不用去过问。采取协调的方法，可以调研，可以出主意，可以提方案，大家来讨论研究。从工作出发，好的、对的，可以采纳，觉得不完善，可以补充，觉得不对，可以提意见。大家团结起来，共同研究，这样才可以促进系里的工作。

第五，是协调和解决各种矛盾，包括人际关系。这个可以算也可以不算总支的工作，教研组内部会有矛盾，教研组之间有矛盾，人与人之间也有矛盾。甚至两口子打架闹离婚，也找到党总支来，人家找来了，就得管。按说党总支可以不管，有矛盾去找行政、找工会。各种矛盾的处理，以及人际关系的处理方面，党总支要起到协调作用。

协调也要实事求是、客观公正、互相尊重、互相包容，以此为前提。例如，人家闹离婚找来了，我们给分析分析，有没有大的矛盾，给双方做做工作。再例如，研究生跟导师吵起来了，最后要上法院去打官司。人家来找总支。这算是矛盾，可既不算业务工作，也不是党务工作。因为论文上排名的问题，学生要告老师，我们做了工作，把矛盾化解了。

我把处理各种矛盾和处理人际关系，看成保证系里安定团结工作的一部分。但人家找你，说明信得过你。有些老师还是过去的传统，相信和依靠党总支领导的观点，什么事都要找党总支。所以来了就不能拒绝，还要把这些工作做好。我觉得要做好这方面的工作，第一个要实事求是，另外要公正，不能有偏心。实事求是、公正地处理问题，我们教师能理解和尊重，多数情况下能解决问题。

有一个最简单的例子，因为冬天停车的问题，教师和环卫工人打起来了，环卫工人说车子不应该放这儿，教师不听，跟人家打起来了。人家告到总支，这算小矛盾，怎么做工作，首先教师为人师表，要大度一点。人家跟你说，要服从人家，不让放就别放这，换个地方就完了，干吗跟人打架。所以首先我们从教师这方面做工作，再去批评那个工人，否则矛盾解决不了。后来教师一方觉得是不应该这样，因为这个小事何必发火，他就缓和下来，表示了歉意，问题就解决了。像这些小事的处理，要互相尊重、互相团结、互相理解，以此为基础来处理这些矛盾就比较容易。

我们总支的工作，主要就是上面所讲的 5 个方面。这些工作看起来很细微、很琐碎，也看不出什么成效，但这些问题都需要妥善处理。大学里的基层党组织工作，多数时候感觉不出它的存在，但是遇到一些事情，党组织出面就能解决问题。

工作的成效，我觉得跟两个方面有关，一个跟党总支成员的能力和水平有关系，另是一个可能跟我们系里的年龄结构有关系。老同志出面，大家就说没问题，就都解决了。这些工作说不上什么工作成绩，但是这些工作还确实需要有人去做。如果这些工作都没人管，让这些矛盾发展下去，也会影响工作。

从 1983 年到 1995 年，这十几年做党务工作，我对自己的工作问心无愧，该做的我都认真去做，总体效果怎么样，自己不好评价。

八

我一直都是做技术工作，1983 年开始做系党总支工作。自己对技术工作一直恋恋不舍，所以想要坚持双肩挑，就是又干党的工作又干业务工作。

这一段时间干业务工作比较辛苦，那时候只有星期天休息，星期天、寒暑假都得搭到里头，因为只有学校放假了，自己才有充实业务工作的机会。

从 1983 年到 1992 年，每年我都要给研究生、本科生讲课。一个学期，研究生最少的 28 课时，最多的 56 课时，给本科学生讲课是 56 个课时。另外我还在咱们学校里，给海军装备论证研究中心讲过一次 28 课时的课程，海军的技术干部要学习陀螺方面的知识，给他们讲了陀螺仪的基本概念和技术应用，这是教学方面的工作。教学工作到 1992 年，后来有了新教师，我老讲课，新教师就没讲课的机会了，所以 1992 年以后就不再讲课了。

再一方面的工作是科研和一些其他的科技工作，比较大的项目是当

20 世纪 90 年代初，余惠阶在办公室

时的第八机械工业部①搞的《导弹技术辞典》，有一个《自动控制系统与惯性制导》分册，我是这个分册两个主编之一，另一个主编是沈阳一一九厂的同志，这本书里的陀螺仪和惯性技术名词的解释都是我写的。这本书 1984 年宇航工业出版社出版，这个工作花了不少时间，因为是技术辞典，开会讨论修改了很多次。

另外，航天工业部搞了一个《自动驾驶仪名词术语》，一共七章 800 多条，这本书我参加了审稿。还有航天部三院编的《惯性技术》教材，我是这本书的主审，给他们审稿，最后签署意见。这些都要花时间，出版前要有主编、编审的审稿意见。

科研工作主要是两项：一项是“苏 4 – 23”，“苏 4”是 4 管，“23”是口径，就是“4”管“23”口径的自行高炮，陀螺方位水平仪的分析测试研究。这是兵器工业部的任务，对陀螺方位水平仪，一个大的陀螺系统，进行分析测试，提出分析测试报告，我参加了分析和测试。还有一个也是“苏 4 – 23”里的项目——车辆导航仪的测试分析，就是对陀

① 第八机械工业部：1979 年中央决定将原七机部（1982 年 5 月 4 日改名为航天工业部）下属的第八机械工业总局更名为第八机械工业部，主管战术导弹的工业生产和科研。1981 年 9 月 10 日，第五届全国人民代表大会常务委员会第二十次会议决定将第八机械工业部和第七机械工业部合并。保留第七机械工业部，撤销第八机械工业部。

螺方位仪做精度分析，我写了一个精度分析报告。

参加这些科研比较辛苦，要用晚上、星期天、假期去参加这些项目。因为我始终觉得自己应该坚持做些技术工作，技术工作如果完全丢掉了很可惜。所以这部分教学、科研工作都是自己要求去做的。

我喜欢做一点科研、教学工作，这跟我原来去苏联学习的经历有关系，学习回来就是要搞专业建设，要搞教学科研，因此不愿意丢掉这部分，一定要坚持。所以叫“双肩挑”，一边挑党的工作，一边挑业务工作。

我在系里这么多年也不要求往外调，就是因为我在这地方有业务。要是我调到学校，或者调到外系去工作，教学科研的工作就干不成了。按说干两届就应该换位置，我能安心在这个工作岗位上，就是因为我还有部分教学和科研工作。我觉得心里踏实，还挺适合我。

我到 1996 年才退休。新的教师成长起来了，他们把这些都接过去了。

九

我们2 系的发展比较正常、健康，尤其是 20 世纪 90 年代以后，一批新的骨干教师起来了，现在发展得更快。科研、教学的一批新的骨干，有的是我们引进来的，有的是博士生、博士后自己留下来，这部分同志工作能力很强，思想也比较活跃，干劲十足。

原来在体制上有一个缺陷，近亲繁殖比较多，硕士生、博士生都留自己培养的学生，一代一代都是自己的弟子，这样的学生思路就有局限性。另外，当时的体制是人才不外流，想引进也引进不了，不像现在全面开放人才交流机制，思想上开阔了，机制上也允许了。80 年代，尤其是 90 年代以后，开始不希望近亲繁殖，互相交叉留人，引进外校的优秀人才。这种做法我觉得对促进科研发展、加强管理都有好处。

说到建议，我觉得就是前面说的几个关系要处理好。教学与科研的关系，包括搞教学的与搞科研的，在提职称、待遇方面，还有较大差距。另外学校对教学要足够重视，培养人才是学校的主要任务。像我们陀螺专业，90 年代初的科研经费就 1 个亿，现在的科研经费更多，更容易受到领导重视。教学面对学生讲课，论文也很少，这个关系得处理好。因此教学放到主要地位，教授上第一线教书育人，这个方向要把持住，原来就有这个矛盾。因为这个问题处理好，对提高学生水平有直接影响。

好的老师，学识渊博，经验丰富，和年轻教师的教学相比，效果上有差距。所以教授、博士生导师都应该在教学第一线承担相当的任务。不能完全去搞科研，搞研究出论文，学校要培养人才，这个任务不能丢。当时我们调研就有这样的课题，这些问题现在是不是解决了，解决的程度怎么样，作为领导应该心中有数。

我从 1958 年参加工作，到 1996 年退休，之后又返聘 3 年到 1999 年，做了一些辅助工作，完全退下来是 1999 年。

我在北理搞烟火

许又文

人物简介：

许又文，1930年出生，安徽歙县人，1950年就读于华北大学工学院化工系火药专业，1955年毕业后留校任教。1958—1960年参与“505”探空火箭的科研工作，1969—1980借调到北京礼花厂工作，设计了很多新花型的礼花弹，并改进了礼花燃放工艺。1980年以后调回北京理工大学继续从事烟火教学和科研工作。曾参加天安门国庆45周年烟火燃放，1990年亚运会火炬点火等重要工作，发表论文20余篇，研制的HY-1机载红外诱饵弹荣获1985年度国家科技进步二等奖。曾获北京市文教系统先进工作者、北京市二轻局先进科技工作者等荣誉称号，1992年3月退休。

访谈时间：2018年8月21日

访谈地点：北京理工大学图书馆

采访人：张钧

摄像：聂明明

访谈提要

讲述了许又文考入华北大学工学院及毕业留校的历程。其中参与“505”探空火箭的研制，筹建了航天的非金属材料的教研室等工作。“文革”期间调到北京礼花厂进行技术革新，调回学校后，在火工与烟火教研室从事教学、科研和创收等工作。

一

我是安徽歙县人，父亲在皖南当律师。1930年，我出生在杭州，在杭州读小学，抗战爆发以后，家人逃难，沿着新安江，先坐船，然后坐车回到老家。后来就在老家歙县中学上初中了，在离歙县50里地的屯溪上的高中。高中毕业时父亲已经去世了，家庭环境就比较不好了，我当了一年多小学老师。

新中国成立以后就考大学了，一考就考上华北大学工学院，主要是因为供给制不要钱，家里也没有钱。

当时我到上海去考的，有好多学校招生，我就考了华北大学工学院和杭州美专，就是现在的中国美术学院。我中学学习很好，高中安徽统考，数学考了全省第二名。

二

来北京读大学的时候，华北大学工学院还在原来中法大学，在皇城根。

我上的是化工系①，当时化工系王凡老师是西北联大的，系主任好像叫张汉平，这些老师应该都是从全国各地招过来的。

我们那个班上40多个人，但是我们前面，中法大学还留了一些学生，有几个班是中法大学的，所以我们那时候是一年级，还有化二、化三、化四。

我们班上入学的时候40多个人，到最后毕业的时候只剩了十几个

① 1950年6月，华北大学工学院开始招收第一批五年制本科生，开设了7个系，分别是：机械制造工程学系、内燃机工程学系、航空工程学系、汽车工程学系、电机制造工程学系、化学工程学系和钢铁冶金工程学系。原中法大学1949年入学的化学系各班分别被编为华北大学工学院化学工程学系二、三、四年级3个班。

人。有留苏的，有抗美援朝参军的，还有是因为家庭关系政审不合格转出外校的。

三

我 1955 年留校就留在了化工系，当丁敬的助教，也教课，主要是教烟火技术等。丁敬从美国留学回来和我成立了一个烟火组，所以我从一开始到最后都搞烟火技术这个专业。

那时候火药教研室人不太多，有胡瑞江、恽寿榕、陈熙蓉。

1958 年当时咱们学校要搞火箭，因为火箭是个高技术，我们国家还没有，让北京工业学院先搞。我还去国防科委参加会议。彭德怀和叶剑英还专门接见我们。

我负责搞火箭发动机，还有里面的火药。发动机很简单，就一个躯体外壳，里面就是火药，固体的推进火药。当时我们一开始也不掌握火药的技术，后来翻一些资料，看看苏联的一些书，然后就集中研制。

当时我们设计这个火箭要考虑射程，推力要足够，才把它推上去。所以装多少药都要计算，因为火药的数量是一定的，你这个直径多大，药的厚度多少，这个药性是什么药性，多长时间燃烧完都是可以算的。

当时我们有一个团队，好几个同志一起完成的这个工作。

火箭的壳体都得算一算，还有强度、厚度，然后推力是多大、里头压力是多大都要算。为了降重量，当时还搞过玻璃钢，在玻璃布涂上环氧树脂，还有固化剂，然后卷起来，在一个加压筒里头加压，然后升温，让这个树脂固化。

发动机是用的是铬锰矽合金钢，壳体又要厚，重量又不能太大了。

火药用的是无烟药，因为它的爆炸、燃烧的强度要够。整个弹都装，里头有一个花形空心，像个梅花一样的形状，进行平行层燃烧，然后把气体推出来，产生反作用推力将弹体发射出去。

做实验花了不短的时间，先从小型的开始，然后再放大，然后再做推力实验，然后测推力，最后把它竖起来升空。

最后火箭发射的时候在好几个地方，第一次发射好像是在白城子①，还有个昌黎，我都去了。

---

① “505”探空火箭第一次发射在宣化炮校靶场，第二次才是白城子靶场。

关于火箭发射的事儿，北航当时也发了，和我们好像差不多时间。我们到白城子的时候，北航好像是刚去还是刚走啊，反正差不多。现在是争第一，那时候就是各搞各的，相互不通气。

1960 年到 1964 年，我还筹建了航天的非金属材料教研室，施益善任教研室主任，他调走以后，我就当了这个主任了。当时的教师还有李惠生、欧育湘、李友亭、李维志。

这个专业的学生都是从其他专业调过来的，我负责他们的毕业论文、毕业设计，还编了一些教材：《合成树脂塑料》《航天非金属材料学》。

“文化大革命”的时候我受到冲击，学生来批斗我，说我是走资派。这期间我还到首钢劳动过。

四

1969 年，在天安门放烟火的时候出了一些问题，燃烧不完全，就有残渣掉下来。因为我原先教烟火技术，就把我调到北京礼花厂。

那个时候，周总理发的指示，说烟火中国好像名声在外，其实不符，刚好有一些安全事故，然后北京工业学院就调了我，还有五院的好几个人，一起到礼花厂去，帮他们解决这些问题。

主要是审查他们的配方，然后查弹体结构，哪些地方不合理给他们提意见，另外就是厂房的布置也不合理，要人机分开，进行隔离操作，要不然容易出安全事故。

之前他们就出过燃烧爆炸事故，死过 30 多个人。

检查之后，发现他们配方不合理，好多使用氯酸钾，比较敏感，容易摩擦产生爆炸。我就给改进了，把这个氯酸钾全部取消，然后用敏感度较低的高氯酸钾来代替。

我还帮他们设计了抗爆小室，操作的时候人机隔离，操作工人在防爆墙小室一侧，与机器用防爆墙及铁门隔开，确保工人安全；设计了旋转式自动压药机，使药柱生产全部自动化；研制了湿式滚药新工艺；设计了多种新花型的礼花弹与连珠花，并将产品系列化。

五

我在北京礼花厂一直干到 1980 年，后来又调回学校。

1980 年的时候，我就到了火工与烟火教研室，同时开展烟火学这门

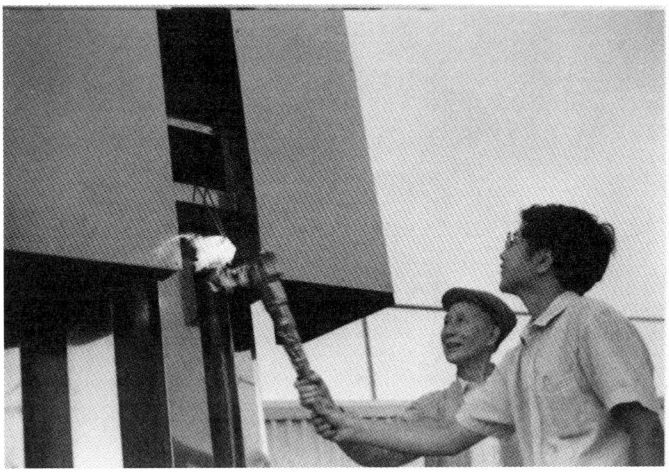

1990 年亚运会点火装置现场，许又文与其助手赵家玉在测试

课的教学工作。

除了教学，那个时候还和空军司令部第二研究所有个合作的科研任务，搞军用的红外诱饵弹。原来我们准备从以色列引进这个弹，那时候好像要几亿，所以就要自己搞。我所研制的红外诱饵弹燃烧时所产生的红外辐射，大大高于飞机尾喷管的红外辐射与气动力加热辐射。当我机受到敌机的红外制导导弹攻击时，我机发射的红外诱饵弹便可引导敌机发来的导弹的追踪，从而保护我机。此研究成果获得了国家科学技术进步奖二等奖，咱们部队也列装了。

后来我还研究了红外隐身照明弹，它有强辐射，可见光辐射很低，可以让对方的眼睛马上短暂失明，这样的话就可以擒敌，主要是对付恐怖分子、罪犯。

1990 年亚运会的点火系统也是我主搞的，那个时候还带着一个年轻的助教叫赵家玉，后来我退休以后，赵家玉就搞 2008 年的奥运会。

我当年写了不少的论文，在国际烟火会议上发表。还搞了很多民用的推广，给学校创收了。那时候跑到东北、广西、山东、河北、湖南五六个省（区）好多地方搞创收，主要是技术转让，转让费用 70% 交到学校，30% 留给我们一块儿去的人，学生都一起分成。在当时教育经费较少的情况下，为学院的创收做出一定的贡献。

结缘“群钻” 服务军工

于启勋

人物简介：

于启勋，1930年7月出生，江苏省镇江人。1949年考入清华大学机械工程系，1952年分配到北京工业学院机械专业任教，历任教研室副主任、主任。1992年获国务院特殊津贴。长期从事机械制造、机械加工、切削原理与刀具方面的教学、科研工作，多次担任国际、国内学术会议主席、副主席，发表学术论文百余篇，出版著作、教材十余部，获得省部级科技进步奖十余次。曾任北京机械工程学会理事、北京市人民政府专业顾问、中国先进制造技术研究会副理事长，中国高等学校机械制造专业教学指导委员会委员、《兵工学报》和多种刊物的编委等职。

访谈时间：2018年9月3日

访谈地点：北京理工大学图书馆

采访人：郭晓明

摄像：吴哲

访谈提要

讲述了于启勋于清华求学，在北京工业学院任教、科研的情况，重点介绍了与倪志福合作搞钻头改进以及两人的交往。

一

我 1930 年出生，江苏镇江人。1937 年八一三淞沪会战开始后，日本人从上海往南京打，因为镇江在铁路线上，大家都比较害怕，所以我们家就从镇江迁到了扬州。我在扬州一共待了 11 年，1948 年高中毕业才离开。

小时候我念的是私塾，中文和数学底子比较好，到了初中才进到学校读书。当时扬州中学在汪精卫伪政府的统治下，1945 年抗战胜利，正规的扬州中学从四川搬回了扬州。1945 年到 1948 年，我是在正规的扬州中学里学习。

1948 年我中学毕业，当时报考了中央大学①、交通大学等 4 个大学，我的学习成绩比较好，4 个大学都考取了。上海交大在徐家汇一带，它的名气大，我就去了。到了那里我觉得学校的环境不好，就不愿意再念了。

1949 年我又重新报考了四个大学，被最好的清华录取。因为北京离家比较远，家长不同意，我就一个人来了北京。清华大学环境好，师资力量强，我非常满意。在清华我读的是机械专业，1949 年到 1952 年，在清华念了 3 年，那时候国家需要人才，让我们提前 年毕业。我分配到北京工业学院，后来就一直没有离开过。

二

北京工业学院的校址先是在城里的东皇城根，是原来的中法大学。

① 国立中央大学：中华民国时期中国最高学府，也是中华民国国立大学中系科设置最齐全、规模最大的大学。国立中央大学之近代校史肇始于 1902 年的三江师范学堂，1921 年以南京高等师范学校为基础正式建立国立东南大学，成为当时国内仅有的两所国立综合性大学。1928 年 5 月 16 日由国立江苏大学改称国立中央大学，1937 年迁至重庆、成都等地办学，史称“重庆中央大学”，抗战胜利后迁回。经多次高校院系调整后，现为南京大学。

后来去了车道沟，因为传说车道沟有煤矿，就又搬到了巴沟，和农业科学院对门。我到北京工业学院的时候，学校的系还没有完全建起来，当时有机械、化工、电机。我们叫机械专业组，有老教师在这里，相当于系，这些老教师现在都不在了。

1952 年毕业，我先是给陈肖南老师当助教，他是山东人，后来到美国读硕士，他讲金属切削和机床，业务不错，我当助教，跟他边学边干。后来陈肖南给本科讲课，我给专科讲课，当时念 2 年的专科招了两届学生。2 年以后，我给本科讲课，就是讲师了。大概是 1956 年到 1958 年，学校转到军工方向，我还是留在基础学科，归教务处领导。当时 1 系搞火炮、炮弹，3 系搞坦克、汽车。基础课原来在 3 系，又转到 1 系，后来又回到 3 系。后来成立 7 系，实际上是机械制造系，我又到了 7 系的军工器械切削教研室。当时教研室主任是韩本真教授，我是秘书，韩教授 1957 年被划成“右派”，我成了主任，后来就一直在这个教研室。

我 1956 年入党，拖了 4 年才转正，因为党支部书记刘瑞森认为我对“右派”的批判不够。当时 3 系的主任蒋潮也给打成了“右派”。系秘书刘瑞森是 1954 年 3 系毕业的，当时好几个教研室合在一起，他是大支部的书记。

三

六一八厂也叫北京永定机械厂，后来叫北方车辆公司。1956 年，六一八厂请我们给工人和技术员讲课，课后团支部书记介绍我认识发明了新型钻头的倪志福。倪志福当时是工人，他念书不多，但很聪明。后来他有时候来学校做实验，我也常到工厂去，交往比较多。

倪志福 1933 年出生，比我小 3 岁。搞这个钻头时，他才 20 岁。我们认识之后交流比较多，一是指导他做实验，另外就是从理论上总结。后来发表的文章，参加各种会议，都是我来执笔，一起署名。那时候有苏联工人发明的“席洛夫钻头”，国内也有一个老师傅，发明了“盖文升钻头”。我帮倪志福做过实验，把“席洛夫钻头”“盖文升钻头”和“倪志福钻头”做对比。“倪志福钻头”切削力比较小，比较省劲，使用寿命也比较长，所以各方面都是“倪志福钻头”领先。但是“倪志福钻头”，只有倪志福和他徒弟能磨，别人磨不好。1959 年在北京召开了国际科学讨论会。开幕式和闭幕式在人民大会堂，聂荣臻副总理主持了开幕式，朱德委员长也到会。倪志福论文在友谊宾馆的科学会堂宣读，署名是 4 个人，工厂 2 个，学校 2 个。由倪志福宣读论文，我帮他准备、试讲、做幻灯片。论文是中文、英文的全文，法文、西班牙文的摘要。英文由我翻译，法文、西班牙文是我找别人帮助译的，后来这个论文的中文和外文版本都给了咱们学校的科技馆，校史馆里还有一套“倪志福钻头”模型。倪志福作为一个工人，能够参加这个会，很不简单。后来在国内参加了多次学术会议，还出国访问。倪志福的论文都是由我执笔，但我从来都是把他放在论文的第一作者，我是第二作者。倪志福在全国出名后，当时的兵器工业部对这个钻头要拍个电影。北京科教电影制片厂拍摄，导演是石梅音①，我是技术顾问，在专业上指导。这部电影是科教片叫《群钻②》，后来在全国放映。

倪志福对钻头的改进，我也起到了一定的作用。原来只有两种，加工一般的钢、一般的铸铁。改进后，加工不同材料都有不同的钻型，一共十几种。1998 年，我又和倪志福的徒弟柳德春联合开发了硬质合金的“群钻”。“倪志福钻头”从 1956 年开始，我跟他一起搞了 57 年，一直到他去世。后来倪志福当上中共中央政治局委员，北京、上海的第二书记和天津的第一书记及全国人大常委会副委员长。有的时候到工厂参观，工厂请他帮助解决钻孔的问题、计算的问题，他说现在没有时间了，就

① 石梅音：女，北京科教电影制片厂导演，江苏如皋人。1949 年参加中国人民解放军。1955 年加入中国共产党。历任第二野战军政治部电影科队员，八一电影制片厂编辑、导演，北京科学教育电影制片厂导演，中国影协第四、五届理事。第五届全国人大代表。其导演的电影在国内外多次获奖。

② 群钻：是指将标准麻花钻的切削部分修磨成特殊形状的钻头。群钻是倪志福于 1953 年创造的，原名“倪志福钻头”，后经倪志福本人倡议改名为“群钻”，寓群众参与改进和完善之意。

把我介绍过去。可是我讲课可以，写文章可以，磨钻头不行，我就把他徒弟一块带去，他徒弟负责具体操作，我负责讲课。

1989 年，在理工大学召开的机械制造方面的国际会议，是和香港合办的，我是会议中方主席，开幕式倪志福也来了。我们 4 个人，倪志福、于启勋、周淑英和王育民，发表了 2 篇论文。1994 年北京理工大学聘请倪志福为学校的顾问教授，倪志福一开始推，他说自己不是知识分子，但后来同意了，还举行了隆重的受聘仪式，当了名誉教授。

倪志福当了领导后，钻头的研究没有终止，有了改进、创造会请他来参观。他到我们学校来过好几次，也到我们实验室来看看。我们两个私人关系很好，他在台基厂的家里我去过不少次，他还请我们两口子到他家里吃过一次饭。后来他搬到万寿路，需要他派汽车来接才能进去，我就去过一次。

四

在军工方面，我主要研究火炮内膛和炮弹的加工，从 130 毫米到 203 毫米口径的火炮都涉猎过。火炮和炮弹的材料很难加工，材料本身和加工用的刀具材料，这些都是研究的难点。

我和各个兵工厂、钢铁厂、刀具厂，还有一些研究院、研究所都合作过。炮管要用高强度钢来做，但是高强度钢要是加工不了，火炮就做不出来。为了找材料，我得到做火炮的工厂、做炮弹的工厂，全国各地跑，找材料，比如炮弹厂加工出来的废弹、火炮厂的废炮管，运到学校做实验。有一次我去黑龙江，火车在吉林省出轨，软卧车厢出去了，我从两个车厢接头的地方爬出去，到了外面又摔了一个跟头，负了一点伤，改坐硬座车厢还得去，这是我遇到的一次事故，其他更多的就是辛苦。

我这一生干过的事情：第一，是倪志福钻头；第二，是研究技术发展史，这方面发表过文章；第三，是研究军工方面难加工材料的加工和加工用的刀具材料，这方面花的力气比较大。

我应当 1990 年 60 岁时退休，一直到 1997 年才正式退，硬质合金“群钻”大概是在 1998 年，我退休后研制出来的。

从忧国忧民到为国为民

张鹏程

人物简介：

张鹏程教授，1929 年 11 月出生，上海人。1950 年考入东北兵工专门学校弹药系。1952 年，随东北兵工专门学校并入北京工业学院 6 系 7 专业（装药专业）。1956 年毕业后留校，在 6 系化工原理教研室任教。1962 年 8 系成立，调到 8 系爆炸实验室，此后一直在实验室工作，曾任实验室主任。长期从事爆炸理论与应用研究和教学，在爆炸实验室建设、爆炸测试技术、爆炸装甲与防穿甲弹等方面均取得成果。曾获 1978 年全国科学大会奖（排名第一）。

访谈时间：2018 年 8 月 15—23 日（三访）

访谈地点：北京理工大学图书馆

访谈人：郭晓明

摄像：吴哲

访谈提要

讲述了张鹏程考入东北兵工专门学校后，与北京工业学院合并前后的情况，在校读书、生活情况；以及 1956 年毕业留校后，先在 6 系化工原理教研室任教，调到 8 系爆炸实验室后的工作经历，参加科研项目的情况。

一

我 1950 年在上海高中毕业后，经表哥介绍，从上海到了东北，想学会计。去了以后，那个会计班比较初级了，我已经高中毕业了，他们说你还是到兵工专去吧。那时兵工专录取都结束了，但是校长还是面试了我。兵工专的校长是刘咸一①，面试问了我在上海的学习情况。他说你外文学什么？我说英文。数学是近代数学，化学、物理也是近代化学、物理。其实我在上海学习还是可以的，当时我就给他讲了一下，他说我们就录取你，所以我就补充录取进了兵工专。

那时候学校是在沈阳文官屯，实际上是在一个军工厂里头附属设立的，而且实习的话，东北工厂也更多一些。我去的是弹药系，学校还有枪炮系。老师是各个兵工厂的技术人员，凡是牵涉到兵工的，都从那里调过来。因为当时解放了，要搞军工。后来，北京工业学院要来接管我们，他们派来了几个有经验的老师，有数学老师、物理老师、化学老师。派到我们班上的是物理老师，叫蔡季冰。我们当时还没上专业课，都是基础课。他们来了以后，我当物理课的课代表。蔡老师年纪比较大了，我每天把他接过来，晚上下班的时候，我们把他送到住的地方。1952 年院校调整，我们就到北京来了。东北兵专好像过来有 100 多人，我们学弹药的到了 6 系，我在 7 专业装药专业。枪支的到了 1 系，炮的好像是 2

① 刘咸一（1903—1974）：黑龙江望奎县人，1933 年在德国柏林加入中国共产党。1939 年 7 月到延安，曾任延安自然科学院教员、技术处处长，军委军事工业局工程处处长。解放战争时期，曾任黑龙江省建设厅副厅长，沈阳兵工总厂总军代表、沈阳东北军工部军事工业专门学校校长。中华人民共和国成立后，曾任中国科学院计划局副局长、党组成员。1954 年 3 月至 1960 年 11 月，任北京工业学院副院长，党委第二、第三书记。此后调任西北工业大学副校长、校党委常委。

系，坦克系好像也有我们的老师。反正北京工业学院军工的底子，就是东北兵专。

当时，6 系是有一个火药专业，一个炸药专业，还有一个装药专业。我们 7 专业负责人就是丁敬先生。当时我们是供给制，供给制也算工龄，学习的那一段算工龄。我还记得每个月给十二块五，交完伙食费，还稍微剩几块钱，不多。我们就住在南锣鼓巷，东皇城根。我们上课是在一个王府里头。实验室离那儿几百米，食堂也都在那里，好像没有出去过。宿舍、食堂、教室三点一线，那时可老实了。

在我的印象中，我好像没有什么业余生活。就是早上起来跑步。那个地方没有操场，所以就在大街上跑。跑步回来吃饭，吃完饭上课。我不好运动，人家跳舞我都不参加。人家说了，我重得像个坦克，拉不动我。我就只知道吃饭、学习、上课，其他的我一概不参与。所以后来丁先生派我去清华进修，可能也因为我这个特点吧。

当时北京工业学院在车道沟建了一批校舍。我们到四五年级的时候，是在车道沟念书的，去了一年左右。以前老师讲课的时候都一板一眼的，比较严谨。丁先生主讲爆炸，比较灵活一些，因为他是留美回来的。陈福梅老师搞火工品，好像是浙大毕业的，是个女同志，我毕业以后她还经常批评我。

后来苏联专家来了。6 系当时的苏联专家叫依留申，年纪比较大，有四五十岁了。苏联专家讲课，我是听了的。他们也是全心全意来帮我们，把他们的资料、那套教材都拿过来，都讲了。我们把苏联的一套东西都照搬过来了。那时印象比较深的，就是理论跟实际结合这一点好像比较突出。我们有的课就在工厂里头，去过沈阳郊区文官屯的七二四厂，还到过黑龙江碾子山的弹药厂……跟我们有关的工厂全去。因为丁老师他们也不是军工出身的，所以我们下厂的时候，老师跟我们一块去，他们也到工人里头去学习，完了以后给我们讲课。

我们下厂实习主要是到车间，工人操作，我们在旁边看着。因为雷管、火工品那种东西都是危险品，不允许我们上手的，我们在旁边看着。我记得，火模的车间还有西门子压机。一盘一盘的，都全模压下去。炸药还好一点，就是火工品，叫起爆药，那装进一摩擦就得爆炸。那个东西比较危险。所以工厂里头是绝对不让我们上手的。

苏联专家还没有来的时候，毕业要搞毕业设计。苏联专家来了以后，毕业的时候就要做毕业论文了。

二

1956年毕业以后，丁敬先生就给我们讲了：你们几个留校。我们说留校最好了。当时大家都认为站讲堂是第一位的，所以都争着要去讲课。我这个人比较随便，你们争你们的，我不争，你们留下来的我做。所以组织上分配我做实验室工作。我说我听领导的安排，所以我一直是做实验室的工作。

我从懂事到参加革命，我的思想主要是四个字，“忧国忧民”！

具体表现在哪里？日本人占领我们国家的时候，我碰到一件事。我的大伯带我去到他们那个镇去串门的时候，两个镇之间有日本兵的岗哨。经过这个岗哨，不管大人小孩，都得向一个日本小兵鞠躬。大伯不知道怎么回事，是鞠躬角度不够还是什么，日本小兵就给他一个耳光。他们拿着刺刀。当时我有个感觉，被殖民统治的国家，老百姓就是这么个状态，没有什么道理可讲。后来好不容易盼到抗战胜利了，国民党接收大员来了，结果搞金圆券银圆券，把上海整个经济搞垮了。我们当时很有体会，把老百姓的钱都搜刮空了。我是热血青年，总感觉到忧国忧民的。我中学毕业以后，就随我父亲在他工作的一个布店里头做记账工作。但是我总感觉一个青年人，得为新中国做点事，所以就到东北去了。华北大学工学院合并了兵工专，那个时候我就想，有幸能为新中国做点事了。所以，我那个时候一心学习，什么文娱活动一点都不参加。当时就是一心学习，学好了以后工作，报效国家。

工作以后，就是“为国为民”四个字。所以我教学也好，科研工作也好，日常的工作也好，从来没有为名为利争过。

1956年，我们国家工业要起飞了，所以准备搞工业生产机械化跟自动化。当时我们国家看得比较远，一成立以后就要生产过程自动化。所以当时不是有“两朵花”嘛，一朵就是培养人的自动化进修班，是科学院责成清华大学主办的；还有一朵是科学院的自动化所。现在看来，我们国家起步真是不慢，不仅机械化，还要自动化。当时我们教研室主任丁敬对我很欣赏，他安排我什么工作我都接受。丁先生给我说，给你一个任务，你去清华进修去吧。我就去学习生产过程自动化去了。当时我们国家机械化刚开头，还要搞自动化，哪里有这些人？所以老师都是全国各地什么研究机关、工厂、学校里搞过自动化，懂这一方面的有数的几个人，全部调到我们这个班。

我们一方面听他们讲课，一方面到全国各地去看，反正有一点自动化苗头的地方都去。我们去了上海市光机所。别看是20世纪50年代，这个光机所已经开始搞激光反导了。光机所有两套激光，一套是钕玻璃的，一套是红宝石的，那一套东西串起来有几十米长，准备反导的。还有一个是准备核聚变点火用的。所以我们参观了以后，一看我们国家可是了不起。

进修回来以后，到了6系化工原理教研室，叫我给学生讲化工生产过程自动化及精仪表，也编了讲义。我中间还给一个厂长班讲过课。因为各个厂里都要搞自动化，那怎么办？把厂长都叫来，我来给他们讲课。科技大学也请我去讲自动化的问题。当时我感觉到讲课很吃力，不是内容讲不出来，而是怎么讲好。我们教研室有两个年纪大的老师，还是我的老师。我就请教两个老教师了，我说这个课怎么讲法？他们说了一句话："讲课是那么容易的吗？"我一听明白了，对，讲课也需要一套方式方法的呀。你怎么深入浅出？怎么样让学生能够接受？

当时丁先生已经从6系脱离出来，成立8系了。他的眼光是对的，他在6系没有发展余地。当时6系有3个专业，一个是搞火药的，一个是搞炸药的，一个是搞装药的。6系认为搞火药的和搞炸药的重要，对装药不太重视，好像装药就是把炸药装到容器里，瓶瓶罐罐的。其实装药相当重要。炸药怎么应用？不能还是像解放战争那样，弄个炸药包去炸碉堡吧。炮弹没有药就是一个铁壳子，导弹里头没有战斗部就是一个发射筒，水雷、鱼雷没有战斗部都是白搭，原子弹也要装药，这都是装药呀。装药也要机械，当时已经开始搞这一方面的装药了。装药其实发展前途很大。

所以丁先生为了专业的发展，就出来建立了一个8系，他就是8系的主任。我跟丁先生联系，我说丁先生，我还是到你那边去吧。我原来就是从装药专业出去的，也是丁先生派我去自动化班进修的。回来以后，其他的工作都有人了，缺什么？又是缺一个实验室，所以我又搞实验室建设去了。我以后主要就是在爆炸实验室，搞爆炸测试这块工作。

当时8系有这几个专业：81专业是弹药专业；82专业是机械引信；83专业是爆炸及其作用，属于理论方面的；还有一个84，是火工品；

85，无线电引信。8 系的专业都是丁先生创建起来的，他当时是搞爆炸这一方面的专家，在国际上都挺有影响的。

三

032 科研项目，就是让我们搞原子弹里面的炸药装药部分。原子弹有两种结构，一种叫枪膛式的，一种是立包式的。枪膛式是什么意思？两块分开的核燃料合到一块的时候，超过临界点产生裂变，原子弹就爆炸了。就像一个枪管里头，两个分开的半球形的东西把它推到一块，合起来了以后超过临界值，那就爆炸，这是一种。还有一种，一个球体里头放了好多一块一块的核燃料，把它们推到中心来，马上就超过临界值，它也爆炸。当时原子弹爆炸有这两种方式。

我们就是想办法使用炸药推动这些核材料，推动的速度越快越好。炸药是推动核材料的，所以对炸药有指标要求，爆压要高，爆炸的压力要大，压力高了，推动核材料的速度就快了。所以那个时候要求炸药，一个是爆炸的速度要高，另一个是爆炸的压力要高。

这个项目是上面给的任务，至于到底是怎么给到我们学校的，这个内幕就不知道了，当时都是保密的。我们国家有一个“原子弹之父”叫王淦昌①，他到我们实验室来过。据说王淦昌是我们丁老师的老师。是因为这个关系找我们搞的，还是我们已经做出一定成绩了，人家找来的？就不清楚了。

我一个同学徐更光②，搞混合炸药。他把已有的各种炸药，挑选出稳定性好的，爆炸威力大的，做成可以加工的东西（造型粉）。否则，炸药本身都是粉末，怎么能够叫它成形？他做这个工作。

我负责爆炸性能的实验。徐更光做出来的东西，首先通过我这里做

---

① 王淦昌（1907—1998）：江苏常熟人，核物理学家，中国科学院院士、“两弹一星”功勋奖章获得者。1929 年毕业于清华大学物理系。1933 年获柏林大学博士学位。1934 年 4 月回国，先后在山东大学、浙江大学任教授。王淦昌参与了中国原子弹、氢弹原理突破及核武器研制的试验研究和组织领导，是中国核武器研制的主要奠基人之一。曾荣获两项国家自然科学一等奖、国家科学技术进步特等奖等。

② 徐更光（1932—2015）：浙江东阳人，爆炸理论与炸药应用技术专家，中国工程院院士。1951 年考入东北兵工专门学校，后随该校并入北京工业学院，毕业后留校任教。

实验，爆速怎么样？爆压怎么样？假如达不到要求，这个方案就取消，重新来。假如够了条件了，再继续研究下去，如稳定性、长期储存性。

我们做这个工作的时候，中间搞上山下乡运动。当时我们的院长叫魏思文，亲自到我们实验室来，定了3个人不参加运动：丁先生、徐更光，还有我。当时魏思文院长说了，你们这3个人不参加运动，一心一意把这个工作做好。因为他也重视。当时我们国家四面楚歌，很紧张，要是没有“两弹”，人家随时随地，说打你就打你，你没有还手之力。后来我们有了“两弹一星”，他们不敢动了。

第一颗原子弹不是用的我们的炸药，用的还是老式的混合炸药。第一颗爆炸之后，就要求爆炸的威力比原来的还要高，这样核燃料的利用率就高了。但要求爆速、爆压比以前的更高，那么它的稳定性就差。

这个任务我们是作为研究单位之一。其他还有兰州的化物所、上海的有机所，有几个研究所，人家是正规军。几个研究所也都在搞新的炸药。开始用过一个所的混合炸药，用了以后，长期储存不稳定。像原子弹、氢弹，总得储存几十年吧。所以他们搞的东西都否掉了。当时那几个所都挤我们，为什么？他们几个所是名正言顺的，我们是一个学校，你插一杠子干啥？当时大家研究到一定时候就要开会，汇报一下工作的进展情况。我们去兰州开会的时候，丁先生带我去了。我一提我们的工作并不比他们差，他们就不乐意了，就提出问题来了，说我们的测试设备是最差的，技术水平还是最差的，他们的设备精确度都比我们高三个数量级，我们的精度是微秒，他们的精度是毫微秒。所以，怀疑我们的数据不正确。数据不正确，你做的那些工作不就全报销了吗？那时我就上去讲，我们怎么用差劲的仪器做出来跟你们同样精度水平的数据。他们没话说了。但开完会以后，他们专门派一个工作组，有几个专家专门到我们实验室来考察，看我们做的数据可靠不可靠，是不是弄虚作假。最后我们的数据没有问题。

我们搞了好几年，做了好多方案，最后选出来了一个方案。到最后也给人家枪毙了。我听说，后来到上海去开会的时候，他们又提出来，我们的长期储存性又怎么样，后来答不上来，就把我们半路枪毙了。

但是我们做出来的方案核工业部九院还是接受的。据说九院有一个我们同级毕业的同学，他说我们有一个配方，他们稍微改动了以后用到氢弹上面去了，所以我们的成果还是有用的。

四

以后“文革”开始，丁先生挨批判了，说他是资产阶级知识分子。当时当领导的都得挨批，他是我们教研室主任，还是8系系主任，那不是首当其冲吗？但他没有什么反党反社会主义的言行，对国家还有贡献，后来很快就解放了。珍宝岛我们和苏联打一仗①，打完了以后，丁先生他们还马上到前线去调研了。当时打苏联坦克的时候用的40火箭弹，了解怎么打的，了解战斗的情况。

我们的研究工作没有断过。后来开门办学②，我带了工农兵学员到工厂里面去，一方面实习，一方面讲课。当时去的好像是门头沟五五二三厂，那个工厂生产一种单兵火箭弹，破甲弹，一直不稳定，最后靶场试验不合格。所以工厂生产出来卖不掉，国家也不能验收，工厂就要倒闭了。我带学生去开门办学，他们工厂就提出来，说张老师，你也来帮我们改进吧。

因为我前头有一个老师帮助工厂改进，他的路线是破甲弹穿得越深越好，他走的是这条路线。搞了好几个月，定型不下来。我回来请示丁先生，我说人家要我去做，可以不可以？因为前头已经有老师在搞了，我又去插一杠子，不是又出问题了吗？丁老师说，只要你们两个搞的不一样，你搞你的，他搞他的。

这个是我科研的起点了。我分析了以后，把整个爆炸系统改了，角度也改了，材料也改了。

我这个人还比较容易接近群众。后来有一个技术人员跟我讲，他说老师，我们工作时发现，这个金属材料有问题。金属材料怎么回事？当时洛阳铜厂是我们国家最大的铜板厂，它碾压出来的铜板，厚薄均匀，

---

① 指珍宝岛战役，中国人民解放军边防部队在珍宝岛击退苏联军队入侵的战斗。1969年3月，苏联军队对珍宝岛实施武装入侵，中国边防部队被迫进行自卫反击。珍宝岛战役在一定程度上遏止了苏联的战争企图。

② 开门办学：是指学校要面向工厂、面向社会办学，打破传统办学形式的条框束缚。“文革”中的高校“开门办学”，是这段特殊时期高等教育中的特殊产物。1970年7月21日，一篇名为《为创办社会主义理工科大学而奋斗》的文章，提出要“开门办学，厂校挂钩，校办工厂，厂带专业”，“把大学办到社会上去”等。这是“开门办学”作为一种形式或模式被正式提出。

又好，又光滑。但用它的材料做药型罩就全完蛋。铜材是有一个个晶格的，它在大铜锭碾压的时候，晶格重新排列，一碾压有方向性了。结果用它的铜材冲压出来一个锥形体，就是破甲弹的药型罩。药型罩中间是空的，炸药在上头爆炸，向下冲，推动罩子往里头闭合，闭合过程中里头的材料碰撞。罩子的材料有方向性了以后，一碰撞就乱套了。乱了之后，射流不是在一个方向下来，穿的不是同一轴线方向，分散了，就钻得不深了。当时国内关于破甲弹的稳定性，成了一个大问题，破甲的深度不稳定。

这个就说明理论和实际有一个距离了，一定要在实践里头总结经验。

我从几个方面改进了。一个是引爆系统改变；一个是药型罩的材料改变，叫它没有方向性；还有一个罩的角度，爆轰的方向改变；还有一个，为了爆炸的时候它能够使引爆点老在中心，一定要做对称的。以前的引信里头要有个回转结构，为了安全，里头有个雷管，这个雷管平时不是向着炸药的，它是向着惰性物质的，这样爆炸的时候引信不会爆炸，误爆起来不得了。

我把这些方面全改了，引信也改了，爆炸的波型也改了，药型罩的角度也改了，材料也改了，反正几个方面大动手术，基本上是等于我重新设计了一个弹。后来通过检测了，工厂都定型了，改进之后，后来破甲率达到98%。好了，工厂也救活了，我们开门办学的目的也达到了，理论联系实际也达到了。

因为全国的破甲弹稳定性是一个大问题，都没有解决。我们这次做得很好。所以兵器工业部送到科委，后来科委把我的奖项从部二等奖拔了科委的三等奖，等于国家的重大科技三等奖。

不能说吃亏吧，反正国家奖终于拿到了，我个人无所谓损失不损失，我已经能为国家工作了。这个单兵武器，我改进了好多方面，其他大小不同口径的弹都可以引用它的设计，所以当时还挺高兴的，三等奖低就低吧，能对国家做一些贡献，已经是很好了。

我救活的这个工厂当时年生产1 200万发。因为我改进的这个弹非常好，我听他们讲，还送到东南亚去了。那个弹装在塑料桶里头的，一个人可以背四发。东南亚国家是水网地带，四个弹筒拿下来一捆，放在水里就当浮筒了，人趴在上面就可以泅渡。弹筒两头盖子一拔掉，就可以拿出来打，所以当时东南亚很喜欢。

五

现在造了5栋新楼那个地方，原来就是我们的爆炸场地。8系原来有个爆炸洞，直径6米的一个洞，钢筋水泥做的，里头衬上钢板。但是这个东西谁也不敢用。因为第一，药量一增大就承受不了；第二个，带有破片的爆炸也不敢用，里头的钢板都打坏了。里面还有个观测窗，是我把飞机前头的防护窗弄来了，好几层玻璃粘起来的，机枪都扫不进来。但带破片的爆炸打上去，也受不了。

后来我到炼钢厂，发现有一个国民党起义的“重庆号”巡洋舰①炮塔。“重庆号”起义了以后，国民党飞机老来轰炸，没办法，所以干脆把它自沉在江底。后来捞起来全不能用了，把它拆解当废钢铁炼钢去了。我听到这个消息，就把“重庆号”的炮塔拿过来了。炮塔是一个柱状的，原来有个底盘可以旋转，我把它拿过来，反扣过来，上面座位也有挡板，有破片也不会乱飞了。但防护还是不行。

当时刚巧北京修地铁，我去联系地铁施工方，叫他们把地铁挖出来的土，都堆到我们那里去。他们用翻斗车一车一车拉过来，堆起来一个土围子。完了以后，把炮塔反扣过来，正对着里头的一套高速摄影装置和一套爆炸装置。当时我们西边都是农田，那1公斤炸药都可以炸了，无所谓了，破片也不会飞出去的。刚巧当时1系有一个风洞，它的壁厚有100毫米还多。他们有一个小风洞拆了，我去把那个风洞的东西也拿来了。爆炸的时候，它那么厚的一个筒子拿来几个，爆炸就放在里头，破片也不会飞出去了。有了这些条件以后，做了好多研究工作。学生毕业时候需要搞研究课题，老师的研究课题，就都在那里头做了。

后来我退休了，底下的人把这些东西都当废钢铁卖掉了。我给他们讲，我说这是“重庆号”的炮塔，有历史意义的。他们说你怎么不早讲？

---

① “重庆号”巡洋舰：第二次世界大战后，英国政府送给中国政府的一艘著名军舰。1948年7月28日抵达香港，是当时中华民国海军最大的军舰。1949年2月25日，“重庆号”舰舰长邓兆祥率574名官兵起义，加入中国人民解放军海军。3月4日，开往葫芦岛。因遭受国民党飞机多日连续轰炸，3月20日，自沉在葫芦岛港内。1951年5月16日，“重庆号”打捞出水。1957年，因“重庆号”技术性能不合时代要求以及技术状态损坏严重，总参批准不再修复作为军舰使用。此后该舰被拆解分批处理。

卖掉了。

我一直在实验室，一直在搞科研，当时是实验室主任。后来我们有个爆炸的国家重点实验室。不过这当然不是我的单个人的成绩了，还有其他老师都在做工作，为我们国家重点实验室打下了基础。

教学就是爆炸测试技术，就是爆炸的参数怎么来测量，我还编了本书，跟我一个学生叫黄正平一块编的。危险是有，我们这个专业过去伤过好几个人了，但我们这些人都是旧社会过来的，能为国为民，能为国家做事，什么危险困难都不考虑。我后来搞爆炸装甲，等于开辟了一个新的领域。

六

“文革”过去以后，我们开始把原有陆军的武器装备，榴弹、毒气弹①、地雷、破甲弹、穿甲弹都做了实验，那个时候我专门管测试，所以当时各种相关炸药堆满了实验室，都要开始做实验。我们原来没有自己研制的东西，都是旧的东西，有的还是仿照苏联的，所以研究它们对工事能造成什么程度的毁伤，比如说一个地雷，一个碉堡，我放在门口的时候一爆炸，里面的人会怎样？

坦克、步兵战车、运兵车，这几个是陆军的主力，其中有个 501 步兵战车的工程，它破甲弹的破甲率不合格，使整个工程就没法鉴定。当时兵器工业部就派我去帮他们研究，我说我以什么名义去，兵器工业部说你是以技术顾问的名义去帮他们攻关，我就带了实验员去了。

当时一分析情况，我们原来的那个火箭筒都是低速的，一二百米的速度，但它那个炮发射的是（每秒）800 米速度。他们就讲，静态做实验挺好的，一发射全成问题了，好几年过不了关，这等于一个大工程没法鉴定了。

我去了以后一分析，800 米速度已经是超音速了，因为这样，它的出口速度就很高，膛压也很高，结果后坐力就大了，一发射里面的药柱就往后坐。他们拿来后我用放大镜一看，发现里面的药柱有裂纹，也就是说，往前一发射的时候，它往后的坐力，将裂缝扩大，原来好好的一个

① 毒气弹：装填着毒剂和毒气的弹药，是一种近现代战争中出现的大规模杀伤性生化武器，起源于英布战争中英军使用的列低炮弹。

炸药弹丸就变坏了。

原因找到了，找到了怎么办？当时我们研究过炸药，所以我知道它的性能，我就向他们提出来，将药柱放在蒸笼上面加热，把炸药放到弹体里，弹体是很厚的，因为它是要经受高膛压的，不像火箭弹，是零点几毫米的薄壁。我叫他们把弹药放进去后再放到蒸笼上头蒸，炸药就软化了，这时不要马上拿出来就用，而是要把它重新装好，压密实了以后，就跟弹壁紧密结合了。

这样发射的时候，后坐力就对它没有影响了，因为弹体跟炸药已经紧实地压为一体了。原来一发射，炸药是要往后坐的，原来已经有裂缝，这么一撞一坐，说得夸张一点就是没有一个对称性了，所以他们一发射就不行。静态地放在那里做实验结果挺好，一发射就不行。

有空间才有后坐力，很紧了它就没有后坐力了。这个后坐力就被炮弹和弹壳接受了，就没有破裂这一说了，压成一个整体了，也裂不了了，所以就过关了，破甲率达到 100% 。

当时这一方面我还是有所建树的，这个项目完成了以后，整个步兵战车也可以通过鉴定了，项目没有署我的名，部里感觉过意不去，所以对工厂说给我一笔顾问费，15 000 块，当时万元户也就 1 万块钱，还是不少的。部里让工厂把钱拨到我们学校，被科研处打到了我的科研本上，只能作为将来的科研经费使用，个人是不可以动的。

七

在这个步兵战车的生产工厂旁边，有一个采石场，是东鞍山的鞍山铁矿，我帮他们解决了步兵战车以后，他们又联系我说，采矿的岩厂那个地方出了问题。那里都是山，将山爆炸了以后，才能把石头开采下来，有一个直径比人还高的大石头在上面悬着，谁敢去动？结果一个百吨的大电铲，想把它弄下来，一扒拉，刚巧石头滚下来，结果机毁人亡，出了重大事故。

所以让我过去，看看能不能帮他们把这个石头弄碎，因为这个不仅是上面有这么一个悬石的问题，还有滚下来的大石头，要把它弄碎了以后才能运走。

他们原来就想用爆破，电镐、风镐等工具，钻一个眼，把那个炸药放进去，人撤离，半径 200 米，就等于是 400 米范围里，人全部撤走。

因为它一爆炸，石头要飞的，打在人身上非常危险。

我一看，还行，那就干吧。他们不是一个生产弹药的工厂吗？我去找他们报废的弹，还有设计的小型弹，再爬到石头上去看，才知道石头上头有裂缝的，我利用打坦克的原理，找好裂缝，裂缝是有走向的，我就把他们报废的破甲弹药放在上头，光是药柱，没有壳体的。我看好这个石头有多大，应该放几个弹，一爆炸，警戒距离 20 米，原来是 200 米的，现在只要 20 米就行了，为什么？因为它是定向爆破，一爆炸了以后，射流就从这个岩石里穿下去了。我设计好了以后，一爆炸，噼里啪啦，石头裂开来了，这个技术最后他们还申报了一个二等奖。

假如说我们碰到哪个地方塌方，有大石头把路堵了，车子也进不去，人还得背了东西跑进去，就拿上我这个东西，放几个，一炸，碎了，一扒拉就走了，多简单，其实这个东西还是挺好用的，叫岩石破碎具。

八

还有一个是爆炸装甲，在坦克前面不是都有钢铁的装甲板吗？这在我的研究过程里，也是一个大项目，我这后半辈子都在搞爆炸装甲。

就是这个弹，不管是破甲弹也好，穿甲弹也好，流弹也好，都是来打坦克的，坦克就靠前面的装甲来防护。后来就出现一个问题，因为进攻方面，矛这个方面越来越强，盾就出问题了。不能总是将钢板做得越来越厚，那坦克就走不动了，现在已经有好几十吨的家伙，行进过程都有问题了。所以后来出现了爆炸装甲，这个爆炸装甲最早是以色列弄出来的，别看这个国家小，人却很聪明，爆炸装甲的原理就是两块钢板中间放上炸药，像一个三明治，那么破甲弹打过来的时候，炸药爆炸，不是就把它那个爆炸装甲穿透了吗？同时因为这个射流的速度很快，炸药也被引爆了，炸药一爆炸，这两块板就这么运动了。

坦克上有一个一个的盒子，盒子里就是爆炸装甲。射流打过来的时候，这个要打透，炸药就打响了，它这两块板就飞起来了。它在这个运动的过程里，本来射流是这么一个劲往里穿，可以穿半米 1 米的，结果你这两块钢板一运动，射流被钢板切割了，等于是它过来，你就运动，你一运动，等于它在这上面划“道”了，本来要穿孔的，现在变成划“道”了，到后面就打不深了，这是以色列最早发明的。

以色列发明了这个东西以后，就准备卖给我们国家挣一笔钱。当时我们国家是我在搞爆炸，小有名气，部里领导就找到我说，老张，以色列要卖给我们，还要给我们表演，让我们决定买还是不买，你赶快帮我做工作，他们爆炸装甲，你也做个爆炸装甲，看看怎么样。一个摸摸它的原理，原来还不知道这个原理；再有，你也做一个东西出来，看看跟他们比较一下怎么样。

从此以后我就搞爆炸装甲了，全国我是第一个，结果我做出来了以后，一爆炸效果很好，比以色列的效果还要好。以色列的通过爆炸装甲以后，还能穿400还是几百（毫米），通过我的爆炸装甲以后，可能只能穿一百二百（毫米），所以我就表演给领导他们看，完了我也打报告，过了一段时间以色列拿着他们的爆炸装甲来了，弄了一部旧的坦克，把他们的东西装在上头做试验，我的东西也做试验，结果一对比，我的比他们好，爆破能力强。结果就不引进了，我们自己也能搞了，还比他好，引进它干吗。

这大概是20世纪80年代初期的事，这个成果出来挺好的，以后我就做爆炸装甲了。当时的爆炸装甲能防破甲弹、导弹这些东西，但是穿甲弹不能防，因为穿甲弹是一个杆，像我们国家是一个钨合金的杆，爆炸装甲对它不起作用，所以要研究一个怎么来防穿甲弹的。国内外都没有解决这个问题，有各种各样的东西、装甲的形式，但是都没有防住，那么我就要防，之后就做这个方面的工作了。

爆炸装甲怎么防穿甲弹，全国我是第一个。当时在试验靶场，我们开始做试验时，一看，兵器工业部部长来了，局长来了，我们的校长朱鹤孙也来了，我们系主任、科研处处长全来了，我们事先都不知道，我一看这么多领导都来了，还把我吓了一跳。我是做试验，他们是来看，一个老百姓做试验，部长能来参加，那是很少有的了，试验结果一炮成功。当时穿甲弹就是用坦克上面的炮打的，打了以后，结果就防住了。后来一个处长问兵器工业部部长邹家华①说，咱们还要不要再做？邹家华说行了，不做了，到此为止了。处长下来给我讲："张老师，你的工作就到此为止了，我们给你鉴定。"

---

① 邹家华：1926年10月生，上海市人。1944年12月参加工作，1945年6月加入中国共产党。苏联莫斯科鲍曼高等技术学院机械制造系毕业。曾任全国人大常委会副委员长，中共中央政治局委员。

我不仅研究了防穿甲弹，还研究了防串联破甲弹。就是因为有了爆炸装甲以后，破甲弹就不起作用了，你打上去，它一飞起来全破坏了，破甲弹不管导弹也好，手提式的也好，都是以穿甲弹为主，前头再加一个。原来是前头加一个小的，后来是加一个同口径的，就跟主的那个破甲弹一样大小的一个弹，这叫串联弹，就是前头一个后头一个。

它的作用就是破坏你的爆炸装甲，第一个弹过来的时候，不是爆炸装甲要飞吗？等你飞走了以后，第二个破甲弹过来了，等于你装甲上头没有了爆炸装甲，光秃秃的，那第二个弹过来时就没有爆炸装甲了。其实这个工作我老早就在做了，因为爆炸装甲一出现了以后，国外马上串联弹就出现了，就破坏你这个爆炸装甲的，所以我们也得到信息，我也做了这个东西。

除了串联弹，我还研究了反应装甲、爆炸装甲，来反击这个串联弹的，一个是防护，一个是进攻，等于是矛跟盾一块研究的。后来做到什么程度？有一个三代坦克，就是装备部队的，那里有一个总设计师祝榆生①，专门是搞三代坦克的，串联弹要研究出来的话，他的坦克又没法保护了。所以我们请三代坦克的总设计师来看一下，我们表演给他看，后面一个弹，前头弹打过来，我爆炸装甲爆炸，同时设计了好多的弹丸，就把后头的弹打掉了，在还没爆炸时，就先把它打掉了，后头的串联弹就不起作用了。第一个爆炸装甲能够防护，第二个弹再穿过来，爆炸装甲飞走了，但是我的弹丸也过去了，把后头的弹打掉了，我们在模拟做串联弹，用我的爆炸装甲来做给他看。所以我的爆炸装甲不仅是一防两防，还是三防的，第一个防破甲弹，第二个防穿甲弹，第三个防串联弹。

你看美国人不是现在说了吗，要建立太空军，要跟我们打贸易战。所以应该用这种先进的武器研究来教育下一代，我们还是要提高警惕，应该始终有这种危机意识。

---

① 祝榆生：重庆人，1960 年授予大校军衔。曾任八路军一一五师司令部参谋股股长、山东滨海军区司令部科长、华东军政大学副部长。曾获得“兵器工业科技发展终身成就奖”。

九

在对越自卫还击作战①期间，当时我们打了胜仗，把他们一路赶过去，部队冲到哪里，指挥所就跟到哪里。我们的前沿指挥所跟着部队往前推，因为指挥员需要看到前线的打仗情况从而做出判断，但是指挥部里的指挥员得要保护起来，否则怎么指挥？结果刚巧有一个指挥部，因为距前沿阵地很近了，所以能看得见，越南方面就用榴弹炮，就一放那个引信带有延迟性的122毫米的榴弹，它打到掩体上的时候不爆炸，钻进去了以后就爆炸。122毫米那么粗一个炮弹，钻到指挥部里头去，一爆炸里头的人就全部完了。

当时前沿指挥所的工事都是简易的，就挖个坑，上面砍一些树枝，再弄点树叶往下一挡，指挥员在里头。所以越南方面就用这个办法，就打我们的指挥部。当时工程兵就没有办法了，因为他们除了土木、水泥这些东西以外没有别的东西了。那这种情况该怎么办，他们还是请我去帮助解决，因为我以前参加过北京的阳坊大型试验，就是水泥工事碉堡这类东西，把我们所有陆军的武器都用上去，测量人在内部的时候，损伤的程度怎么样，就是超压这些，基本上都弄了。之前讲到有个化学弹的问题，也在那个靶场上开始做的，所以工程兵知道我这个情况，我刚巧有一个项目，可以帮助他们解决问题，所以我就答应了。

这个时候在洛阳我们就做试验了，那些将军一级的正副司令员，装甲兵司令员都来看了。我坐在中间给他们解释，什么原理，怎么防范的。还用燃烧弹、火焰喷射器验证这个工事能不能抵抗火焰喷射器。不仅是要防炮弹，还要防燃烧的东西，爆炸与燃烧，它两个要都能防。我用的就是我原来搞反串联弹那一套技术，把它改一改就用上去了。它榴弹过来了，碰上我那个防护装置，那防护装置本身直接就爆炸了，打出了一股射流，就把炮弹引爆了。等于是你打过来，还没钻进去呢，我就把你打响了，就在外面爆炸了，这样里头就无所谓了，光是破片就影响不

① 对越自卫还击作战：国际称“中越战争”，越南称“反中国扩张主义战争”，指1979年2月17日—3月16日中国和越南之间的战争。中国人民解放军在短时间内占领了越南北部20余个重要城市和县镇，一个月之内便宣称取得胜利。随后解放军对越南北部的基础设施进行系统毁灭后撤出越南。越南人民军在中方撤出之后也宣布取得了战争的胜利。这场战争令中越两国关系进一步恶化，直至最低点。

大了。

试验的时候，是实弹射击的，同样挖一个土坑，把我们这个东西放在上头，炮弹就在外面爆炸了，进不去了。同时再做一个沙袋，里头不是放炸药的，放上填沙，就配重了，然后打到这个上头，看它是怎么爆炸和引爆的。这个旁边是沙袋，就是沙袋做的试验，拿回来看结果。我利用的是炮弹打过来，碰到工事的时候，采用野战工事主动防弹层的原理，试验效果很不错，解决了野战工事如何防延时引信的榴弹问题。他们再建工事的时候，外面要铺上一层我这个一块一块的防护装置，而且每个人都可以背上的，背上以后，随军往前走，你打到哪里，你背上的东西就用到哪里。后来又做了这上面的变形和改进，所以我们的装置帮他们解决了个大问题。

但是后来怎么样？部队里列装了吗？我就不知道了。因为这个工事的防弹层就是我申报的国家项目，但后续的五年规划我就没有参加了。那时司令员来了，都说今后一定要作为重点项目，好好抓一抓，下面的五年规划中就有我。但在问题解决后，申报得奖时，为了协调各种关系，最后就把我取消了。

十

我还研究过几样东西，譬如说人家把我们的卫星打掉，我们怎么办，也应该有一手吧，得把他的卫星也打掉。我最近在报纸上看到：在 50 年前，有一次我们反卫星成功，就是用我们反卫星的装置去打我们自己已经报废的东方红 1 号。我们原来的那个报废的卫星这么过来，而这个反着它上去，两个迎头，两个相对速度多少呢？每秒钟 8 千米，这么高的速度，两个一碰撞，那当然成功了。这个很容易，但没有实战价值。假如是敌方的卫星这么飞过来，那个卫星的大小，也就是直径 2 ~ 3 米的一个物体，我从地上打个东西，去把它打掉，人家发现你了以后，稍微变一变轨道，偏一点就过去了。

而我们研究的反卫星，就是研究一种高速的弹丸，就是利用爆炸形成弹丸，它是定向的，不像之前的爆炸装置上去后破片四面八方地飞，而且越飞越大，撞不上又没有用。我们做的是定向的，就是爆炸以后朝一个方向过去，那它就可以保证一个装置不到 1 千克。像这样的装置上去的时候，即使带上几十个、上百个也都可以了。在空中可以飞行，我什么时候要打它，瞄准了以后，在几公里以外一引爆，形成弹丸定向打出去，它是一个往一个方向的面，因为上面是真空的，有一个弹丸碰到它，马上就把它打掉了。这个是我们自己研究的一个方向，虽然实施成功了，但是后来没有经费做了一半就没再搞了。

我研究得很杂，还研究过我们当时从国外引进的一台变相管照相机。美国的那个叫 imeca，我们引进这个设备的时候，它卡我们了，因为是高端的插件，当时巴黎统筹委员会就不批准，我们没有引进来，即使引进来的也是低级的百万分之一秒的。

这个相机有个什么好处呢？主要就是它这个变相管，我照了一下，即使光线弱，但它有增强器。就是说曝光时间短了以后，光线很少，所以后面看不清楚，它用了增强器以后，这个就是高速摄影，它可以达到当时最高速度大概是 5×10 的负 9 次方秒，就是 5 个纳秒①，这个是国外卡着我们的，无法引进来。

于是我带了一个学生，我们又研究上了。我去弄了一个旧的变相管，就是我们国内这种夜视仪的东西，又去弄了一个高压电源，上千伏的一个电源，要做脉宽，一个脉冲电压上来的时候，要是纳秒数量级的，也就是 10 个负 9 次方数量级。后来我们做到 2~5 个纳秒，就做成了，成功后拿到高速摄影会议上，因为这个是我们自己做的，不是部里给的项目，所以学校给了一等奖。

这个后来因为没有经费，就没有得到应用，只成为一个研究成果。国际会议我们都拿上去了，打破了国外对我国的封锁，我们再要引进也行，我们自己研制也行，都可以了，就是最终没有转化为实用，所以感到很遗憾。

前几个月，专利局莫名其妙就给我突然来一个电话，说我的专利已经超过 20 年了，他们要帮我取消了。本来我是职务发明，我在工作的时候发明的，这个东西应该是属于学校的而不是属于我的，还是需要他们和学校去商量，也希望相关部门要做好领导组织工作。

---

① 纳秒：nanosecond，简称 ns，时间单位。1 秒的 10 亿分之一，等于 10 的负 9 次方秒（$1\ ns = 10^{-9}\ s$）。

十一

学校既然是教育基地，就希望我们的学生应该把德放在前面，一定要教他们怎样做人，你大学毕业也好，研究生毕业也好，假如不是以德为先的话，学习的本事越大，祸害就越大。至今回想起来，我之所以能这样一路走下来，与小时候的教育、经历是息息相关的。

所以我还是建议，要从小给他们打下一个做人的基础，做人最根本的东西是什么，首先一个是诚实，不要去坑蒙拐骗。第二个，好好工作，淡泊名利，爱国主义教育应该要有，所以我希望学校的领导，一定把这一块不要放松。

还有一个，希望今后在处理问题的时候，不要只看果，也要看因。你看我们现在报纸上宣传的谁是贪污犯，这些人他不是一开始就是个坏人吧，他们原来都是奋斗上来的，这些人怎么到后来有钱了，反而腐败了呢？把这个原因要弄出来，告诉群众，告诉老百姓，这个才是教育人最好的东西。最后一个，对于学术方面，一定要加强检查，一定要有监督，成果当然是要肯定的，但是一定要好好地检查，看看他们的研究成果到底是怎么来的。

北理工国防尖端技术科研及专业的曲折发展

周本相

人物简介：

周本相，1935 年 12 月出生，四川省荣县人。中共党员。自幼家贫，中华人民共和国成立后靠人民助学金继续学习。曾任四川荣县中学学生会主席，校团总支委员。1954 年 9 月考入北京工业学院第二机械系引信专业。1959 年毕业留校，在校科研处做科技管理工作。历任科研科长、实验科科长、资料情报科科长、科研处副处长、校科协秘书长、校保密委员会副主任等职务。1974 年 10 月调 1 系任专业分总支书记。1991 年 3 月调校党委宣传部工作。1987 年 11 月定高级工程师。1996 年退休。曾在校内外发表科技管理方面的论文和诗文 100 多篇。

访谈时间：2018 年 12 月 24 日

访谈地点：北京理工大学图书馆

访谈人：郭晓明

摄像：吴哲

整理：郭晓明

访谈提要

讲述了周本相大学前的学习和工作；1954年，考入北京工业学院第二机械系第四专业（引信专业），入校初期学校建设情况、课程学习情况；后来到工厂和部队的几次实习情况及毕业设计；以及毕业后留在学校科研处，经历了魏思文院长组织大搞科研以及把学校向尖端方向发展的调整及该调整带来的影响。

一

我是1935年12月出生的，老家在四川荣县的一个农村小镇。我父亲是城镇的贫民，在解放初期就去世了。母亲带着我们6个兄弟姐妹，靠给人家做饭、洗衣、纺线，把我们带大。

解放前穷孩子上中学是很困难的，那时候母亲去找校长申请免费。我一边劳动一边学习，去挑煤、挑柴什么的。解放后靠共产党、人民政府全部助学金上中学。当时家庭出身好，参加社会活动就比较多，很快就入团了，还做了学校的团总支委员，1951年又当了学生会主席。1952年我被抽调到县团委的宣传部做脱产工作了，参加了土改工作及"三反""五反"运动。后来中央发了一个文件，说当时很多机关在学校里头抽调学生，影响正常教学秩序，不能再抽调了。这样不到半年，我又回到中学继续学习。1954年考大学，县委推荐我们6个同学考北京工业学院，我们中学考取了3个，就是学习能够达标的，政治条件也挺好的。当时北京工业学院刚刚改为国防院校，国家需要军工方面的建设人才，中央给各地方发了通知，要推荐一批优秀的学生来学国防、学兵器。这样地方推荐一批，又从国家机关的年轻干部抽调一批上速成中学培训，补完中学的课直接保送到大学里头，当时叫调干生，我们就叫普通高中生。

我们来的时候还是挺曲折的。1954年宝成铁路没有修通，长江发洪水，到不了北京，怎么办呢？当时四川省教育局给我们开上介绍信，由我带队坐着两个烧木炭的那种简易卡车，有五十来个同学，从成都到宝鸡坐了一个礼拜，又从宝鸡坐火车，那种闷罐慢车，走一段停一段，到北京又差不多又一个礼拜，所以从四川到北京走了半个月，然后到北京市车道沟报到。

1954 年 9 月到北京工业学院，我当时上的是第二机械系 4 专业，就是弹药里头的引信专业，机械引信专业，整整学满 5 年，1959 年 9 月毕业。

二

我们进校的时候，北京工业学院是在车道沟，（校区）就是现在的兵器工业总公司那里。车道沟有个延安大楼，后来叫红楼，当时制图课在 4 楼，其他可能有些大课在那讲。车道沟有宿舍但是不够，招了那么多的同学，没地方住，就打地铺。

紧接着，就在现在我们这儿，开辟了一个新工地，叫巴沟白祥庵 1 号，建新校区。首先是建 1 号教学楼，然后建了 2 号宿舍楼。2 号宿舍楼刚刚落成，我们大一的同学就来入住了。每天下晚自习后，从车道沟过来，过运河，走到北外的后门，绕到三环路这边，过来进南门，一进南门的第一个楼，就是 2 号宿舍楼。每天晚上跑过来，上完晚自习住在这儿，第二天一早起来跑步，从原路再跑回车道沟吃早饭，再上课。这样跑来跑去两三个月，同学们没有怨言，对学校建设的暂时困难都很理解。后来 1 号教学楼里物理实验室、化学实验室这些基础实验室建起来了，大一的同学整体都从车道沟搬过来了。当时这边就是一个 2 号宿舍楼、一个 1 号教学楼，其他都是庄稼地或者是野地。我们来的时候，跑很远去上体育课。体育老师带我们跑，跑到一个树林子，过了树林子是平房，平房养有狗。抗战时期，这里是日本人的养狗场，解放后，解放军把它接收过来养军犬。当时我们看是个养狗场，还感到很有意思。

北京工业学院的 5 年学制分 3 个层次。大一的时候主要还是基础课，包括高等数学、物理、化学、俄语，其他还有党史、政治经济学。到了二年级的下学期就开始有所谓技术基础课，主要是建立在基础课数、理、化的基础上，像普通电工学、机械原理、机器零件，还有机床这些基本课程，力学就是理论力学和材料力学，主要是为专业课打基础的。

在这里讲一下当时的考试，考试学习苏联的口试，学生轮流抽签试题，准备好后，由主考老师一对一地提问，并实行 5 分制（优秀、良好、及格、不及格）。一门不及格则补考，再不及格，就留级或退学。故同学压力特别大。我为了学习曾一个学期没出过校门，因学习紧和经济困难，学习 5 年未回过一次老家。

我们专业是机械引信，引信平常时候放着要非常安全，一点都不能出事故，要让它迟钝，不能太灵敏。可是弹丸碰到目标后要非常灵敏，还不能让它成为一个铁疙瘩。所以这个矛盾就要靠引信里头设计的一套装置来解决问题。这是要建立在力学的基础上，尤其是理论力学，所以我们力学学得很深。而力学又建立在高等数学的基础上，所以我们高等数学也学得比较深。从普通数学开始到微积分一直学下去，所以数学基础打得很牢。

我们学了触发引信后，非触发引信我们也要学一点。非触发引信不是碰炸的，而是控制无线电（或红外超声波等）的一种感知的、遥感的知识。所以，我们后来还学了无线电基础和雷达原理。金属学是很重要的课程，为什么？弹丸和引信要长期储存，由于气候的变化里头要锈蚀，那么里头的零件都得经过化学处理，经过各种处理，所以金属学我们也学得很多。当时我们功课是非常重的，技术基础是第二个层次。

第三个层次才学专业课，基本上到三年级下学期、四年级了。专业课就是引信设计、引信制造，主要是这两门。还有火工品、火炸药、弹道学这些专业课，还有火炮概论。实际上自动武器我们也学了，像枪，有冲锋枪、步枪、手枪这些自动武器，我们已经进行了普及学习了。

三

我们的实践环节抓得很厉害。

一年级进来，首先要在我们学校的实习工厂进行实习，主要是锻工、焊工、钳工、铸工，都得走一遍。我印象最深的就是我们先学钳工，每一个人让你锉一个金属压板，要把它锉得很平。很多同学一般都锉不平，锉不平再来，一定要把它锉平了，这是学校的校工厂实习。

最基本的实习还是认识实习。所谓认识实习，就是二年级的时候由老师带着下兵工厂进行一般的参观。到兵工厂的机械加工车间、零件加工车间，还有热处理车间、装配车间、火工车间，一个一个的工位都去看。不动手，你就去参观、去看，看人家工人怎么操作、怎么生产的，叫认识实习，让你认识，看一看。看是比较详细地看，但是不动手，老师可以给你讲讲。比方说火工车间的安全措施，火柴、香烟必须经过清理，要收好。另外鞋不要带钉的，穿软底的，不要带静电的。进火工车间的门，不能往里头开门，是往外面开门，如果火工车间一爆炸，那个气浪一推，把门推开了。如果往里头开门，里头的气浪一压，把门压死了反而出不来了。所以有很多的规范、很多的规程我们都得去熟悉，都得去看。看火工车间的操作，像火工品的火帽、雷管、导火索，装药一般都由女工用天平来称，称了过后装在里头，怎么封装，怎么操作，不能带静电的，这一套都看得很详细。这次到兵工厂实习有一个来月。我们当时去的是沈阳七二四厂，七二四厂是一个弹药厂；还有沈阳的五三厂，是枪弹厂，去看怎么把子弹压成形，弹壳怎么冲压成形，最后装配。整个基本的流程都要看，这叫作认识实习。

第二个阶段就是使用实习，一般在三年级。所谓使用实习就是到军队去打靶，就是说不光要看懂这知识，也要会操作。我们那时候到宣化炮校去打靶，主要是打 152 毫米口径的榴弹炮，还有加农炮。战士给你调好了，我们到那儿，搞一个耳塞子，装填也学一学，把弹丸装进去，很沉的，然后炮栓转过去，一推，上膛了，最后炮的绳子一拉，打出去。当时震得我们简直什么也听不见了，声音非常大。再打 135 毫米的加农炮，这个炮管比较长、比较细。我的印象，加农炮的声音很脆、很尖，也特响，打完了过后很长时间耳朵都嗡嗡响。这样给同学们一个概念，知道战士是怎么操作的。

我们专业一个很大的问题是防止炮弹膛炸。所谓膛炸，就是弹丸在炮膛里头还没有出炮口就产生爆炸，后果就是炮毁人亡，最怕这个，带来的后果是战士不敢操作了。这真是一个很大的问题。所以你要到那儿去亲自体验，虽然有点恐惧感，但是得克服这种恐惧感，锻炼这种不怕牺牲、敢于操作的意识。

到了五年级毕业实习，就是选一个专业的课题，选择后有老师指导。一个老师带两个学生，最多带三个学生进行科研。

我们那时候正好赶上 1958 年“大跃进”大搞科研①，老师搞科研，同学也搞科研。当时中央提出来叫“破除迷信，解放思想”“鼓足干劲，力争上游，多快好省地建设社会主义”。这就是当时的“总路线”“大跃进”“人民公社”“三面红旗”。所以当时让学生当科研组组长，让老师

① 大搞科研：北京工业学院的群众运动，从 1958 年 6 月中旬开始。6 月 12 日，院长兼第一书记魏思文向全院师生做“跃进”报告，号召师生破除迷信，解放思想，攀登世界科学高峰。随后组织五年级全体学生、四年级大部分学生、三年级部分学生以及相当一部分教师投入大搞科研的群众运动，并接受国家科研课题 162 项，继而组织“七一”“八一”“十一”的献礼活动，使大搞科研的群众运动形成高潮。

当课题组的成员，学生指挥老师，“敢于破除迷信”，就这么干。我们参加科研，然后带着课题下厂，到工厂的设计所、研究所、工艺所去，从绘图设计方案开始，最后到工厂按照你的方案去加工。加工出来过后，如果能够做出一个产品，就到靶场去打靶。打靶回来后再改进，这样搞科研，这叫真刀真枪地参加毕业设计。

我们两个同学参加了火箭引信的科研，一个是我，一个是周彦，课题叫“低加速度情况下的火箭引信设计”，这种引信设计很困难，其实这个课题是在我们弹药系的系主任李维临教授指导下的，李教授是国内知名的教授，在他亲自带领下，我们两个的毕业设计取得了较大的进展。我们到三〇四厂做了调研，参加了一段设计，又回到学校，主要在校办工厂里头进行图纸设计。设计完后做出一个实验装置，然后在我们系的投掷实验室，把弹丸挂到 2 米或者 2.5 米的高度，上面有一个电吸装置，电一断它就自动掉下去，掉到一个铸铁板上。然后拆开来，看里头保险装置的变化轨迹。

当时我们功课里也有哲学，学认识和解决矛盾，既让它能够解除保险，又让它平常的时候非常安全，这个矛盾怎么解决？里头有一段阻尼，就是机械阻尼的方式，在火箭加速度时，产生第一道的阻尼，最后解除一道保险，然后再加速再减速，有几套装置，而且这几套装置要非常可靠，如果发射出去灵敏度不高，这就麻烦了。所以这个问题我们当时解决得比较好。

李维临教授给我们最大的帮助是什么呢？我们两个上中学时学过英语，学得很肤浅，大一又学俄语，也学得很肤浅。后来俄语、英语都不学了，所以我们外语不行。李教授就给我们找资料，找美国有关的一些专著，他翻译出来提供给我们，这不简单，所以我们对李教授特别感激。这样不断地改进研究，我们研制出一套机构，这个机构得到教授很高的评价，并写出一篇很好的论文，这个论文是作为优秀论文存入学校档案室的。当时我们的这个论文出来后被很多部门科研引用。

四

我毕业后分配到国防部第五研究院，就是导弹研究院，当时叫国防部 0038 部队，是穿军装的，一去就是中尉。后来我都要去报到了，学校把我留校了，到科研处搞科技管理了。为什么留到科研处呢？因为我还没毕业的时候，科研处组织一些科研成果展览，要从学生里头抽调学生当讲解员，当时也抽调我了。1958 年“红专”展览，在中山公园、清华大学、钢铁学院，北京市委组织展览，我参加了，我当讲解员，所以科研处处长对我比较了解，认为这小伙子挺勤快、挺能跑，所以就留到科研处了，我在科研处一干就干了几十年。

当时科研处处长是周发岐。周发岐是我们学校的炸药专家，是二级教授，当时他好像是我们学校的副院长兼科研处的处长。科研处的副处长王凡教授，他是我们学校化工系搞普通化学的教授，当时科研处有王珂、袁明道，当时科研处有十来个人，管全校的科研工作。

1959 年的冬天，11 月份还是 12 月份，开全国科技会议，要从学校抽调人去参加科技会议的工作，最后又把我给抽调去全国科技会议的秘书处工作，当时主要是到小组里做记录、汇报。在全国科技会议上，在中南海怀仁堂听陈毅的报告，听聂荣臻的报告，那次我就见到魏思文院长，跟他聊聊。魏思文院长说：“我们工业学院的小伙子，叫什么名字？好好干吧。”当时熟悉了魏院长。

1958 年“大跃进”的时候，要自力更生，高速度攀尖端。魏思文院长有一个雄心壮志，就是我们不能光搞常规武器，应该发展尖端武器，为什么？除国内外形势需要外，北京工业学院也有条件。有什么条件？有火炸药专业，有自动控制专业，自动控制专业当时主要是搞火炮指挥仪，这样我们搞导弹控制回路、导弹控制是有条件的。还有光学专业，尤其重要的是我们有无线电专业、有雷达专业，雷达专业对于火箭导弹的遥测遥控，或者火箭导弹的末制导、无线电制导，都用得上。还有化工系搞火箭固体燃料。再一个我们火炮专业搞弹道的、搞火炮的，发展成为搞导弹的也容易，所以我们具有这样的基础。

因此就决定我们要上尖端，一开始就是搞“505”探空火箭，由 6 系火炸药专业的马庆云负责。当时，魏院长有一句话：“北京工业学院要在宇宙空间占一个位置。”他还有一句话：“我们搞尖端，搞导弹，我们当裤子、卖老婆也得上尖端。”好像当时魏院长的决心太大了，后来“文革”当中贴大字报就说，魏院长这是诬蔑我们国家，当裤子、卖老婆也要上尖端，给他贴大字报，后来才了解，这句话是陈毅元帅讲的，魏院长引用了这句话。

当时为了要上导弹、上尖端，全校的干部都在听火箭导弹概论课。请教授轮流讲课，讲火箭导弹的原理。那个课程代号我还记得，叫 50250，叫火箭导弹概论。当时提出来要把外行变为内行。不是很多干部都是解放军来的吗？尤其是各个系的总支书记，都是部队的团政委以上的干部，他们算有点文化知识，但是文化知识有限，都是大老粗，大老粗也得懂业务，起码得知道火箭导弹怎么回事，基本知识你得了解，不然怎么去做工作？所以要普及。魏思文亲自下去跟同学们一块干，校领导、党委的常委，他们轮流去参观全校的实验室，让实验室的老师讲课，给校长讲课，给书记讲课。

“文革”之前我们学校已经脱离兵器工业部，归国防科委聂总直接领导①。聂总领导的时候有哈军工、北航、北京工业学院、南炮工、成电、西安军事电信工程学院、太机，同时把哈工大、上海交大都归到国防里头了。

记得当时学校军宣队领导找部分知情人到主楼3层会议室听取关于科研工作的意见。我在会上讲聂总的科研规划，当时会上一个造反派头头出来批驳我说：“现在你还宣扬聂荣臻的大科研主义，和革命形势唱反调……”，从那时起，我就被抽调去参加各种劳动改造。

我们跟北航有什么联系呢？1958年，北京市委出面，搞了一个地空导弹，叫“学习号”，主要是北京工业学院和北京航空学院一块干。我们自己又搞了一个“505”探空火箭，后来又搞了一个265－1反坦克导弹，带无线电遥控的反坦克导弹。后来我们学校还搞了265－3，地空导弹。光是型号我们搞了好几个。当时规模搞得的确很大，叫“7753”，7个型号、7个重点实验室、5个研究所、3部雷达。这主要是魏院长和常委他们提出来的。当时还搞了一些大的野战火箭，不带控制的。像H212野战火箭，大概是50公里还是多少公里的，有的是解放台湾用的。这个火箭有一个系列，什么H212和808，当时的代号叫808野战火箭，那个野战火箭有的个头很大的，都是十来米的。当年做的这些工作确实为学校后来的宇航学院发展打下一个好的基础。

1960年学校为了建设尖端专业和大搞尖端科研，决定在京郊房山

① 1961年2月6日，中央批准将原属第三机械工业部领导的北京工业学院等6所国防高等学校，以及上海交通大学，划归国防科学技术委员会领导，以便更有计划地为国防建设培养科学技术人才。中央还决定，“自3月10日起上述七所高等学校的工作，按中央指示的分工关系联系”。领导关系的调整，标志着北京工业学院进入新的历史发展阶段，就是导弹专业与兵工专业相结合的发展阶段。

县①南观村山沟里修建尖端实验室（保密代号 321），其中有火箭发动机试验和风洞等。先组织 100 余名教工去修路架桥，我被任命为基建队长。由于国家三年经济困难，经费不足，加以劳动教工普遍得了浮肿病，故试验基地建设被迫下马。

最早期由苏联专家来指导，有的高年级有苏联专家讲课，像引信专业有苏联专家，雷达专业、光学专业都有苏联专家讲课。后来苏联专家撤走了，我们自力更生自己干，自己摸索。我没接触到苏联专家，我们用的教材一般也都是自己编的，我们的引信设计教材是李维临教授自己编的，尤其是里头有些章节，像“引信的钟表机构”这一章节全是李教授自己编出来的，有些东西是利用专家的教材编出来的。

1958 年大搞科研，一些搞尖端的教师通过真刀真枪的实战，就培养出来了。像徐令昌教授，还有马宝华、马庆云、万春熙这样一些有名的教授；再有，出了一批自己编的教材；也建成了专业学科，后来成立了新专业——火箭导弹专业，把常规武器专业像自动武器枪炮转到太原机械学院，还有一部分转到南京华东工学院了，轻武器转到南炮工，后来叫华东工学院，现在叫南京理工大学，转给它们了。我们全力做尖端的火箭导弹学院；学生也培养了一大批，很多学生毕业到了国防部，像第五研究院、后来的航天部、各兵种和兵器部，还有各种基地，试验基地很多骨干都是我们学校培养出来的，还有后来“大三线”建设的人才。

但是带来的问题是影响到教学，由于影响到教学，学校就有了分歧，有不同的看法。有一部分人认为是搞“左”了，有一部分人认为是搞右了，所以学校就发生了很大争论。因此在党委扩大会议上进行争论，开了半年不止，所以工业学院的历史上把它叫作“马拉松会议”②。这个党委扩大会议开得太长了，针锋相对进行争论。为了这个事，市委大学部的宋硕部长专门来进行调解。

---

① 房山县：今为北京市房山区。

② 1961 年 9 月，中共中央批发了《教育部直属高等学校暂行工作条例（草案）》（简称“高校六十条”）后，北京工业学院党委发布通知，组织全院学习讨论。1962 年 1 月，校常委听取了调查汇报后，决定召开党委扩大会议，进一步总结经验，提高认识，制定出贯彻执行“高校六十条”的措施。1962 年 1 月 19 日，党委扩大会议正式开始，因对 1958 年以来的工作估计出现不同看法，会议断断续续开了 8 个月，直到 9 月下旬由上级领导同志来讲话做了结论，才基本终断会议。

学校后来也采取措施进行纠正，怎么纠正呢？凡是像我们这届和我们下一届的，我是54级的，还有55级的，甚至于56级的同学，一律都要重新写毕业论文，重新搞毕业设计。没有走过这个过程的全部补齐，毕业论文重写。

2009年，周本相在他的蝴蝶绘画展前留影

我创建了新的成像电子光学理论体系

周立伟

人物简介：

周立伟，电子光学和光电子成像专家，北京理工大学教授、博士生导师、首席专家。

1932年9月出生，浙江省诸暨市人。1958年北京工业学院仪器系毕业，1966年在苏联列宁格勒电工学院获数学物理副博士学位。曾任国务院学位委员会学科评议组成员，全国博士后管委会专家组成员，北京理工大学学术委员会主任、科协主席、基础教育学院名誉院长。

长期在宽束电子光学、光电子成像领域从事教学与科研工作。在宽束电子光学理论领域创建了新的科学学派，所研制的像增强器电子光学系统设计软件包为我国微光夜视器件自主研制与开发开辟了道路。科研成果荣获全国科学大会奖，光华科技基金一等奖，部级科技进步奖一等奖、二等奖，以及国家科技进步奖二等奖、三等奖等奖励。1984年被授予“国家有突出贡献的中青年专家”称号。1992年当选俄罗斯圣彼得堡工程院外籍院士。1996年被授予“全国兵器工业系统先进工作者”荣誉称号。1997年被俄罗斯萨玛拉国立航天大学授予名誉博士称号。1999 年当选中国工程院院士。2000 年当选俄罗斯联邦工程科学学院外籍院士。

访谈时间：2018 年 8 月 8 日（一访）
2018 年 8 月 14 日（二访）
访谈地点：北京理工大学图书馆
采访人：张钧
摄像：聂明明
整理：苏田园、王巘

访谈提要

讲述了周立伟考入北京工业学院后的学习经历，留校任教后的工作经历，包括创建夜视技术专业的过程，在苏联留学时的经历，以及 20 世纪 70、80 年代多次出访欧美，与俄罗斯科学院普通物理研究所进行科研合作，创建了新的理论体系的过程。

一

我 19 岁那年中专毕业，那是 1951 年。我是在国立上海高级机械职业学校读的中专，毕业后分配到上海公私合营华通电机厂工作，我在工厂担任二级助理技术员。隔了一年后，我因为发明扁平线圈绕线机，使工效提高了 7.5 倍，升为 4 级技术员。但我是个中专生，水平太低，没有什么学问。我在厂内做的工作就是给工程师、技术员打下手，帮他们画图、描图等，一天到晚忙得不得了。

我接触过很多机械零件，图也画出来了，但作用原理我不知道。我参考美国电动机样本的外形和剖面图，参考实际的电动机，按照工程师给我的矽钢片和线圈匝数，把整个电动机的结构，从外壳到内部，漆包线、矽钢片、主轴承等零件图和装配图全都画出来了，但是我不知道这部电动机要多少匝线圈才能够产生多少马力。我觉得我的知识太贫乏了，我不能在工厂里一辈子给人家当下手，当时我就萌发了要上大学的念头。

1953 年夏，决定报考大学后，我参加了复旦大学的一个工农干部补习班，学了三个月。北京工业学院到上海招生的人，姓秦，是人事处的一名干部，后来我们也是很要好的朋友。他到复旦大学补习班招生，不知道从什么渠道了解到我曾要求参军的事。那是1950年，当时抗美援朝开始了，我想上前线，保家卫国。但那时我的身体状况很不好，鼻子大出血，因为身体原因没有参军成功。他就对我说："你不是想参军、想拿起枪炮打美国佬吗？"我说是啊，他说我们这个学校就是造枪炮的，你到我们这里来上学，将来造新的坦克大炮去打击美国佬，这也是保家卫国啊。我想对啊，我虽然没有上战场，但我可以研究制造新式武器去打美国佬，实现自己保家卫国的理想。我当时的学习成绩很好，可以报考北大、清华等著名高校，但我都没有报。第一志愿就报了我们理工大学，即北京工业学院，第二志愿报了哈军工。我就是这样到京工来上大学的。

二

1953年10月我来到北京工业学院。当时对家庭出身各方面的考察挺严格的，因为学校是军工性质。我们班本来有50个学生，有5个因为政审不合格被调到其他普通高校或其他班了，还有一个同学出国了，这样我们班就成了44个学生。

我进校的时候，京工的校址有两部分：主要部分在车道沟，即现在的兵器科学研究院；另一部分在城里东皇城根，原址是中法大学，当时化工系的同学就在那里学习。车道沟建有红楼，就是现在兵科院一进大门的那个楼，建造得很漂亮，大屋顶。我们就在这个红楼里上课学习，晚上住在小平房里。1956年，校址在白石桥路7号（现中关村南大街5号）的北京工业学院建成了，我们就搬到这里来上学了。

学校当时没有几个系，大概有搞枪炮的机械系，即1系；搞军用光学仪器的4系和搞自动控制器的2系，4系和2系在一起，叫仪器系；搞坦克的3系；搞无线电的电子工程系，即5系；还有搞炸药的化工系，即6系。就这么几个系。

我们入校后，学什么专业早就分配好了，我也不知道当时的分配原则。我所在的班叫8531班，即8专业1953年入学的第一班，是学军用光学仪器的，8531是一个学习成绩非常优秀的班，有很多杰出的学生。

那一年，学校的军用光学仪器专业也是刚成立，是国内最早从事光学教学与研究的一个单位。20世纪50年代，全国的光学专业仅两家：南有浙大，北有京工。到了八九十年代，光学还是我们学校的四大学科之一。

我算是这个专业的第一届毕业生。其实在我们前面还有51级和52级的部分学生转过来学习光学仪器，但是53级的8531班是整个一个班学光学的。现在学校里51级的师兄还有几个人，有一位叫伍少昊，搞天象仪的；还有一位丁汉章，搞光学设计的。还有唐良桂、张炳勋、陈晃明等人。52级学光学的有两位，一位叫袁旭沧，另一位叫苏大图，但他们两位都去世了。

教我们的老师，其中有两位是清华大学提前毕业的，学了3年就到我们这里来教书，一位叫连铜淑，另一位叫李德熊。我觉得他们特别聪明，虽然他们是我的老师，但年龄和我差不多，仅比我大2岁，他们是我的先生。包括我上面说的51级和52级的几位师兄，他们都很努力很勤奋，为我们的光学工程学科建设做出了很大贡献。

当时的教师队伍里，马士修教授曾在法国留学，他原来在我校物理教研室教书，后来调过来教几何光学。还有一位于美文教授，她也是我的老师，教物理光学。此外，还有较为年轻的一代，就是51级、52级留校的教师。因此，我们京工20世纪50年代的光学教师队伍在国内是很强的，当时外校很多人到我校进修，包括一些很著名的高校，他们回去后就教光学，国内的光学科学与教育就是从京工和浙大开始的。

我们系的苏联专家也比较多。我的几位师兄都是苏联专家的学生，像唐良桂、陈晃明等，一边学习一边当苏联专家讲课时的翻译。青年教师中，连铜淑和李德熊等几位也跟着苏联专家学，他们的俄语都很精通。1956—1957年到我校讲授光学的，有一位搞光学系统设计的苏联专家，在苏联非常有名，叫鲁西诺夫，他是三次斯大林奖金的获得者。

50年代到我校来的苏联专家大概有27位，都是从苏联的国防院校来的。其中列宁格勒机械学院是搞枪炮机械的，与我校十分对口。改革开放后我曾访问过这所学校，他们给我看了一张很大的照片，是该校的教师们在50年代时和我校师生的合影。

我们的学制也和苏联一样，学5年。但安排实习比较多，有认识实习、使用实习、生产实习和毕业实习。我们5年学了三十几门课程，很杂，很多是没用的。可能不止三十几门，有水利学、热力学、金相学等。苏联的学制还是比较注意打基础的，可惜是面太广了。面太广，学得就不精了。当时的学习，好的方面是比较注重实践，如安排习题课、课程设计等，以锻炼学生思考问题和实践动手的能力。此外，那时对数学教学比较重视。我们学了一部4册的苏联数学教材，对我后来的工作用处是很大的。我的体会是，苏联的教育还是比较注重打基础和结合实践。

当时的专业和课程设置可以说是一切照搬苏联，也不管合适不合适。校领导对教师们说，一切听苏联专家的。可以说，唯专家之命是从，学习得很教条。教材都是从苏联专家那里拿来的，或是参考苏联学校的。因为新中国刚刚成立，百废待兴，没有经验，又不想继续学习英美的教学方式，认为西方的教育都是资本主义的，不是社会主义的，所以学习苏联、照搬苏联那一套是很自然的。就这样，我们从无到有，通过学习苏联，培养了自己的人才，还是应该肯定的。

1955年我们班到哈尔滨量具刃具厂进行认识实习。哈尔滨量具刃具厂也是苏联支援的一个厂，量具刃具就是切削刀具和测量工具。1957年我们班到二九八厂实习，就是云南光学仪器厂，是属于五机部的一个重点光学厂。因为当年我校隶属于五机部，部下面有很多光学厂，在全国各地，如代号为二九八、二四八、二三八、二五八、二一八厂等。这些工厂的技术员大都是我们学校毕业的学生，很多人后来当了厂领导。

到哈尔滨量具刃具厂实习时，我是三年级，主要是去体会和了解工厂的生产过程，不安排劳动。基本上每天安排技术员给我们讲课，讲生产过程、基本原理，工人们给我们表演。实习时，我一个月记了两本密密麻麻的笔记，记下了各种切削刀具，了解各种机床、器械的结构和工作原理，而且这些图都是我徒手直接画下来的，不用尺子。

我画的图当年在全校是最好的。当年，我画的图曾在全校公开展览过。制图教师对我说你的制图很好，画得比老师都好。甚至对我开玩笑说，你不用再上制图课了。为什么我能画得这么好呢？一个是我在中专的学习，国立高机在机械工艺方面的学习比较全面，师资力量很强，我在学校里得到了严格的训练。另外我在工厂里从2级助理技术员升到4级技术员，经过了2年实际工作的锻炼，进步很快。那时华通电机厂来了很多苏联电气开关的图纸，领导要我参加图纸的复核和校对工作，这对我的能力帮助很大。审查图纸，从装配图到零件图，一点也不能马虎，绝不能漏掉检查，否则零件全部做出来后装配时装不进去或尺寸不对，就成为废品了。图纸上的这些缺憾我都要事先检查出来，这些工作很辛苦，但经过锻炼，收获很大，它培养了我扎实的工作能力，以及很强的空间想象能力。我的工程能力、机械制图能力是在中专培养出来的、在工厂锻炼出来的。

整个大学阶段对实习很重视。当时学习的一个特点就是学以致用，学了就要用，实用性很强。我们学军用光学仪器，学生要懂得炮队镜等各种瞄准镜、测距镜的工作原理和操作原理。学得特别细，讲究实用，是当年工科大学的特点，也是从苏联学来的。我们当时教学的原则就是你学什么将来就做什么，目的就是把学生培养成螺丝钉，钉在那里，死死的，一动也不动，美其名曰：永不生锈的螺丝钉。我当时就很愿意当一颗永不生锈的螺丝钉，一辈子就插在这个地方了。我以为自己很进步、很革命，就是把自己的一生献给祖国、报答祖国了。

这也是50年代国家建设初期的指导思想。那时需要大量建设人才，于是就对口培养，学了以后立刻就用，实用是第一位的。若仅学会一些理论，不会实用，到工厂里还要再培养，速度就太慢了。这种实用主义培养人的方式，立竿见影，很实用，效果明显，但培养的人后劲不足。也许当时这样的培养方式是不得已，虽然确实有效，但长远看来，这是不对的。

当年下厂实习的四本笔记本我都保留下来了，还留下了10本课堂笔记本和1本俄语笔记本。所有看过我笔记本的人都很惊奇，他们说没有见过整理得如此整齐的笔记，想不到50年代的学生会是这样用功。其实我并不是最用功的，很多同学比我用功刻苦得多。现在全校根本找不到60年前学生的笔记本了。许多人问我，为什么你能留下这些笔记本呢？原因就是我在这个学校学习和工作，一直在4系的教研室和实验室，从来没有离开过。即使我后来出国留学，我还是属于4系的人。我的学习和教学资料都放在教研室里面，回国后又回到这个教研室。

三

1958年，我大学毕业，留校了。马志清当时是我们系的主要负责人，后来他还当了学校的副校长。我和他住在同一楼，134单元，我俩成了同事后无话不谈。我后来问他，当年为什么让我留校？他说这是在我毕业半年前学校就决定的。他说所有教过你的教师对你的反映都比较好，有一个教师甚至讲，周立伟做的作业比你想象的还要好。为人处世，也都做得很好。此外，当年是论出身讲成分的年代，我有一个天然的优势——出身好，又在工厂里做过工。因此，被考虑留校的第一人选就是我。

当时的仪器系领导找我谈话，说组织决定让你留校任教，要你转向搞夜视技术新专业，这是国防兵工事业的需要。我当时没有什么想法，也不害怕，初生牛犊不畏虎，立刻答应下来了。后来分工，让我搞夜视器件的电子光学，这属于电子物理领域，应该是学理科的人干的。我是学工的，理论基础差，困难很大，但既然组织要我干，这是对我的信任，我一定要好好学、好好干。首先我需要学习，把基础和有关物理知识补一补，于是我就到北大进修了。

北大 1955 年来过一位苏联专家，名叫谢曼，他刚在苏联通过电子光学副博士学位论文答辩就被派到中国当专家了。他在北大讲学期间，开了一门电子光学基础课。可以这样说，谢曼在我国最早播下了电子光学科学的种子。我国搞电子光学的一些老师，如西门纪业、朱宜、童林夙、蒋曼英、丁守谦教授等，当年都是他的学生。1958 年我到北大进修时，谢曼已经回国了。我在北大的几个月，主要是听课，以及在电子物理教研室学习红外光阴极的制作，后来我还到长春光机所①参观红外光阴极的制作。我就是这样边学习边建设夜视专业的。在那段时间，1958 到 1961 年，我学习特别勤奋，可以说是废寝忘食地钻研和学习。

最初建设夜视技术专业的是邱永林、刘茂林和我，我们 3 个的分工是：刘茂林管行政和实验室比较多一点，邱永林搞工艺，我搞理论，管教研室的业务，主攻方向就是开电子光学课程和实验，弄清器件的电子光学理论和机理。

我们的学术领导是系主任马士修教授，他不管具体的事。开始时，他还给我们讲电子光学。我当时什么也不懂，他课堂上一边讲我一边记，下课时拿他的讲稿复习，再辅导学生。我和刘茂林、邱永林 3 个人都是初学，不懂夜视，但也没有什么害怕。当时，一些毕业生也转到这个方向，我还指导他们毕业设计。我们 3 个人筹建这个专业是很辛苦的。我们没有教材就自己编。我学了 2 年电子光学以后，写出来一本当时全世界没有人写过的《电子光学理论与设计》，上下册两本教材。那时候我阅

① 中国科学院长春光学精密机械与物理研究所。

读外文书的速度很快，脑子也很灵。我的学生后来对我说，他们到北京图书馆借书的速率还赶不上我看书的速率，我看书的速度实在太快了。

国外的文献资料给我的启发很大。我那时还没出国，但看了一些电子光学的著作，其中有一本是德国人格拉叟写的，翻成俄文的叫《电子光学基础》，还有谢曼写的一本《电子光学》，是在北大讲课的教材。这些书并没有给我现成的答案，而是给了我启发，使我有了一些初步的想法。后来我去苏联留学，才慢慢地找到了自己的研究方向。

1962 年，我去苏联留学，邹异松、张忠廉两位老师调到我们教研室，邹老师管教研室，张老师管实验室。

四

20 世纪 60 年代初，中苏关系已经很不好了，但还没有完全破裂。我 1962 年 11 月中旬到了苏联，在列宁格勒电工学院学习。这个学校有一位电子光学专家叫科西扬可夫，但他已经离开了学校，到其他学校当教授了。学校给我分配了一位资深副教授当我的指导教师，他也搞电子光学，但搞的是行波管的超高频电子光学，在那时这是一个很时髦的课题。

我到教研室见了这位导师，他问了我一些学习情况，然后给了我他最近发表的 3 篇文章。他说你看看，一个月后再来见我。他的意思是看看我能不能读懂他的 3 篇文章，有什么看法和意见等，也是考考我对他文章的理解水平和能力。实际上，一个星期后我就找他了，我说 3 篇文章我都看了，我也读懂了理解了，一些公式我都推导出来了。我对他说，你的文章里面有一处我认为可以用马基叶函数来解，这个解肯定比你现在的解好。他听了后大吃一惊，觉得我非平庸之辈，连忙说："好，你读副博士，我搞科学博士，我们俩合作一定能成功。"他说："超高频电子光学是当今电子学中最时兴的学科，中国还没有人研究，你现在跟我学，学了以后你回到中国，你肯定是你们国家这个学科的第一人。"他的意思是，你若学了这一套，回国后可以称王称霸了。我当时想，我若学了这一套，和他合作，拿一个副博士学位没有问题，但对我的母校——北京工业学院，我学的东西一点用处都没有，甚至我可能都回不到自己的母校了。我想到自己出国的任务是研究夜视器件的电子光学，而不是学超高频电子光学。我便明确告诉他，我出国学习，不是学这个的。他说，你若这样，我就无法指导和帮助你。他很生气，后来，我写的文稿还有想发表的文章，请他指正，他都不看。我学习的事，他是坚决不管了。

我对该校的外事办公室主任说，我想转到别的学校或研究所去。但那时，夜视器件及相关理论的研究，苏联学术界也是保密的。后来我知道，苏联科学院西伯利亚分院有一群人在研究，当然我是进不去的。于是，我对我国的驻苏使馆说，我要回国，这里学不到我想学的东西，但使馆不同意我回去，一定要我坚持下去。所以我还是留下了，但我得靠自己来解决课题中的一切问题。我在苏联近 3 年的研究，没有得到任何人的帮助，我的研究工作，包括提出理论、研究方法和实验，都靠自己来完成。有一段时间我十分苦闷，可以说度日如年，特别想家。后来想想自己整天愁眉苦脸总不是办法，我终得找寻出路，找研究的途径，在学问上走出一条路子来。幸运的是，我大学毕业后在校教授电子光学数年，有一定的基础。所以从那时起，我几乎每天在列宁格勒谢德林图书馆和苏联科学院图书馆念书。我把当时苏联的一些电子光学的图书和文献翻了一遍，做了几百张读书卡片。我主要想从这些文献中得到启发，找一条研究的途径和方向开始我的课题研究。我每天在图书馆里，累了打个瞌睡，饿了啃个面包，渴了喝口凉水，就这样度过了几年留苏岁月。

1952 年，英国的一位研究夜视的科学家叫夏根博士，他发表了一篇关于两电极同心球型像管的文章，这是一篇很值得参考的文章。1963 年，在列宁格勒谢德林图书馆，我发现苏联科学院一位叫克鲁帕的研究员的文章，也是研究两电极同心球系统中电子束的形成。但他的文章中有一个致命错误，他给出的电子束从宽束变成细束形成弥散圆半径的表示式是错误的，是不能成立的，我立刻导出了一个正确的表示式。当时我想，或许从这个问题切入，能找到研究成像电子光学的方向和突破口。我觉得这是一个好课题，可以作为自己的学位论文来研究。

我阅读各种各样的文章，思考研究的突破口和切入点在什么地方。当突破以后，怎么去深入和扩展，怎么去论证自己的一套理论……当最后我的论文写出来，我确信我的论文是对的，是经得起考验的。因为我得到的是这个系统的精确解，前人没有得到过这个结果。我的解是最好的，可以跟任何人的结果比较，并可以以此评判前人的结果。最后，我的副博士学位论文答辩很顺利，以 22 票一致通过。答辩结束后，参加会议的一位苏联教授向学校建议，把我留下来，继续攻读科学博士学位。但这是不可能的，仅说说而已，绝不可能留我继续读学位，因为当时中苏关系处于破裂的边缘。而且我自己离国多年，更不想留，我十分想念父母亲、妻子和刚出生的孩子。

中苏交换学生的协定是，留学生到期，不管答辩与否，都必须回国，一天都不延期。博士生三年半、进修生 2 年，到期就回来。我们出国留学的学生中有好多人没有拿到学位就回国了。我们这一批去苏联留学的大概有 30 人，是全国各个高校派去的。其中 15 人是去进修的，进修就是 2 年，到那边只是学习听课。还有 15 人是像我这样，攻读副博士学位的，最后拿到副博士学位回国的只有七八个人。我 1966 年 5 月回到国内，在苏联一共学习了三年半，得到了苏联物理数学副博士学位，相当于英美的 PhD 博士学位。

我在苏联学习的一个很大收获是，我了解了苏联电子光学各个学派的观点和特点。我边学习边分析，过程当然是很艰苦的，但是打下了很坚实的基础。回国后，我继续钻研并带着我的学生一起研究，最后形成了自己的一套观点和看法。我做学问便是按照自己的一套思路去做。后来，苏联科学家客气地说我创建了一个学派，我不能说已经形成学派了，因为我没有队伍、经费和课题等。但是我认为自己创建了成像电子光学的一套理论体系，也就是说我对成像电子光学的研究是一个学派体系。我的一套学问确实是从苏联学来的，但是在某些方面超过苏联，这没有什么稀奇也并不值得骄傲。

五

1971 年，我去了河南驻马店北京工业学院干校劳动，之前因为我去苏联留学，没有参加“四清”等社会主义教育运动。我先在河南驻马店待了半年，每天和农民在一起干活，吃派饭，生活条件比较艰苦，住在一个草棚屋里。我觉得农民们很朴实，都对我很友好。虽然每天很累，但经过劳动锻炼，我的身体反而结实了。去干校时我带了两本小字典——俄汉词典和英汉辞典，想有空念念单词，别把业务都忘了，把外文都忘了。不知是谁告到干校领导，干校领导找我，说要有一辈子扎根农村的思想。我说我从苏联留学回来，学的科学技术，想报效祖国。

后来我们干校从驻马店搬回北京大兴庞各庄。1972 年春节前，我和教物理光学的范少卿老师被分配回学校劳动，任务是积肥。我们俩挺高兴，因为可以每天和家人团聚了。我们俩劳动非常认真，还去侦察学校哪些厕所粪肥丰收，一点也不嫌脏、不嫌臭。每天清晨，我俩骑自行车，背上条帚、铲子、畚箕等到马路上积肥。后来，因为尼克松总统要访华，怕被外国人见到，影响不好，干校就不要我们上街捡马粪了。

知识分子到干校劳动，业务都荒废了，损失的是国家的科技事业和一代人的教育。所以我对出发点是整知识分子的五七干校运动，基本上是否定的。

六

1971 年，我从干校回来后，兵器工业部给了我任务，参加夜视会战，负责对当时从越南战场缴获的夜视像增强器进行解剖分析，以及带领一个课题组研究像管电子光学系统的计算和设计，搞像增强器的器件攻关。当时在兵器工业部领导下成立一个小组，一个是西安 204 所的方二伦，一个是昆明 212 所的冯炽焘，一个是我。我们 3 个人都有各自的特点和长处：方二伦哈工大计算机系毕业，精通程序和软件包的编制，他管程序这一块。冯炽焘云南大学毕业，业务能力很强，工作很细心，主要管计算。我搞理论，总体思想、计算公式和方案是我管。我们 3 个人一起工作很愉快，最后搞出来了一套变像管电子光学计算与设计程序，这个项目我们 3 人得了 1978 年全国科学大会奖。20 世纪 80 年代，我和方二伦以及学生们一起对程序不断改进，搞了好几版软件，1991 年我们得了国家科技进步二等奖，1995 年像管电子光学优化设计软件包得了国家科技进步三等奖。

1972 年开始招工农兵学员，学员进校老师们都很高兴，因为可以教学生了。72 级、73 级、75 级三届工农兵学员和我关系都比较好，他们的基础虽然差，学习都很刻苦努力。文化程度比较低，学习比较困难，但是教师们都努力去教他们。工农兵学员进来后，我教像管电子光学。

我从来没有担任过院系领导，一直在教研室工作，我的心态比较好，只要有活干，能教书，我就很开心，并不在乎名义。我在教研室工作时，和教师们关系都很好，大伙都信任我。因为我的业务能力比较强，知道这个课题怎么做，书怎么教，为人也温和，从不整人，能团结大家。

七

从参加夜视会战时起，我就开始考虑把静电聚焦两电极同心球系统的电子光学的工作扩展到复合电磁聚焦两电极同心球系统上去，这个工作酝酿的时间很长。在得到静电两电极同心球系统的电子光学的轨迹解以后，我获得了这个成像系统电子光学的一些规律，但这些规律在较为复杂的电磁成像系统中是否成立，是一个值得思考的问题。因为从哲学观点上看，这就是普遍性和特殊性之间的关系。如果我们把这某一问题的特殊性的规律弄清楚了，那么特殊性中的一些概念和规律，对于研究普遍性的问题是大有好处的，它能使研究普遍性的规律有所遵循和参考。研究由特殊性到普遍性，这是一个哲学观点。牛顿以来的绝大多数科学家研究物理学问题时也是这样考虑的。因此，我的研究途径和方法是，先研究特殊性，从特殊性中总结的一些观点、概念、做法，将它用到普遍性上来，解决普遍性的问题，这是我当时的思考和想法。我认为，在研究一个科学问题时，有一个正确的思想、正确的路线、正确的方向在指导着，特别是严密的逻辑引导着自己是十分重要的。若我选择研究这个模型，其目的是什么，我想从这个模型中证明什么，得到什么，抽象出什么概念来。另外，要不怕邪。众人都说，近轴方程是一个二阶线性齐次微分方程，这个方程中还有一个微小的量，即电子轴向初速对应初电位值。学术界普遍认为要求近轴方程的解析解是不可能的，若忽略这个微小的量也许有可能性。当时我想，直接由二阶线性齐次微分方程求同心球系统中的轨迹的近轴解，实在太困难了，而且我的数学能力不够。那能不能采取迂回的方法来进行求解，我从简单的模型入手，先是近贴系统，后是两电极同心球系统，研究电子轨迹的近轴解，它满足二阶线性齐次微分方程，而且并不舍弃电了轴向初速对应初电位值这个微小的量。

我的努力成功了，不仅在研究两电极静电同心球系统的电子光学获得成功，而且推广到多电极静电同心球系统上，特别在研究电磁复合同心球系统的电子光学也获得成功，我得到的近轴方程的解析解都不舍弃电子轴向初速对应的初电位值这个微小的量。

我后来发现，我和俄罗斯科学家研究电磁复合同心球系统的电子光学，几乎是同时的，都是独立完成的。我的研究从 1974 年就开始了，我的学术报告在 1978 年伦敦举行的光电成像器件会议上宣读，全文在 1979 年的 *Advances in Electronics and Electron Physics*（《电子学与电子物理学的进展》）上发表，时间要比俄罗斯科学家早一些。他们的文章在 1979 年苏联的《技术物理》（*Journal of Technical Physics*）上发表。对于求解电磁复合同心球系统的电子光学的近轴方程，我们都得到求解轨迹的该方程的两个特解。但是，俄罗斯科学家的特解中并不含有电子轴向初速对应初电位值这个微小的量，而我的特解就包含了这个量。也就是他们给出的解是我得到的两个特解的零级近似，就是说如果我把我的结果的括弧中小于1的量全扔掉，就变成了他们的解。因此，俄罗斯科学家得到的两个特解是零级近似解，而我得到的是更为精确的解析解。

我最近将发表4篇关于电磁复合同心球系统成像电子光学的文章，更严密地论述这一问题。此外，我还研究了渐近解，都证明了我的观点和处理问题的见解。

八

1978年10月，我在英国伦敦帝国理工学院①举行的光电成像器件国际会议做了一个报告，这是在我们国家改革开放前夕，经中央政治局特别批准出去的。当时英国的这个会议来函指名邀请我参加，并希望我做学术报告。在收到国外邀请信时，兵器工业部领导认为，这是一个了解国外光电子成像技术发展的极好机会，希望通过会议了解国外夜视技术的进展，要求我们学校组团参加这次学术会议，但是部领导要求必须保证不出任何问题。当时的系主任李振沂愿意为我做担保，出了问题由他负责。他说国外邀请的是周立伟，并要他在会议上宣读科学论文，学校里没有人能取代周立伟，他写的论文谁懂？谁能解答人家提出的问题？如果当年没有李振沂主任的担保，我绝对出不了国，也就没有我今日的成就。

最后由王震将军签发的请示报告，请兵器工业部和电子工业部组团，由我担任代表团团长，率团出国访问。我记得请示报告上还有当时中央5位政治局委员画圈，可见中央对此事的重视。

我在那次会议上，宣读了关于复合电磁聚焦同心球系统电子光学的文章，登在1979年美国的《电子学和电子物理进展》杂志上。这篇文章

---

① 帝国理工学院：1907年建校，是一所主攻理学、工学、医学和商学的世界顶尖公立研究型大学，全称为帝国科学、技术与医学学院（Imperial College of Science, Technology and Medicine），又称伦敦帝国学院。

首次给出了复合电磁同心球系统的近轴方程的解析解。但我的这篇文章并不是严格地通过求解二阶线性齐次微分方程得出的，而是用类比的方法推出来的。因为我已经解决了静电场下两电极同心球系统的近轴方程的解析解，我觉得只要在这个解中加上磁场的参量，就可以得到其特解的解析解。当时，我在直觉上已经感觉这个解应该具有什么样的形式，很快我就把这个解试出来了。检验这个解正确与否是很简单的事，只要把所假设的解代入二阶线性齐次微分方程，其结果等于零就对了。我在那时所采用的类比的方法，是科学方法中一种很普遍的方法。我最近重新思考这个问题，完全是通过严格的数学推导，求得了正确的解析。

由此可见，我在留学苏联的时期先解决了一个静电同心球系统的问题，回国后，又解决了复合电磁同心球系统的问题。从这两个系统的研究中理清了一些概念和解决问题的途径，并用到阐述一般的电子光学成像系统上。从 20 世纪 80 年代开始，我带研究生继续研究，包括研究调制传递函数、曲轴电子光学以及成像电子光学系统设计与计算等问题。新世纪开始，我又把我的研究扩展到动态电子光学上。这样，就把静动态电子光学作为一个共同问题一起研究了。

1973 年、1974 年，兵器工业部领导考虑要在夜视上发展，想到欧洲考察。五机部和公安部出人，由兵器工业部刘局长带队去了英国和荷兰。当时的英国的 EMI 公司给我们参观二级红外变像管的制作过程。荷兰的台尔夫特 DEP 公司专门给我们看了他们制作一代像增强器的实验室。我记得当时到兰克集团光学厂参观，厂方对我们代表团很重视，给我们看了他们先进的光学工艺设备。在我们离开该厂时，他们送了我们一张很大的相片作为礼品，相片上有 100 个世界名人，有科学名人，如爱因斯坦、爱迪生、富兰克林等，有政治家，如罗斯福、丘吉尔等，还有一些文艺界的名人。相片制作得非常精美，我很喜欢，可惜因为照片上有一位古巴著名女歌星，非常妖艳，我怕带回国内受到批判，就丢在使馆了。

80 年代初，我参加了引进荷兰台尔夫特 DEP 公司第一代像增强器的论证和初期的谈判。在当时国家比较封闭的情况下能到英国和荷兰去，我想主要是我有业务能力，另外出身和社会关系清白也是重要原因。1973 年我随团出访英、荷两国，考察光电成像，1974 年我出访英国，参加国际会议。1978 年到英国去参加国际会议时，英国方面非常重视，女王的侄子肯特公爵亲自接见，还进行了亲切的谈话。

1980 年 10 月，我参加了中国科协组织的第二届中国科技代表团访问美国，孟昭英①先生任代表团副团长，我们的任务是参观访问，商谈合作，派遣一些人赴美进修与学习。那次访美，我见到好多美籍华裔科学家，杨振宁、丁肇中②、吴健雄③等。

周立伟和他指导的博士研究生

九

90 年代初，我开始跟俄罗斯学术界接触。可以说我们学校是我最早打开俄罗斯学术界的大门。1989 年，邓小平跟戈尔巴乔夫会见以后，当时苏联的古比雪夫航空学院④（后更名为萨马拉国立航天大学）绍林校长到杭州开会，路过北京，学校让我接待他，后来我们俩人建立了联系。

---

① 孟昭英（1906.12.24—1995.2.25）：生于河北乐亭，电子学家、物理学家，清华大学现代应用物理系教授，中国科学院学部委员（院士）。

② 丁肇中：1936 年 1 月 27 日生于美国密歇根州安阿伯城，祖籍山东省日照，实验物理学家。1975 年当选美国艺术和科学院院士；1975 年被美国政府授予洛仑兹奖，1976 年被授予诺贝尔物理学奖；1977 年当选美国国家科学院院士。

③ 吴健雄（1912.5.31—1997.2.16）：女，生于江苏省苏州太仓浏河镇，美籍华人，核物理学家，在 β 衰变研究领域具有世界性的贡献。1958 当选为美国科学院院士，1975 年获美国最高科学荣誉——国家科学勋章。1990 年中国科学院紫金山天文台将国际编号为 2752 号的小行星命名为“吴健雄星”，1994 年当选为中国科学院首批外籍院士。

④ 萨马拉国立航空航天大学始建于 1942 年，原名古比雪夫航空学院。

绍林校长在苏联解体后当上了俄罗斯科学院①院士和俄罗斯最高苏维埃的高官。是他和我搭上了校际交流的桥梁，从1989年开始，古比雪夫航空学院就与我院互派代表团，开始交流。

2000年以前，我主要研究静态宽束电子光学。我是以任务带学科，促进学科发展。一方面，我的研究为夜视行业赶超世界先进水平努力；另一方面，我并不单纯以完成兵器工业部的任务为满足，而是进一步探讨其中隐含的基础理论问题。现在电子计算机的计算速度快得惊人，因此很多人认为研究电子光学不需要理论，把方程一列，一算就行了，但我认为，研究理论就要在逻辑上把成像原理和像差理论讲清楚。

20世纪80年代初，俄罗斯科学院西伯利亚分院一些人主要研究编制像增强器的电子光学系统设计程序；俄罗斯普通物理研究所②另一些人专门研究飞秒高速摄影变像管的电子光学，即动态电子光学。我认为从事科学研究，一方面靠理论的逻辑严密，另一方面靠实践和应用来证明。

21世纪初，俄罗斯科学院普通物理研究所邀请我进行科学合作，他们觉得我的研究不同于苏联学派的方法和风格，希望我帮助检验他们应用于计算飞秒像管的变分法理论是否正确。我在此项研究中，提出一种新的数值积分法对他们的方法进行了检验，结果证明两种方法都是正确的，但数值积分法求像差系数只需要求解一个积分式就可以，这样更为简便。我在莫斯科俄罗斯科学院普通物理研究所做报告时说，我的工作证明了你们提出的变分法计算动态电子光学的时间像差是正确的，而我提出的数值积分法更好。后来俄罗斯的朋友们跟我开玩笑说，你搞电子光学，你的大脑运转得像电子一样快。通过这一实际的考验，俄罗斯学者信服我在成像电子光学有自己的学派体系。

1993年我写了一本《宽束电子光学》的著作，俄罗斯的朋友看到后，认为我在成像电子光学创建了一个科学学派。我说不能说学派，只能说形成了一个理论体系，就是我有自己的一套理论和方法。我最近想写一个材料，说明理论体系不是一下子认识，而是逐步形成、逐步认识

---

① 俄罗斯科学院于1724年在圣彼得堡成立。1917年俄国十月革命胜利后，科学院成为国家科学组织，1925年更名为苏联科学院。1991年苏联解体，苏联科学院更名为俄罗斯科学院。

② 俄罗斯科学院普通物理研究所成立于1982年，是在俄罗斯科学院Lebedev P. N. 物理研究所分部的基础上组建的。

的。我要把自己的观点讲出来，我的理论好或者强，表现在什么地方。我要向科学界说明，我的理论为什么能站住脚，我的理论解决了哪些问题。

十

改革开放后我特别高兴，因为我是搞业务的，希望把自己的专业搞上去。我在4系负责一个教研室，是最基层的干部。我的主要任务一是培养学生，二是科学研究，搞夜视技术。我作为学科带头人挑起了军用光学学科建设的任务。

当时国务院的学位委员会学科目录中，工科中光学类就有光学仪器和军用光学两大学科。军用光学学科的学术带头人是我和李德熊教授，我自1980年起就任校学术委员会委员，1982年，我和8系的丁敬教授成为国务院学位委员会兵器科学与技术学科评议组成员。1983年我校的军用光学被评上一级学科，我被评上博士生导师，1987年军用光学又被评上国家重点学科，而且是全国唯一。因此军用光学学科获得了世界银行贷款的支持，建设了颜色科学专项实验室。那时于美文教授和连铜淑教授领衔的光学仪器学科，国内竞争十分激烈，他们没有被评上一级学科。2000年，学科目录把军用光学和光学仪器合并为光学工程学科，我们学校的光学工程也成为全国的一级学科和重点学科。

我当时是国务院学位委员会学科评议组成员，学科评议组是由当时国内学术地位高的一些人士组成，成为委员是很光荣的事。20世纪80年代我在学校里算是很红的人，出席人事部组织的休养考察活动以及一些社会活动等。我一直战战兢兢，如履薄冰地工作，不敢骄傲，也不敢怠惰。

80年代，学校从领导到基层都对我挺好。我受的家庭教育和青少年时代的遭遇，告诉我要清清白白做人、老老实实做事。我一直觉得自己是幸运儿，周围许多人比我强，但运气没有我好，因此从不和人争荣誉、地位，努力踏实地工作。我领导教研室讲究团结合作、互相支持，在社会上和学术界，也总是帮4系、帮学校说话，从不给系和学校添麻烦。后来我当上系学术委员会、院学位委员会主任和全校学术委员会主任，校科协主席，校基础教育学院名誉院长等，都和大家配合得很好。整个80、90年代，我的科学思想比较活跃，工作也很舒畅，取得了不少成绩，写了不少文章。

这些年我自己带的研究生、博士生有 50 余位，他们现在绝大多数是教授、研究员职称，有不少博士生、硕士生当了研究所所长、总工程师。我的博士生留校的有倪国强、金伟其，都很有成就。倪国强是教授、系主任、国家级有突出贡献的专家、校学术委员会副主任。金伟其也是教授、系主任、五一劳动奖章获得者。

我的科学研究大都是应用基础研究，课题主要是成像电子光学以及计算机辅助设计等，比较偏理论，科学性比较强，但研究领域比较窄。20 世纪 80 年代初到 21 世纪初大约 20 年的时间，我在成像电子光学方向申请的国家自然科学基金都是面上项目，大约批准有 13 个项目，包括 3 个国际合作项目，总共得到的基金支持 100 万元都不到。可是我培养了几十名博士生、硕士生，写了 2 本专著，得到 3 个国家图书大奖，以及国家科技进步奖二等奖、三等奖各 1 项。

十一

苏联解体前，全苏联就一个科学院，即苏联自然科学院。苏联解体后，苏联科学院变成俄罗斯科学院，是比较权威的。它除了院士称号外，还设有通讯院士称号，比院士低一级。苏联解体后，科学界比较乱，各地纷纷成立工程院，如圣彼得堡工程院、波罗的海工程院等。俄罗斯联邦工程科学院成立，是相对于俄罗斯自然科学院而言，是研究工程科学的，由诺贝尔奖获得者普罗霍洛夫①院士领衔，也比较权威。

1992 年，我访问圣彼得堡时，圣彼得堡工程院给了我外籍院士称号。1997 年，俄罗斯国立萨马拉航空航天大学给了我一个名誉博士称号，这也是对中国科学家友好情谊的表示。该校的校长办公室外有一个长廊，长廊的墙壁贴了很多手绘的肖像，其中一张是我的，表示我是他们学校的名誉博士。

2000 年 2 月 16 日，诺贝尔奖奖金获得者、俄罗斯科学院院士和俄罗

---

① 普罗霍罗夫（1916. 07. 11—2002. 11. 8）：在量子电子学、无线电频谱学和激光技术等的研究上取得突出成就而获得了 1964 年的诺贝尔物理学奖。曾创建和领导了俄罗斯科学院下属的普通物理学学院，1960 年当选为苏联科学院通讯院士，1966 年当选为院士。1968 年被任命为列别捷夫物理研究所副所长。曾获得列宁奖金、苏联国家奖，被授予社会主义劳动英雄称号，4 次获列宁勋章。

斯联邦工程科学院院长普罗霍洛夫（A. M. Prokhorov）教授来函对我当选为中国工程院院士表示祝贺。来函中称：

> 在您当选为中国工程院院士之际，请接受我最衷心和最诚挚的祝贺。您在电子光学及其有关应用的举世共知的光辉成就，您的广泛和有效的教学和公共活动以及您作为中国杰出的科学家和伟大的爱国者的一生——所有这一切生动而有说服力确认您是无愧于这一崇高称号。

2000 年 10 月，普罗霍洛夫院士以俄罗斯联邦工程科学院院长的名义发来贺电，祝贺我当选俄罗斯联邦工程科学院外籍院士。在贺电中称："您创建了您自己的学派"，并称我为"举世闻名的科学家"。

我知道，这不仅是普罗霍洛夫院士和俄罗斯科学界对我个人的称赞和表彰，而是对中国科学家们友好情谊的表示。

十二

1995 年，《宽束电子光学》得了 3 个图书大奖：第二届国家图书奖提名奖、第八届中国图书奖、第七届国家科技优秀图书奖一等奖。3 个图书奖给了 3 000 元奖励，我当即捐给了马士修奖学金。

从 20 世纪 90 年代开始，我夫妇俩的收入足以维持我们的生活，我和吕素芹说好，今后所得的奖金以及评审费等都捐出来。1991 年，我得到光华科技基金一等奖 5 000 元，我捐给了徐特立奖学金。

我很高兴，最近我们学校又有 3 位教授，陈杰、吴峰、孙逢春，当选为中国工程院院士。

我是从事应用基础研究的，理论性比较强。我现在脑子还清楚，还有一些科学想法，是关于成像电子光学一些理论上的问题。2019 年 4 月我将在《中国光学学报》（英文版）上发表 4 篇文章，我研究的都不是热门课题，属于学术界尚未解决的科学问题，同时系统阐述我关于成像电子光学理论体系的见解。这 4 篇文章，国内感兴趣的人很可能没有，因此我用英文发表，希望引起国外同行的讨论。

我研究的内容虽然不是时兴的，但我认为能不能构成一个科学问题，才是最重要的。只要研究的确实是科学问题，是前人没有解决或没有彻底解决的，或解释不清楚的，就值得研究。我觉得我的研究就是要回答我的疑惑和存在的问题。论证需要严密、一丝不苟，特别是论辩的逻辑，以及问题的结论，更要清晰严密。我自信，我的 4 篇文章弄清了成像电子光学以前没有认识到的科学问题。

我觉得现在大家关心时髦的、热门的技术，这一点不奇怪。科学问题也有热门问题，例如，当今物理学界关心的是凝聚态物理，是很时髦的课题，很多人在研究。人工智能、虚拟现实技术等，也有很多人在研究。

20 世纪 80 年代我还教电子光学，后来这门课取消了，原因在于这门课的理论太深，学生也不爱学，我对取消这门课并没有阻止。为什么我后来不愿招研究生也是这个道理，因为我的研究生毕业后难找到类似的工作。用人单位觉得我的研究生数理基础尚好，但他们大都不是从事这个专业。现在不但在我们学校，就是在全国也找不到人研究成像电子光学了。1986 年我和西门纪业、朱协卿在北京还组织过一个国际会议，后来再也组织不起来类似的国际会议了。

十三

我是 1953 年就到咱们学校念书，在学校有 65 年了，对学校很有感情，学校就是我的家。

最近学校在搞书院，书院是学校新建立的促进本科生教学的一个尝试。睿信书院的名称是我起的，计算机、光学和自动化 3 个学院联合成立。一年级统一教学，课程全一样，书院就管第一年的学生。一年级上完以后，学生根据自己的兴趣和特长挑选专业，第二年就成为相应学院的学生。现在，学校里成立了四五个书院，请院士来当院长。睿信书院想让我当院长，我思考再三，因为身体的原因，怕坚持不下来，最后还是辞掉了。我目前的思维还好，能够用中英文写大块头的科学论文，但身体越来越差了。关于睿信书院的理念、名称，我都给他们提了很好的意见，我希望睿信书院的学生，当毕业离校时，带走的不仅是知识，更重要的是对理想的追求和健全的人格，成为一个新时代敢于担当的人。

后　　记

口述史是老教师们通过口述自身经历的方式，将他们那辈人的奋斗故事娓娓道来。这不仅是他们个人六七十年的从教经历，更是学校和各学院发展的缩影，甚至是时代发展的缩影。老一辈科研工作者、教育家们呕心沥血，拓荒建业，为新中国的发展奉献青春、奉献理想，投身国家建设毫不退缩，国家哪里有需要就往哪里去，他们平凡的经历中蕴涵着不平凡。为期一年的口述史采集一期工程虽然结束了，但在访谈过程中发生的一件件小事，受访老教师们身上彰显出的宝贵的精神品质，无不令第一次近距离地接触这些 80 岁以上高龄老人的我们感动不已，内心的震撼无法言表。

约见，如春风拂面般柔美。

在接到访谈名单、开始联系预约访谈时间的时候，年轻的我们内心忐忑。这些老教师，有的是学术泰斗，有的是曾叱咤科研领域的领军人物，光听名字就让人敬畏。但是当一个电话打过去，对方亲切的话语瞬间打消了我们所有的顾虑，他们没有丝毫的架子。在了解到这个项目实施的目的和意义后，大部分老教师对于这个项目都非常的支持，只要身体无恙，都积极地响应。虽然受访对象基本上都是 80 岁以上高龄的老人，大部分的老人听力不太好，但他们都不厌其烦地与我们进行反复的沟通，确认访谈时间，没有提出什么额外的条件。通过电话约访，让我们对这些德高望重的老教师们有了初步的印象，在深深的敬意中增添了更多的温情。

初见，如阳光般温暖。

初次接待老教师，这些八九十岁高龄老人状态各异，有的精神矍铄，有的老态龙钟，但是他们无一不是一身朴素的衣着，慈祥的面容，质朴的话语，认真的神情，让人深刻地感受到他们身上所散发出的巨大的能量和人格魅力。老年人特别喜欢聊天，尤其喜欢跟晚辈们讲述他们曾经奋斗的年华。岁月的流逝，并未冲淡他们革命的朝气，他们仍然意气风发。他们学识渊博，眼界很高，不管是自己的专业还是对专业以外的事往往有着深刻独到的见解，让聆听者受益匪浅。

有的老师腿脚不便，需要外租专车接送，但意外也常常发生，每次意外出现，老人们会用轻松、亲切的话语化解我们的尴尬，他们的心胸气量就如一缕阳光温暖了满怀沮丧的我们。

相见，化作前进的动力。

坐在镜头前的老教师，淡定、从容、自然，他们将自己的故事娓娓道来，让听者仿佛回到当年他们奋斗的岁月中。他们侃侃而谈，谈理想，谈抱负，一件件平凡的事件折射出他们严谨认真的治学态度，坚强乐观的人生态度，也见证了老教师们深厚的知识储备、丰富的人生阅历和开阔的视野，以及拳拳的爱校之心。他们这种心怀天下、心系祖国建设的奉献精神，无私无畏、敢于创新的担当精神值得后辈们学习并发扬光大。他们讲述的往事让我们汲取了前行的动力，同时也告诉我们在以后的工作道路上，应该做到努力奋斗、不畏艰难、无私奉献，将老一辈教师的精神继续传承，为学校和国家的发展添砖加瓦。

冉见，流淌着真挚的感动。

由于需要收集老教师的各种资料，所以每个老师需要见面很多次。像万春熙、秦有方、李亨标等老师在每个阶段都把需要补充完善的材料第一时间送到图书馆；龚至豪、刘明业等老师居住地较远，也会积极地配合，把需要的材料邮寄过来；有的老师由于身体不便等原因需要上门收集材料，这样的老师占到了一期访谈的百分之六十。对于我们需要的材料，老教师们竭尽所能、耐心、细致地给予我们帮助，他们的热情、无私和爱心让人感动。尽管我们的工作存在这样那样的不足，很多老教师却像对待自己的孩子一样给予宽容和理解，每次与他们相见，都像是一颗幼苗接受了一次恰逢其时的洗礼。

“春蚕到死丝方尽，红烛燃烧铸师魂”，这些老教师们，年轻时用自己的满腔热血，去滋润学生们的心田，用爱与责任，托起学生们腾飞的梦想，如今他们依旧执着坚守，只要国家需要他们，学校需要他们，不管遇到什么样的困难，他们都努力发挥自己的余热，无私奉献自己的一生。感谢有口述史这个机会让我们亲近仁者，让我们不仅感受到了工作的分量，也同时认识到了工作的意义。感谢所有参与口述史访谈的老教师们，我们将以更饱满的热情、更认真的态度、更专业的工作，不断推动口述史料采集工程更好地开展下去，为学校的文化建设添砖加瓦。

人名索引

A ~ Z（英文）

B ~ C

D ~ G

H ~ K

L

M ~ N

O ~ R

S ~ T

W

X

Y

Z